基恩自传
下半场

ROY KEANE:
THE SECOND HALF

[英] 罗伊·基恩　[英] 罗迪·多伊尔　著
刘罡　飞羽　张硕　译

ROY KEANE : THE SECOND HALF
by
ROY KEANE; RODDY DOYLE
First published by Weidenfeld & Nicolson, an imprint of the Orion Publishing Group, London.
Copyright© Roy Keane and Roddy Doyle 2014
This edition arranged with THE ORION PUBLISHING GROUP through Big Apple Agency,Inc.,Labuan,Malaysia.
Simplified Chinese edition copyright: 2016 The New World Champion Co.Ltd.
All rights reserved.

图书在版编目（CIP）数据

基恩自传：下半场 /（英）罗伊·基恩，（英）罗迪·多伊尔著；刘罡，飞羽，张硕译. -- 北京：新世界出版社，2016.7

（群星闪耀时：这个时代的足坛传奇）

ISBN 978-7-5104-5863-7

Ⅰ.①基… Ⅱ.①罗… ②罗… ③刘… ④飞… ⑤张… Ⅲ.①基恩，R. —自传 Ⅳ.① K835.625.47

中国版本图书馆CIP数据核字（2016）第 151048 号

基恩自传：下半场

选题策划： 蒋 祥　邓东文　陈中捷
作　者： ［英］罗伊·基恩　［英］罗迪·多伊尔
译　者： 刘 罡　飞 羽　张 硕
责任编辑： 丁 鼎
责任校对： 宣 慧
责任印制： 李一鸣　高 金
出版发行： 新世界出版社
社　址： 北京西城区百万庄大街 24 号（100037）
发行部： （010）6899 5968 　（010）6899 8705（传真）
总编室： （010）6899 5424 　（010）6832 6679（传真）
http://www.nwp.cn
http://www.nwp.com.cn
版权部：+8610 6899 6306
版权部电子信箱：nwpcd@sina.com
印　刷： 北京旭丰源印刷技术有限公司
经　销： 新华书店
开　本： 710mm×1000mm　1/16
字　数： 300 千字　印张：21.25
版　次： 2016 年 7 月第 1 版　2016 年 7 月第 1 次印刷
书　号： ISBN 978-7-5104-5863-7
定　价： 59.80 元

版权所有，侵权必究

凡购本社图书，如有缺页、倒页、脱页等印装错误，可随时退换。

客服电话：（010）6899 8638

中场休息时我换了队伍,重回曼联真好。

2001年4月21日,与曼城的比赛中对哈兰德的铲球。我是否曾蓄谋多年满脑子都想着"我要教训他,我要教训他"?没有。

2003年8月6日,曼联迎战里斯本竞技。那天我看到了C罗有多么出色。

弗格森踢起那只鞋的时候我正在更衣室,贝克汉姆不得不缝了针。

2003年9月13日，查尔顿vs曼联，我受伤下场后弗格森给予安慰。

2003年9月27日面对莱斯特。我进的球没有以前那么多了，我在队内的角色正在发生改变。

2003年10月22日，我代表曼联在欧冠当中迎战流浪者，感觉太棒了。

2004年4月3日，曼联在维拉公园战胜阿森纳赢得足总杯，夺冠后我与弗格森在一起。

彼得·舒梅切尔。他会冲着球员们大喊,有时我觉得他是在讨好观众。

迭戈·弗兰为曼联出场。我记得弗兰来到俱乐部时过得并不太顺利,不过如果某个球员很努力的话(弗兰就是如此),我们会拉他一把,尽力帮助他。

2004年5月22日面对米尔沃尔。那是我打过的唯一一场赛前就知道一定会赢的杯赛决赛。

我们上去捧杯和领奖牌时都穿着吉米·戴维斯的球衣。

2004年5月27日代表爱尔兰迎战罗马尼亚。重回爱尔兰队的感觉不错。

2004年8月鲁尼加盟曼联,当他走进更衣室时,所有人的精神都为之一振。

戈开始节食,像做其他事一样,一条道走到黑。我错过了与阿森纳的比赛,不过等到下一场联赛,也就是2004年10月30日与朴茨茅斯的比赛,我的身体状况已经恢复到可以坐板凳了。

2005年2月1日,阿森纳vs曼联,和帕特里克·维埃拉在球员通道内的冲突都被电视台录了下来。也许我输了,但我没有昏头。

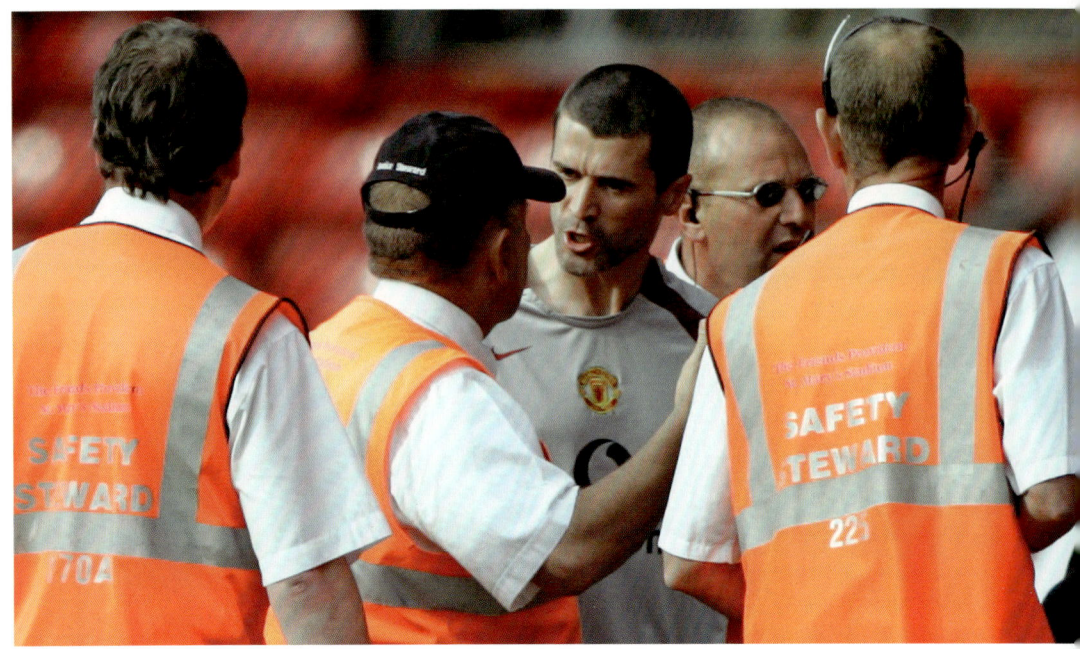

2005年5月15日,我们2∶1击败了南安普敦,他们惨遭降级。赛后的气氛有些紧张,某些南安普敦球迷逗留在场内没走。似乎他们骂我就是理所应当,但我不可以还嘴。

2005年9月18日与利物浦的比赛。杰拉德的铲球导致我脚部骨折。

2005年，与卡洛斯·奎罗斯一起训练。

2005年11月，我离开了曼联。

2005年12月15日，我加盟了凯尔特人。

2006年2月12日,我在凯尔特人的第一场"老字号"德比,果然一点儿都不辜负我的期待。

2006年8月28日,我与托尼·洛夫伦一起观看桑德兰与西布朗的比赛。

2006年5月9日,我的纪念赛在老特拉福德举行,对阵双方是曼联和凯尔特人。

桑德兰的训练课。

2006年9月9日,我执教桑德兰的首场比赛,客场挑战德比郡。

2006年12月16日面对伯恩利,戴夫·康诺利最后时刻扳平比分,对我们来说是重大的转折点。

2007年1月1日,德怀特·约克为桑德兰出场。他在悉尼港拥有顶层公寓、兰博基尼和无数女人,我问他:"你有兴趣来桑德兰吗?"

2007年5月6日，庆祝桑德兰在卢顿取得胜利。

2007年11月10日，与纽卡斯尔的德比战。这是我执教的第一场德比，感觉太好了。除了球场的气氛，我也为没有输球而长出了一口气。丹尼·希金博瑟姆为我们首开纪录。

2007年2月24日，乔尼·埃文斯代表桑德兰出战。他在我们这儿的表现令人难以置信地好。

2007年12月26日,我在桑德兰与曼联的比赛中与弗格森握手。我得到了曼联球迷的热烈欢迎。

2008年10月4日,法布雷加斯为阿森纳打进扳平球,这是我执教生涯的关键时刻。

2008年10月25日，带领桑德兰战胜纽卡斯尔。我认为那是我在桑德兰最快乐的一天。

2008年11月15日，吉布里尔·西塞在对布莱克本的比赛中进球后与我握手。

2009年4月22日，我被任命为伊普斯维奇主帅。当一名主教练赋闲在家，他十有八九都会同意一份新合同。

戈穿上了蓝色训练服,我看着它,心想:"真见鬼。"

2009年7月,伊普斯维奇全队体验了第7伞兵团的训练课程,我觉得它没有达到我预期的建立感情或培养士气的效果。

2011年1月3日,伊普斯维奇对阵诺丁汉森林,我即将被扫地出门——那是我执教的最后一场比赛。

与阿德里安·齐利斯（右）和李·迪克森（左）在演播室里。独立电视台冒了次险，临时选择了我。

我被某些曼城球迷骂了个狗血喷头，当时我想："我干吗遭这份罪？"不过后来李·迪克森也被曼联球迷痛骂，于是我心想："啊，原来干这行得习惯这个。"

2012年在老特拉福德参加联合国儿童基金会的慈善赛。

2013年11月15日,和马丁·奥尼尔观看我作为爱尔兰队助理教练的首场比赛——和拉脱维亚的友谊赛。我表面上很平静,但其实心潮澎湃。

2014年5月25日,爱尔兰vs土耳其。伙计们,咱们肯定能走上正轨。

2014年7月,在被任命为助理教练之后与保罗·兰伯特在维拉的训练课上。我很高兴未来将与他共事。

伤病会影响到你的情绪。曾经最为亲密的伙伴——足球——此时也会离你而去。身体上的疼痛可以忍耐，但心理上的余波却无法平息。我至今依然频频回首，责问自己是否过早地选择离开。

"我当初的选择是对的吗？"

妻子提醒我："你忘了吗，罗伊，你当时可是连车都下不去啊。"

我可以下车，但下车这一简单的举动对于那时的我是一种折磨。起床也是一样。

但我选择遗忘。

因为希望就在眼前。

因为我要为自己、为家人再拼上一年。

因为，我热爱足球。

目录
CONTENTS

- *001* 第一章 官司风波
- *015* 第二章 王朝没落
- *045* 第三章 老骥伏枥
- *079* 第四章 离歌四起
- *111* 第五章 黯然告别
- *135* 第六章 初掌帅印
- *169* 第七章 英冠折桂
- *205* 第八章 惊险保级
- *237* 第九章 分道扬镳

257	第十章　惨遭解雇
293	第十一章　球评杂忆
313	第十二章　助教风云

第一章　官司风波

他对我说他很欣赏我。跟其他的顶级律师一样,他看上去刻板有礼。我当时就想:"这人还不错啊,说不定他能放我一马。"

| 第一章 | 官司风波

关于我与阿尔菲·哈兰德的恩怨，坊间流传最广的版本是：我在放铲时不小心弄伤了自己，撕裂了前十字韧带。随后哈兰德让我赶紧站起来，别再装了。因为这事我一直怀恨在心，再见面时就把他做掉，终结了他的职业生涯。

但事实并非如此。

我的第一本自传《我不是恶人》(Keane)在2002年9月——世界杯赛以及塞班岛(Saipan)事件几个月后——开始发行。里面的许多选段曾被《世界新闻报》(News of the World)进行连载刊登。其中一个章节包含了如下内容：

又是一场糟糕的比赛。客场作战的曼城队拼得刺刀见红，而我们却不够强硬。曼城本来有机会取得领先的，但泰迪(Teddy Sheringham)在比赛还剩20分钟时打进了点球。比赛结束前5分钟，对方的豪威(Steve Howey)又扳平了比分。我等了阿尔菲将近180分钟，某种意义上讲，我等了快3年了。现在这家伙就在边线拿球。他断了我的球，我实在不想再等了。我狠狠地给了他一脚。我想我还是冲着球去的。吃老子这一记吧，浑蛋，记住以后别站在老子头上看老子受伤的热闹。还有,替老子给你哥们儿韦瑟罗尔(David Wetherall)带个话,老子也准备给他点儿颜色看看。我都没有等裁判把红牌掏出来,就转身走回了更衣室。

后来,这段话一度登上了各类报纸杂志的头条,广为传播。当然,这对很多人是有利的,比如出版商[企鹅出版集团(Penguin)]和售书商应该会很开心。我知道,出书跟卖东西没什么区别,只不过出书卖的是自己经历的一部分而已。但我没想到这事被媒体炒得沸沸扬扬。这简直难以置信,就好像我把谁宰了似的。那段时间对我来说就是一场噩梦。

那本书的写作截止日期和出版日期其实早在一年前就已经商定好了。我们的计划是,我踢完世界杯后,这本书刚好完成。我本来想把这书写得励志一些,着重描写我们在韩日世界杯上的出色表现,如何从一个强手如云的小组中突围,等等。我个人也觉得这本书会相当催人奋进。但计划没有变化快,谁能想到我的世界杯之旅还没开始就结束了。那段时间我都不敢出门遛狗,因为我总觉得有人在跟踪我。这种情况大概持续了一两个月才渐渐有了平息的趋势。但一波未平一波又起,哈兰德这桩官司又在这个节骨眼上冒出来了。各路媒体就像见了臭肉的苍蝇,铺天盖地而来。他们引导舆论,要求有关部门采取措施。不过说句老实话,这也怪我行事不周,落人口实。

压力最终落到了英格兰足球总局的身上,人们要求足总采取行动,而他们最终也妥协了。英足总对我进行了起诉,罪名是蓄意伤害哈兰德,并从对此事的描述中获利。他们认为我的行为给足球比赛抹黑了。这项起诉让我很受伤,特别是说我"从对这件事的描述中获利"这一条,就像我为了多卖几本破书,就大肆夸耀自己蓄意伤人的经历一样。

这件事弄得我身心俱疲。它影响到了我的睡眠，还有我的食欲。即便是在这种情况下，我也一直在为比赛做着准备，而那时我的臀部还有伤。我的心也很累，这件事刚好发生在塞班岛事件之后。我最亲近的家人们因此备受煎熬。我是一个球员，可我那段时间却在跟律师们打交道。

听证会在博尔顿俱乐部的锐步球场（Reebok）进行。虽然不是什么正式的法庭，但在我看来却跟正式的法庭差不太多。我觉得这件事太荒谬了，这本来是球场上的恩怨，现在却要在法庭上解决。这是一项来自英足总的指控，但跟我一起坐车出席听证会的却是一个律师和一个法律顾问。怎么想怎么别扭……车里很安静，因为我跟这些人并不熟。偶尔的几句谈话也没有什么正能量，不是什么"我们一定要赢得这场官司"，只是如何减少损失而已。这对他们来说可能仅仅是日常工作，但对我来说却意味着很多。我知道这场官司输定了，但我心里也明白，不论结果如何，晚上回家后一切都结束了。

你要是"有幸"目睹了那天锐步球场中发生的一切，你会以为我犯的是谋杀罪。

我后悔没有独自一人前往锐步球场，后悔没有跟我的律师和法律顾问说"咱们到目的地会合"。我甚至希望我根本没请什么律师。我恨不得直接走进"法庭"任他们处罚。指控是足总发起的，裁决也是足总做出的。玩的就是自说自话的把戏。媒体们最喜欢这种占据道德高地的感觉，他们宣称："英足总必须要以足球的名义给这个恶徒应有的惩罚。"之前我也经历过这种被百般盘问的场面，但那时我能感觉到自己的言论是有分量的。可这次却完全不同，我觉得自始至终都没有人对我说过什么感兴趣，所以我当时就想："那还磨蹭什么,直接给老子来个痛快。"

英足总还特地从伦敦请到了一位大名鼎鼎的谋杀案律师——吉姆·斯特曼(Jim Sturman)。这家伙真够厉害的,他快把我"烤熟了"。至于吗,就为了一次铲球?吉姆是一名忠实的热刺粉丝,这是他本人亲口告诉我的。在听证会之前,我们两人在厕所里有过一段交流。当时我俩并排如厕,所以很自然就聊了起来。

"我觉得你是一名出色的球员。"他说道。

他对我说他很欣赏我。跟其他的顶级律师一样,他看上去刻板有礼。我当时就想:"这人还不错啊,说不定能放我一马。"

事实证明我太天真了,这该死的差点儿把我弄死。当然,弄死我就是他那天的职责所在。我当时一直在想:"他要是我的人该多好。"

我被反复盘问了将近一个小时。他拿出我的自传,在我面前晃了晃。

"被告,封面上的这个人就是你,这是你的书,对此你有异议吗?"

我说:"没有。"

"你确定这是你的书是吗?"

我说:"是的。"

"你会为书中的言论负责吗?"

"会的。"

"也就是说,你书中所描述的……"

"没错,但书是别人代写的。"

"但这还是你的书。"

他站在我身前,用手举着我的那本自传。

"书中所述言论本应属实,而你要对自己的言论负责。"

"可那不是我的本意,我没想那么写。我也不太确定我写过什么。书是别人帮我写的。"

这些话的确可以为我开脱,但我知道我还是会输掉这场官司。不过我不会轻易认输的。这就像一场拳击赛,你知道自己会输掉比赛,但绝不能任人宰割,你要抬起自己的双手,血战到底!

这家伙真的很难缠,我记得我一直在暗骂:"你这个浑蛋!"

他的任务就是把我描述成一个恶棍,一个暴徒,一个蓄意伤害自己同行的人。他最终做到了,他成功了。

比赛的录像帮了他们大忙。

"我们可以看一下那次铲球的录像吗?"

他们拿到了那次铲球的录像,还是慢动作,真要命。慢动作录像让这次铲球看起来更糟了。要知道在慢动作效果下,就连擤鼻涕都很吓人。他们不断地用慢动作效果从各个角度回放这次铲球,看得我触目惊心。我当时好像说了一句:"别再放这段视频了,该怎么罚就怎么罚吧,早弄完早拉倒。"

吉姆·斯特曼看起来倒是轻松加愉快。我想他作为一名热刺球迷,应该很享受这一切吧?这个浑蛋。

我当时一直在想:"老子死定了。"

我坐了下来。

该轮到埃蒙·邓菲(Eamon Dunphy)发言了。埃蒙就是替我写书的人,他当时恰巧从爱尔兰赶来,就作为证人出席了这次听证会。他已经说过,那本书中关于那次铲球的描写是他用自己的语言叙述的。听证会开始之前,我本该

叮嘱他:"埃蒙,如果他们问你是否认为我在蓄意伤害哈兰德,你就说'不',知道吗?"

但我最终没那么做,我觉得叮嘱他这么简单的事是对他智商的一种侮辱。

斯特曼问道:"邓菲先生,您是否认为基恩先生是在蓄意伤害他的同行,也就是哈兰德先生呢?"紧接着,从埃蒙嘴里冒出了四个字:"毫无疑问。"

这下全完了,我的辩护完全失去了意义。埃蒙是这本书的作者,他也是我的证人。我想埃蒙是被现场审理罪犯一样的气氛吓蒙了,他怕自己被当作同谋,因此想尽力抽身事外。我现在能理解他。毕竟他是这本书的实际作者,他只是完成了自己的任务,我也认可了他的写作。责任应该由我一个人承担,书上印的是我的名字,这是我的书。埃蒙可能是觉得,他在书中的描写成了人们审查的对象,他可能只是想尽快结束这一切,赶紧离开那里而已。他那天急着坐飞机赶回都柏林。

我看了他一眼,想道:"这下老子死定了。"

你哪怕说句"我本人是这么想的"或者是"也许吧",哪怕是"很可能"都行,或者搪塞一句"说实话我无法对此给出答复"也可以啊。

可他竟然只说了一句"毫无疑问"。

我觉得埃蒙之所以那么说,大概是因为他对这本书有着比较强烈的代入感吧。毕竟他是这本自传的替写作者。不管怎么说,我并没有责怪埃蒙的意思。但他的确帮倒忙了。

该死的"毫无疑问"。

从吉姆·斯特曼的表情来看,这家伙似乎在想:"这人真傻,不过我喜欢。"

球场如战场，强者方可立足。我暗算过很多球员，我能掌握好弄疼对手和弄伤对手的下脚分寸。我并没有想弄伤哈兰德。作为职业球员，你很清楚怎样能让对手受伤。这就是为什么球员们对特定姿势的抢断深恶痛绝，因为他们很清楚这一脚背后究竟有什么目的。我不认为我在场上"搏杀"过的对手们——包括帕特里克·维埃拉（Patrick Vieira），阿森纳的那些球员还有切尔西的那些球员们——会觉得我是一个十恶不赦的恶棍。他们会说我下脚很脏，会说我好斗，但我觉得他们不会说我卑鄙下流。当然，我也许真的做错了。也许人们会说："你当然错了！"我的确在抢断时踢过对手，但我从没想过把他们踢上担架，踢出球场。我没有为自己立牌坊的意思，但我暗算过的对手们通常都可以起身继续进行比赛。

事到如今，我也没有任何预案了。我的辩护很简单，我拉伤前十字韧带的那场比赛（曼联对阵利兹联队的比赛）是在1997年，而我铲伤哈兰德这件事是发生在2001年的曼市德比中。在这期间，我们两人曾有过三到四次的交手。本赛季的早些时候我们就曾照过面，彼时哈兰德还暗算了保罗·斯科尔斯（Paul Scholes）。如果我一直憋着复仇，为什么要等三年之久？要知道足球俱乐部的人员并不固定，人来人往的，我很可能就没有机会复仇了。我的论据大体上就是：我们俩在此之前也交过手，但我并没有伤到他。

我看过我跟哈兰德交手时的比赛录像，他一直在找机会暗算我。他真是个难对付的刺头，总是出一些盘外招，做一些让人恶心的小动作。虽然录像的内容是曼联对阵曼城的比赛，但在他效力利兹联时我俩就有恩怨。利兹联本身就是红魔的死敌。有人说我一直在等待机会报那一脚之仇，这完全是胡说。但哈兰德的确一直在我的"黑名单"里。

不仅仅是哈兰德,还有罗博·李(Rob Lee),还有大卫·巴蒂(David Batty),还有阿兰·希勒(Alan Shearer),还有丹尼斯·怀斯(Dennis Wise),当然,还有帕特里克·维埃拉。这些球员都在我的"黑名单"中,对于这些人,我见一次搞一次,这是必须的!这就是我战斗的方式。我是一名中前卫,不是那些一辈子也铲不了几次球的边后卫,也不是一名从来不受伤病困扰的狡猾边锋。我所在的位置,是球场的中心,也是战斗的中心!

但有经验的球员都知道,弄疼别人和弄伤别人是有很大区别的。

那场比赛中,哈兰德踢满了全场,并且4天后还代表挪威国家队上场比赛。然而在事情过去几年之后,他居然说他因被我铲伤而不得不选择退役,居然还说要告我。没错,那次铲球是不怎么厚道,但他在4天之后还能踢比赛,说明我当时没有伤到他。

"印象中球就在那儿。"

我相信就是这句话中前三个字——"印象中"——让我付出了代价。因为有人可以借此发挥,说我根本不在乎球到底在哪儿,说我这么多年处心积虑就是为了报哈兰德那一脚之仇。事实上,我真的是冲着球去的,只不过他比我快了一步。

"印象中"这三个字让我付出了大概40万英镑的代价。

那真是漫长的一天。

当天下午,最终的判决下达了。有人建议我对此判决提出上诉,但我记得我的经纪人——迈克尔·肯尼迪(Michael Kennedy)——用了"了结"这个词:"我们需要就此了结这件破事,罗伊。"我觉得这话很有道理,我只想让此事尽快了结。所以我付清了大约 15 万英镑的罚款和超过 5 万英镑的诉讼费。前后算下来我的损失还不止这些。我因为这次铲球而被罚了两周工资。我已经因为这件事被停赛 4 场了,现在足总又罚我停赛 5 场。真可谓一罪两罚。我得卖多少本自传才能弥补这些损失啊!但无论如何,我很高兴一切都结束了。这件事再折腾下去会把我和我的家人给折磨死的。

早知如此,我就不请律师了,直接接受处罚算了。因为他们反正是要治我罪的。门外面满是"义愤填膺"的记者,我根本不可能毫发无损地走出这里。

我会对书中所写的感到后悔吗?也许不会吧,因为我在出版前也曾确认过书中的内容。但我的确没有逐字逐句地细读,否则我也不会允许"印象中"这三个字出现的。我是在蓄意伤人吗?当然不是。但我的确想要教训他一下,让他知道该怎么做人。我也的确想给他点儿颜色看看,的确想站在他头上告诉他:"吃老子这一记吧!"我对此并不后悔。不过我真的没想过让他受伤。

没错,我是盯上他了,不仅是他,我还盯上了很多人。当然我自己也被盯上了。这就是足球。有灵光闪现的进球,有妙到极致的扑救,也有奋不顾身的拼搏。但凡事都有两面,足球也不例外。足球比赛中,同样有假摔,有欺骗,有肮脏的铲球。这些都是比赛的一部分。球员们都在尽力回避相关的话题,假装这些事情从未发生在他们身上。但在足球场上,两名球员结下仇恨的事情层出不穷。门将教练谢默斯·麦克唐纳(Seamus McDonagh)说过一句圈内很著名的话,他告诉他的弟子:"你出击拿球的时候,如果有人对你构成威胁,你就弄死他。"没有人会公开说出这种话的,但这不是小孩子过家家,这就是足球。

哈兰德惹毛了我,他对我乱喷垃圾话。他在利兹联的时候就总是想做掉我。他当时从我身后跑过来,急冲冲地给我的腿来了一脚。我这辈子做过很多让自己感到后悔的事情,但对于他我没有丝毫悔意。他在我眼里就是足球阴暗面的代表。

现在回想起来,我对那场比赛中的其他曼城球员感到很失望。他们没有冲上来维护自己的队友。如果换作是我,有球员这么对待我的队友,我一定会冲上去讨回公道。可能他们也认为哈兰德是个刺头吧。

那之后,所有人都劝我别再想这件事了,我觉得我也照做了。那几个月对我来说实在太煎熬了,我的本职工作可是一名球员啊。更何况这个案子似乎也没有任何补救的余地了。迈克尔说得很好,"我们需要就此了结这件破事",对此我十分赞同。我一直相信做了错事就要受到相应的惩罚,我从不觉得我是无辜的受害者。我本不该花钱请律师为我辩护的,我应该直接对他们说:"没错,就是那么回事。虽然我不是那么想的,但很显然我的自传里就是那么写的。"

有时,我也会问自己,为什么要出现在听证会上,为什么要找一个辩护律师。我想这与官司的胜负无关,与谁对谁错、与我有罪无罪也没有太大关系。我觉得我只是想要一条生路,只是想要把损失降到最小。如果罚款能因此减少,我肯定会更开心一些。但事实上,这笔罚款的数额也完全在我的承受范围之内。可能我内心真正想的,只是要讨个公道吧。但舆论的压力迫使足总对我进行处罚,在这种情况下,哪怕再正当合理的辩护都会变得毫无意义。这些辩护在法理上和逻辑上都是成立的:自传是我找人代笔写下的,书上记载的都是埃蒙的话语。而我"蓄意"伤害哈兰德的行为,在此之前就已经被处罚过了,我在书里对这件事进行的表述应该属于我的言论自由才对。

但当我在听证会开始之前跟斯特曼说起言论自由时，他却笑了。

"言论自由？呵呵，那是否意味着我可以到大街上随便对某个人骂两句脏话呢？别瞎扯了，你的案子根本与言论自由没有半点儿关系。"

我当时就对自己说："看来仅剩的希望也破灭了。"

斯特曼真的很棒。当然，这件"案子"对他来说可以算是稳赢不输的，毕竟他们手里握有视频证据。他这笔钱挣得真是太轻松了，他当时可是连汗都没有出过一滴。

第二章 王朝没落

 足球运动员都很聪明。更衣室里没有相互埋怨的声音,球队也没有丝毫"王朝崩塌"的迹象。

我们直接从美国西海岸（我记得好像是西雅图吧）飞回到欧洲。这场比赛是为庆祝里斯本竞技俱乐部新球场落成而进行的一场季前热身赛。包括我在内的很多球员都没有出现在这场比赛的阵容中。我当然希望每场比赛都能上场，但说实话，头儿这场没让我上场我还挺高兴的。因为我实在累坏了。不仅仅是我，大家都因为时差的原因而感到精疲力尽。我记得我跟瑞恩·吉格斯（Ryan Giggs）坐在场边，边看比赛边"嘲笑"场上队友们的表现。

　　这场比赛使我第一次见识到了克里斯蒂亚诺·罗纳尔多（Christiano Ronaldo）超人的才华。他当时还在里斯本竞技队效力，那天在场上与约翰·奥谢（John O'Shea）对位。可怜的谢仔①那场比赛被虐惨了，他刚踢了半场就因为头晕到队医那儿报到去了。

　　俱乐部一直都在关注罗纳尔多的表现，我觉得他们就是在那场比赛之后下决心开出报价的。我们事后经常跟谢仔开玩笑，说正是因为他跟罗纳尔多对位时小丑一样的表现才最终促成了这笔交易。不过公平地说，奥谢那场比赛表现如此糟糕，很大一部分原因是时差所致。其实我们当时都被时差弄得疲惫不堪。

---

① Sheasy，奥谢的昵称。（全文脚注若无特殊说明，均为译者注。）

2003—2004赛季开始之前，罗纳尔多来到了俱乐部。我一下子就喜欢上了这个小伙子。他长得帅，态度也端正。最让我印象深刻的是，他本来可以以租借形式再在里斯本竞技待上一年的，但他却选择立即加盟曼联。我觉得这对他来说是个正确而且大胆的决定，毕竟他那时只有17岁。在看了他最初几天的训练后，我就断言这小子将来一定是世界上最伟大的球员之一。当然，这话我没有公开说，因为我不喜欢在一个球员职业生涯刚开始时就对他过分地吹捧或贬低。

罗纳尔多一看就是个可造之才。好球员身上都有某种气场和特质，这些东西会从他们的举手投足间显现出来。这种难以言喻的东西齐达内有，罗纳尔多也有。当然，他们身上也会有一丝与生俱来的骄傲。但罗纳尔多的性格非常好，他是个很可爱的小伙子。没错，刚来曼联时，他曾因为一碰就倒以及效率低下而备受指责，要知道，他那时只有17岁，还是个孩子。我17岁时还在爱尔兰科克（Cork）市的洛克芒特（Rockmount）俱乐部踢青年联赛呢。罗纳尔多是个神童。他刚加盟曼联就立即成为了俱乐部里最努力的球员。我认识的大部分球员都足够努力，但罗纳尔多这种高昂的工作热情似乎是天生的。

罗纳尔多知道自己长得很帅，他照镜子时总是会有一种睥睨众生的傲气。他是一个大男孩，体格健美。我总是会打心底里赞美他："这小伙子真棒。"看到其他的队友照镜子，我会这么想："有什么好照的，也不怕吓到你自己啊？"看到罗纳尔多照镜子我就不会这么想，他的确长得很帅。但是，他绝不会因为自己的长相而在工作上有所懈怠，他在球场上从来不会顾及自己的外表。我觉得足球就是他的真爱。直到现在，还有人批评他一碰就倒，还有人因为他在2006年世界杯葡萄牙对阵英格兰的比赛中，对鲁尼（Wayne Rooney）所做的一切（在鲁尼被罚下后的诡异眨眼）而抨击他。但那就是他比赛的风格。这种狡黠几乎在每一个外国球员身上都能见到，他们喜欢骗任意球，喜欢煽动裁判把对手罚出场。这几乎成了他们的一种天性。你要是敢在禁区附近抢他们的球，他们就会顺势倒地的。

每个人都喜欢加扎①式的悲剧故事，但能够兑现自己的全部潜力更是一件很了不起的事情。批评罗纳尔多的人曾有很多，但如今这些人也开始厌倦这种鸡蛋里挑骨头的勾当了——他们开始承认罗纳尔多的伟大。你可以认为，跟梅西（Lionel Messi）处在同一时代是罗纳尔多的不幸，但梅西的存在也给罗纳尔多树立了一个目标——我想要超过他！

年轻球员的加盟为球队带来了一些不一样的能量，更准确地说，是一种无所畏惧的气质。这些年轻人不惧怕尝试。2003—2004赛季开始时我已经32岁了，但我毕竟还没到38岁的"高龄"，我觉得自己在俱乐部还是有一席之地的。话虽这么说，我也明白俱乐部就像一部高速运转的机器，总有一天，鲁尼、罗纳尔多这样的新鲜血液会补充进来。我年轻时就曾亲眼目睹布莱恩·罗布森（Bryan Robson）和史蒂夫·布鲁斯（Steve Bruce）的离去。总之，到了32岁这个年纪，你就要为离去做好准备了。我并没有感到担心，或是害怕。当然，人们都明白这是足球的规律，32岁意味着你已经站在了职业生涯的悬崖边上。一位运动心理学家曾告诉我们，高龄球员的衰老过程可能是"渐进式"的，也可能是"一跃式"的。既然已经走到这一步了，我只希望我的"下坡路"能走得慢一点儿。

---

① Gazza，保罗·加斯科因的昵称。

事实证明我的"下坡路"走得还算平稳。我仍然能够打比赛，仍然能够完成自己的比赛任务，也没有让自己太丢脸。但我已经无法像以前那样掌控比赛了。顶尖球员加盟球队的好处之一就是，你会想在他们面前展现出最好的自己。这种作用是相互的，他们初来乍到，必须要拿出最好的表现来证明自己的能力，而你也会想要给他们留下深刻的印象。这就是为什么大牌球星的加盟对球队的士气是一种鼓舞。"我可不想让他认为我水平很烂。我可不想让他以为老子快走人了。"

俱乐部的核心力量也随着人员的流动而不断改变。老一辈的巨星们已经走得差不多了。彼得·舒梅切尔（Peter Schmeichel）在1999年离开了老特拉福德，俱乐部为寻找他的替代者费尽了心思。我们曾经拥有过法比安·巴特兹（Fabien Barthez）、马克·博斯尼奇（Mark Bosnich）、泰比（Taibi）以及罗伊·卡罗尔（Roy Carroll）等门将。而如今（2003—2004赛季）我们的主力门将则是蒂姆·霍华德（Tim Howard）。但是直到2005年，埃德温·范德萨（Edwin van der Sar）到来之后，我们才算真正地找到了舒梅切尔的接班人。

我跟彼得曾经打过一架。那还是1998年，球队正在亚洲参加巡回赛，我也刚从十字韧带的伤势中恢复过来。当时我们大概在香港吧，那天喝得有点儿高了。

一天晚上，我跟尼基·巴特（Nicky Butt）出去玩。回酒店时，在接待处撞见了彼得。那时候大概夜里两点了吧。我们半认真半开玩笑地互相呛了几句。随后我因为一些客房服务的事儿去了尼基的房间，吃了一个三明治，然后准备离开。没想到彼得正在房门外面等着我呢。

那几年，我跟彼得因为一些球场上的事儿弄得关系比较紧张。彼得出击的时候总是喜欢吼队友，我有时觉得他是在观众面前显摆——"都往我这儿看啊！"其实他那么做可能是为了让自己提提神，集中一下注意力什么的。但在我看来他吼得过于频繁了，就好像在告诉观众："看我功劳多大，得帮这么多人收拾烂摊子。"我俩也算不上互相讨厌，但关系的确不怎么铁。

他站在门外跟我说："老子忍你很久了，今天咱俩就把账算清楚。"

我说："那就来吧。"

之后我俩就打了一架，大概得有 10 分钟吧。当时弄出了很大声响，要知道彼得可是个大家伙。

第二天早上醒来后，我恍惚间记得跟谁打了一架，就缠着丹尼斯·埃尔文（Dennis Irwin）把这件事说了。这一耽搁，我俩就没能准时到大巴车上集合。我们接到了队医的电话："你们在哪儿呢？"丹尼斯可是职业球员的典范，集合迟到弄得他十分不快。他当时把这股怨气都发泄到了我身上，不知道的还以为他嗑药被抓了呢。

我记得我一直跟他说："我昨天好像跟人打了一架。"

我的手真的很疼，而且其中一根手指都被掰变形了。

我俩上车的时候，头儿把我俩臭骂了一顿。之后，队友们都说起昨晚有人打架。直到这时我才渐渐回忆起我跟彼得打架的事情。

坐飞机的时候，阳光不怎么刺眼，但彼得却一直戴着太阳镜。

飞机降落后（我也忘了当时是到哪儿了），球队要安排两个人去参加赛前的新闻发布会。这次正好轮到我和彼得一起出席。

与此同时，我已经在尼基·巴特的协助下把头一天晚上发生的事情都回忆起来了。前一天晚上，巴特还给我和彼得的"决斗"当了裁判，他也因此获得了一个新的绰号——米尔斯·雷恩①。其实也没多大个事儿，就是彼得抓了我一把，我用头顶了他一下，我俩那几年总这么打着玩。

新闻发布会上，彼得终于摘掉了他的太阳镜。原来这家伙被我揍成了熊猫眼。这把现场的问题都引到了他的身上。

"天啊——彼得，你的眼睛是怎么了？"

"没什么，昨天训练时挨了一肘子。"他说道。

这件事就这么过去了。巡回赛在八九天之后就结束了，这期间谁都没再提起过这件事。我的手渐渐恢复了，彼得的黑眼圈也渐渐消退了。但我们刚回到俱乐部，头儿就把我俩拉到了他的办公室里。

他说："我知道你俩打架了。"

他甚至知道我俩是在哪儿打的架，印象中他还提到了27楼。他告诉我们，我俩的这种行为给俱乐部抹黑了。据说我俩那天还吵醒了博比·查尔顿（Bobby Charlton）爵士，老爷子从房间出来看到了我俩。

"你们有什么要说的吗？"

这时，彼得举起手说道："头儿，我想要道歉。这都是我的错，都怪我那天等在罗伊的门口向他挑衅。这件事我负责任。"

头儿说："你就是个笑话。"然后就把我俩赶出了他的办公室。

彼得把责任都揽到了自己身上，我对此十分欣赏。可我总觉得查尔顿老爷子这件事做得不地道，您倒是帮我俩拉拉架啊。

---

① Mills Lane，一位著名的拳击裁判。

第二章 王朝没落

对于职业生涯中的"大事件",我多数都能记得非常清楚。但我经常忘记我们都在哪一年夺得过英超冠军。不过对于其中一个冠军我倒是记忆犹新——在 2002—2003 赛季中,我们"虎口拔牙",从阿森纳手中抢得英超桂冠。

当时的赛程是这样的:我们首先要在 4 月末的一个周日做客白鹿巷球场(White Hart Lane),挑战托特纳姆热刺队,一周之后我们还要回到主场面对查尔顿队。对阵热刺的比赛前一天,我们都要在旅途中度过。我们首先要从曼彻斯特坐大巴到斯托克港(Stockport)站,再从斯托克港转乘火车前往伦敦。就在那天下午,有一场阿森纳客场挑战博尔顿的重要比赛。我们如果想拿冠军,只有寄希望于阿森纳队在客场丢分。我驱车赶往曼彻斯特市内的四季酒店(Four Seasons Hotel),球队在那里集合,并坐上了前往斯托克港的大巴车。

那天下午,从曼彻斯特前往斯托克港的这段旅途成了我职业生涯中的一个亮点。我们刚上大巴的时候,阿森纳队还两球领先,这使得阿森纳队的实时联赛积分超过了我们。旅途中传来消息:德约卡夫为博尔顿队扳回了一球。我们刚到车站,就听闻博尔顿队把比分扳为了 2∶2 平。

我们高兴坏了,像孩子一样在大巴车上又唱又跳,互相拥抱。虽然我们还要在接下来的几场比赛中获胜才能最终夺冠,但不是我吹嘘,我们在那天下午就已经知道,冠军必将属于我们。如果你那天恰好从斯托克港火车站经过,你会看到一群大男人在一辆大巴车上跳来跳去的"壮观"情景。我们很快调整好了心态,我们知道应该牢牢把握住这个机会。

夺冠并不容易。20 世纪 80 年代的利物浦曾盛极一时,他们赢得的奖牌足够装满一个抽屉。他们的主帅,罗尼·莫伦(Ronnie Moran)总是说:"你要是觉得自己够资格,就从这些奖牌中挑一个吧。"那时候利物浦拿冠军就像砍瓜切菜般简单。我当然知道他们的冠军也是拼搏得来的，但在我小的时候，他们似乎从未让冠军旁落过。不过当我成为一名职业球员后，我很快就明白，夺取联赛冠军不是那么简单的，我们要为最终的成功而拼尽全力。但好在我们对胜利足够渴望，我们从不因为过去的辉煌而对胜利感到麻木。我也从不认为我们可以躺在过去的功劳簿上蹉跎时光。

最优秀的运动员从不满足于一次胜利或一座奖杯。我周围都是这种对胜利极度渴望的人。我们总在追求一次又一次的巅峰体验。主帅和球迷们也总是向我们传达类似的信息："不要因为赢了几座冠军奖杯就开始懈怠。"每当我赢得一些荣誉，总是会想："昨天所有的荣誉，已变成遥远的回忆。"之后，我会再次踏上征途。我从不会去享受成功的感觉，这对我来说可能过于苛刻了，但这就是我基因的一部分，我只想着继续战斗，赢得更多荣誉。

阿森纳队很出色。阿尔塞纳·温格（Arsène Wenger）成功地改造了阿森纳队。他在中场休息时会给球员们糖块吃以补充能量。这支阿森纳队的反击打得有声有色。乔治·格拉汉姆（George Graham）以及布鲁斯·里奥奇（Bruce Rioch）治下的阿森纳队用的是传统4-4-2阵形，队员们的站位比较死板，你几乎能预料到哪名球员会出现在哪个位置上。而温格的阿森纳队则完全不同，他们的速度更快了，队员们的跑动更多了，而且彼此之间还经常相互呼应，经常交叉换位。他们队内有博格坎普、奥维马斯、亨利（Thierry Henry）这样的超级球星。这些球员的到来不仅让阿森纳队焕然一新，也改变了英超联赛的面貌。他们速度奇快，经常游弋到其他位置上，甚至不受4-4-2阵形的拘束。出色的反击使得阿森纳队变得非常难对付——他们可以在一瞬间击溃你的防守。我认为阿森纳将防守反击战术演绎到了一个新的境界。不论主场还是客场,他们的防反都非常犀利。并且,他们队中还有许多精神属性强大且个性鲜明的球员。比如维埃拉、基翁（Martin Keown）、坎贝尔（Sol Campbell）、亚当斯（Tony Adams）以及亨利等。他们的确比我们更强大一些。不过这对我们来说也算是一件好事——让我们有了进步的动力。

我跟维埃拉之间的恩怨几乎可以作为两支球队恩怨的缩影。可以说,我们两个人差一点儿就可以成为那个时代的代表人物了,只不过我们对此都不是十分在意。从某种意义上说,你在球场上的位置会塑造出你的性格,也会影响到你在俱乐部中的地位。我曾经跟阿森纳队的李·迪克森（Lee Dixon），以及曼联队的丹尼斯·埃尔文共事过。你从他们的性格就能猜出他们是踢边后卫的,而且还是优秀的边后卫。但边后卫球员作为球队领袖的情况还不太多见。我觉得我跟维埃拉之所以成为两支球队矛盾的中心,跟我俩的场上位置脱不开干系。时势造"英雄"。彼时两支球队都处在巅峰期,我们两个人的比赛风格又十分相近。我们都喜欢凶狠的铲球,都喜欢身体对抗,还经常互相挑衅。我不确定他是不是喜欢我,反正我不喜欢他。但我知道我们各为其主,也算英雄相惜了吧。"我不喜欢你,但我很期待跟你过招！"我也总是会有这样的想法:"要是他能跟我共事一主,也不失为美事一件。"

我们两人的恩怨,以及那些赛前造势都够拍成电影了。

阿森纳队逐渐变强,我们的实力却略有下降。不过这些问题在赛季开始阶段却没有凸显出来。

赛季的前五场比赛,我们赢下了四场。我并没有夸大,我们本来就有这样的实力。我们唯一的失利是输给了南安普敦队。那场比赛蒂姆·霍华德的状态很好，做出了很多精彩的扑救，不过这也只是他的本职工作罢了。凯文·比蒂（Kevin Beattie）接到格雷厄姆·勒索克斯（Graeme Le Saux）发出的角球头球建功，打进了比赛中唯一的进球。

我们跟阿森纳队踢成了0∶0平。路德·范尼斯特鲁伊（Ruud Van Nistelrooy）还在那场比赛中罚丢了一个点球——他踢出的点球狠狠地砸在了球门横梁上。维埃拉在那场比赛中被罚出场，这几乎引发了一场赛后群殴，因为阿森纳的球员们认为路德倒地的动作过于夸张，以致裁判向维埃拉出示了第二张黄牌。我记得那天我还拉住了路德，劝他不要过于激动。老吉①、罗纳尔多以及几名阿森纳队的球员在赛后相互推搡。此举被足总认定为球场暴力行为，还对他们开出了罚单。

对待这些乱七八糟的指控和处罚，我们通常都是一笑而过。老吉当时被罚款了，我们都知道，这哥们特稀罕他那几个臭钱，但还是跟他开玩笑："他们应该狠狠罚死你这个浑蛋！"我从哈兰德听证会回来后，也没人表示过同情。他们都跟我说："我的天哪，罚得还挺重的，你小子这回总该死定了吧？"

书归正传。对阵阿森纳的这场平局实际上可以算作是我们丢分了。平局其实是不错的结果，但因罚丢点球而与胜利擦肩而过则着实让人感到惋惜。如果能一举拿下阿森纳，会对我们的士气有所提升。我怎么也想不通，路德怎么会罚丢点球呢？要知道路德·范尼斯特鲁伊可是一名非常出色的射手。

上赛季，曼联队与拜仁慕尼黑在冠军联赛淘汰赛中相遇。当时，丹尼·维尔贝克（Danny Welbeck）在突破对方防守形成单刀之势后，却把球直接踢

---

① Giggsy，吉格斯的昵称。

给了对方门将。这球如果换成路德则必进无疑。路德是有史以来最好的终结者，他对处理单刀球尤其有心得。你要是让他形成单刀，基本就等同于丢球了。有些球员在与门将一对一时可能会很犹豫："我到底怎么办啊，大力打贴地球还是挑射？"路德就从不犹豫，让他一对一面对门将跟让他面对空门没什么本质区别。

路德的个性很鲜明，他有时会喜怒无常，这跟我还不太一样，但他可是一个好人。他曾因为受伤而缺席了某场杯赛的半决赛，我记得那好像是2004年在维拉公园球场对阵阿森纳队的比赛。比赛那天早上，他下楼之后跟我说："我膝盖疼，没法比赛了。"

我说："你怎么回事？"

其实那天我自己的韧带也很疼。

他说："咳，别提了，我整晚膝盖都不舒服。"

我记得我好像说了一句："你开什么玩笑，这可是半决赛啊！"

他答道："但我只有这么一个身体，我可要照顾好它。"

我当时觉得这小子太傻了，现在回头想想我才是真正的傻瓜。那场比赛我带伤上阵，我的韧带也没有"辜负我的厚望"，疼了一整场。事后证明，我的韧带撕裂了。结果路德在39岁"高龄"时还能在西班牙效力，他现在看上去也只有21岁。可笑我当时还觉得他是个傻瓜。

我跟路德相处得很好，事实上我跟所有的国外球员都相处得很好。我以前很喜欢忖度他们的想法。我希望我能像德怀特·约克（Dwight Yorke）那样偶尔放松一下自己，又或者能学到荷兰人那些照顾自己身体的本事。并不是嫉妒，我只是感觉他们很有意思，对他们比较好奇而已。想来，受伤时不参加比赛本就是一件平常的事情。但我的观念却一直告诉我：有点儿小伤小病就缺席比赛是软弱的表现，我应该坚强一点儿，轻伤不下火线。做聪明人绝对是有好处的，至少你不用像瘸子一样跛着脚走来走去，你不用做什么髋关节替换手术。但我的人生观却完全不同——不要把伤痛表现出来，带着伤硬顶上！不要做懦夫，好男儿理当马革裹尸还！布莱恩·克拉夫（Brian Clough）就很厌恶受伤的球员。他本该禁止受伤的球员上场比赛，但他没有这么做。我们当时认为这是英雄主义的体现，但我现在却认为这对球员是一种伤害。

"你难道就不能替我们着想吗？"

我经常需要注射止疼剂才能上场比赛。没有人拿枪指着我的脑袋逼我这么做，我现在也希望自己当时能有国外球员的个性。甚至他们对待转会的态度也是值得借鉴的。上赛季，内曼亚·维迪奇（Nemanja Vidić）宣布自己将在赛季后离开曼联。他并没有用其他人的想法来折磨自己。他只是说他在曼联的日子很开心，现在他要离开了。国外球员不会耻于追求美好的生活。

"我在这儿待了两年了，现在待够了。"

正因如此，他们的职业生涯常常多姿多彩。

我在球队4∶1战胜莱切斯特城的比赛中进了一个球。

那时，我的进球效率已经不比从前了。这可能跟我在球队中的战术角色有关——我当时被更多地作为拖后组织核心使用。头儿和他的助理教练——卡洛斯·奎罗斯（Carlos Queiroz）——似乎对我能否胜任这个角色有过怀疑，他们怕我失去战术纪律性，因为我之前的比赛风格是一往无前的。但其实我在这个位置上踢得还挺舒服的。这个位置可以更好地保护我的身体，又可以更好地利用我的经验,我又何乐而不为呢。对当时的我来说,这个角色正合适。不过我还是能够偶尔前插到对方禁区里,我也很喜欢这种感觉。我不是克劳德·马克莱莱(Claude Makelele)那样天生的拖后中场——他通常不会离开自己的位置。对阵莱切斯特城那场比赛,曼联的中场防守压力不大,因此也不用我一直拖在后面,给两名中前卫弥补漏洞。我可以在适当的时候选择前插。如果我发现有好的空当或插上空隙,我会抓住机会的。那个进球就来自于这种机会。我当时反越位成功,晃过出击的守门员伊安·沃克(Ian Walker),将球轻推入网。

在2004年新年期间,我们处在积分榜榜首的位置。这没什么值得一提的,因为我们都习惯了。我们赢下了15场比赛,输掉了3场比赛(分别输给了切尔西,南安普敦和富勒姆),还取得了一场平局。

那时,一些新加盟的球员正忙于适应球队。其中,克莱伯森(Kléberson)的运气很差。他受了一次很严重的伤,这使得他无法通过比赛找到状态和信心。他的女朋友随他一起来到了英国,她年龄还太小,而且怀有身孕。这些因素交织在一起,使得克莱伯森很难融入到球队中。埃里克·杰姆巴杰姆巴(Eric Djemba-Djemba)也面临着类似的问题。他人很好,但很难获得稳定的出场机会。大卫·贝里昂(David Bellion)从桑德兰队转会而来。他也是一个好小伙子,但指望他背负起曼联球衣所代表的重责还有点儿困难。尼基·巴特、保罗·斯科尔斯这些人升到一队时,我也还是个小青年。而现在,贝克汉姆(David Beckham)、亚普·斯塔姆(Jaap Stam)这些球员都已经离开球队了。我看着这些新来的球员,心里总是在想:"不行,这些人差太远了。"为曼联踢球这个任务,对他们中的一些人来说实在太过艰巨。

但球队更衣室的氛围一直很好，这对于曼联这样的豪门球队来说是非常重要的。我记得迭戈·弗兰（Diego Forlán）刚来球队那会儿也不怎么顺。不过，如果一个球员感到困惑（弗兰当时就很困惑），我们会拉他一把，尽力帮助他，让他尽快融入球队。其实也没什么，无非就是别欺负他，并且在训练或比赛中多夸夸他而已。迭戈是个实诚人，所以你不能骂他，得多鼓励他。你不能说："你能不能表现好点儿。"你得说："你只是运气不好，明天一切都会好起来的。"

我不清楚现在曼联的更衣室是什么样的。弗格森（Sir Alex Ferguson）的继任者可不是那么好当的，他需要来自多方面的帮助。但这不意味着新的主帅和教练团队需要讨好球员，不意味着他们要按球员的喜好安排训练课，更不意味着主帅要想办法让球员们爱上自己的一切。我总觉得如今这些曼联球员根本没有竭尽全力。可能有人会说，激励球员本来就是主帅的责任。但不喜欢主教练（不管你出于什么原因）不能作为你不尽全力的借口。在大卫·莫耶斯（David Moyes）身上发生的事情我们都看在眼里。我猜他对更衣室的掌控能力一定差极了。只要有一名球员不是百分之百地信任自己的主帅，那球队就会成为一盘散沙。我不管你跟教练之间有什么过节，不管你是不是状态不好，不管你是不是正在被伤病所纠缠，也不管俱乐部是不是转型期，我认为球员们只要踏上球场，就该竭尽全力。我不认为眼前的这些曼联球员都已经尽力了。他们要是尽力了，球队就不会距离榜首如此遥远。我在看这些球员比赛的时候，心里总是在想："你们根本没有尽力！"

第二章 王朝没落

迭戈离队之前曾经跟我们进行了短暂的告别。通常情况下，球员们走就走了，直接离队去另一家俱乐部，甚至另外一个国家，不会跟队友打招呼的。但迭戈却跟我们说了再见。

"我要走了，罗伊。"我们俩握了握手。

"你下一步打算去哪儿啊？"

"应该是比利亚雷亚尔吧。"

那时，比利亚雷亚尔队刚开始在西班牙崭露头角，还不怎么出名。

"那家俱乐部在哪儿啊？"我问道。

他说："反正离海滩很近。"

我们都笑了。

我说："你的梦想成真了，迭戈。"

迭戈随后的职业生涯非常成功，我对此一点儿也不感到惊奇。他只是不适合曼联而已。

我带领桑德兰升级之后，还给他打过电话。他那时还在西班牙。

我说："迭戈，有兴趣来我这儿干吗？"

他说："当然，当然，但我的合同里有一项解约条款。"

我问："说说看，多少钱的解约条款？"

他说："3800万欧元。"具体是不是这个数字我也记不清了。

于是我说："我回头再打给你。"但很可惜，那之后我就没再联系过他。

我不记得曼联出过真正意义上的坏孩子。这里的"坏"指的是态度不端正，时间观念差。你也许会问："不会吧，迟到就算坏孩子了？"没错，因为你身边都是一群对胜利、对冠军充满饥渴感的球员。举个例子，比如训练在

10点半开始,而你在10：20才来到训练场,我就会认为你迟到了。在别人眼里你是准时的,但在曼联人眼里你就是迟到了。如果你没能在10点钟就提前来到训练场,跟大伙开两句玩笑,做好拉伸和按摩等准备工作,你就是迟到了。要知道做好准备工作也是训练的一部分。

我觉得贝隆（Juan Verón）本可以做得更好。他在2001年加入球队,我当时高兴坏了。他跟我的场上位置重叠,但我觉得这种竞争让我和俱乐部都受益良多。他的到来让我很有紧迫感。我从来不对新加盟的球员感到厌恶,哪怕他们跟我踢的是同一个位置。贝隆并没有完全发挥出自己的能力,但就实力而言,他是一个非常出色的球员。可能英国足球的环境（生活条件、球场状况、天气,等等）不适合他吧。总之他遇到了各种各样的困难。

对于很多国外球员来说,我们习以为常的足球环境（比如足球文化、天气等）会成为他们要面临的困难。我现在对此问题的认识就要比年轻时深刻一些。

迈克尔·西尔维斯特（Mikaël Silvestre）和罗纳尔多都曾经跟我抱怨过天气的问题。

我说:"什么?天气怎么了?曼彻斯特就是这种烂天气,动不动就下雨。你们在签约的时候应该知道的啊。"

他们说:"我们也听说过这里的天气不好,但没想到会差到这个地步。"

我们往往没有耐心去等待国外球员适应这里的环境,毕竟他们每周领着五六万英镑的高薪。他们之中有些人习惯了晚上10点半在阳台上享受巧克力奶的生活,突然之间来到了一个下午4点半就黑天,还死冷的地方,这肯定会对他们的生活产生影响。我很清楚这点,因为他们跟我说过。法比安·巴特兹和劳伦·布兰科（Laurent Blanc）曾经在比赛半场休息时躲进厕所里吸烟。他们是法国人，抽烟很正常。可抽烟的如果换成是爱尔兰人，我肯定会骂死他们："滚出去，你们这些肮脏的浑蛋！"

我初来曼联的时候，人们（特别是球员们）给了我很多帮助，这让我感到很温暖。哪怕是球员的一个手势，也能让你感觉到自己是受欢迎的。那种温暖的气氛持续了很长时间——尽管我不是特别需要这种特别的照顾。我不知道现在的国外球员是否还有这种待遇，但我觉得这对他们来说是很重要的。

我们失去了贝克汉姆。看到他离开我真的很伤心，但谁也无法改变这种结局。事情发展到那种地步，对头儿和小贝来说，分开也许是最好的结果。有些转会对大家都有益，这桩转会就是其中之一。

说起小贝和头儿之间的矛盾，那还是前一个赛季的事儿了。当时球队在足总杯第五轮的比赛中主场0∶2输给了阿森纳队。比赛结束后，弗格森飞起一脚，把地上的球鞋踢到了小贝的眼眶上。就这样，小贝离开我们去了皇家马德里。当这些转会发生时，你一点儿也不会感到惊讶。它就那样发生了。球员们会因为不同的原因选择转会。我甚至不记得小贝是否跟我们道别过。足球有时候就是这么残酷。亚普也就那么走了，连招呼都不打。球员们携妻带子，远走他乡。他们不是搬到不远处的另一个俱乐部，而是直接去往另一个国度。他们走的时候，你会觉得："这就是足球吧。"可回头想想又会感觉很别扭。但有什么办法呢，这就是我们的工作，这就是生活。

可能球员们应该用一种更为自私的心态去看待这些事情吧："各人自扫门前雪，莫管他家瓦上霜。"小贝对俱乐部一片赤诚，当然俱乐部对他也算够意思，他走得很体面。我之前说过，有一些转会对大家——球员本人、球员的老东家、球员的新东家——都有好处。俱乐部则像一台高速运作的机器，有人来就有人走。我明白，这次转会的是贝克汉姆，但下一个说不定就轮到我了。

弗格森踢球鞋的时候我就在更衣室里。事后我觉得这事挺可笑的，但当时没那么想。当时大家都感到很难过，因为我们在老特拉福德被阿森纳队击败了。他们在曼联球迷的注视下把我们淘汰出局。有消息称头儿的这一脚是有意为之，这种说法纯粹是胡扯。头儿每天都会踢球鞋，但那天球鞋击中小贝却纯属偶然。那只该死的球鞋可能击中任何一个人，或者谁也没有击中，只不过那天击中的不是别人，正是小贝。小贝的眼眶也因此被划破了。但就因为击中的是贝克汉姆，也让这件事显得有些滑稽。话说回来，教练是不能蓄意殴打或伤害球员的，头儿那天也不是有意为之。你再让他踢上一百万脚，可能都踢不了那么准。那件事纯属意外。

但媒体对这件事情的关注，以及铺天盖地的宣传让我感到很厌恶。这对俱乐部是不利的。

我记得俱乐部的队医麦克·斯通（Mike Stone）在我们训练结束后来到更衣室里，让费迪南德（Rio Ferdinand）去医疗区接受药检。这些药检人员随时都会出现，那天他们就在那里等待里奥。

但费迪南德把这件事忘得一干二净，他训练结束后直接就走人了。他也为此付出了惨重代价。因为这件事，他被禁赛 8 个月。我认为处罚过于严厉了。在这件事情上，没有人想过他是否无辜。为什么药检人员就不能直接去他家里补做一次检查呢？我觉得整个药检运作体系应该更人性化一点儿。现在弄得不做尿检的后果跟尿检阳性的后果都快差不多了。

这件事弄得里奥很痛苦，球队也深受其害。如果换成是我，医生让我去做药检，我一定会及时过去把检查做完。这不是去邮局取信，也不是刷鞋子，做尿检可不是什么平常的事情，这件事可忘不得。不过话说回来，有些人也是真健忘。

就因为我们是曼联，所以这件事就成了大新闻。但我当时一直搞不明白，他们那天下午为什么不直接跟到里奥家里把检查做了呢？可能这些医生认为球员们都不是小孩了，通知他们去参加药检他们就一定会去的。其他职业的人们就一定会很听话的。我们也许可以把足球运动员们都想象成好人："啊，他们是球员，他们生活的环境跟其他人不一样，他们肯定是干净的。"但有时我们也不得不逢场作戏。所以让你做尿检的时候，直接去做就是了。

我当时并不怎么生气，其他球员也没有受到什么影响。但最终遭受损失的还是球队。我不觉得里奥真干过什么坏事，也不觉得他是因为有什么隐情而故意逃避药检。我觉得他真的只是忘了。因为这事，我们都付出了代价。他是一名优秀的球员，我们都很想念他，尤其在下半赛季，重要比赛接踵而至的时候。

我自己曾经接受过很多次药检。大多数是在赛后，印象中有两次是在训练场上。我对这事倒不是说有什么敌对情绪，但它的确挺烦人的。我也知道那些人只是在完成他们的工作而已。当你赢球的时候，你会想要跟队友们一起庆祝。而当你输球的时候，你也不会有心思去做什么药检。比赛过后，球员们通常都处于脱水的状态。记得1994年美国世界杯的时候，我在爱尔兰对阵荷兰的赛后接受了药检。药检进行了大概3个小时，而这一切都发生在我们被淘汰出局后。我觉得要是赢球了我大概还能尿得快点儿吧。

我们在上半赛季中只有一场平局，但在下半赛季中却有好多场比赛（对手分别是纽卡斯尔、利兹联、富勒姆、阿森纳和切尔西）都踢平了。在英超联赛中，踢平不是世界末日。但对于曼联这样的球队，平局太多会有负面的影响。有些平局是可以接受的，比如客场打切尔西和阿森纳时拿下的平局。还有一些平局则让人感到很遗憾，比如主场被纽卡斯尔逼平，客场被富勒姆逼平。不过不管怎样，平局太多都不利于你拿冠军。我们击败了博尔顿和南安普敦，战胜埃弗顿的那场比赛也踢得很漂亮。那场比赛中，路德和路易斯·萨哈（Louis Saha）双双梅开二度。其中范尼还打进了他在曼联的第100粒进球。我们上半场结束时以3：0领先，之后对方顽强地把比分扳成3：3平，终场前不久，范尼头球破门，攻入了他那场比赛中的第二球。但在那之后，我们先后输给了狼队和米德尔斯堡队。

斯老师[①]那段时间频繁地为球队建功。他无疑是一名顶级球员。但我始终不认为他是人们眼中的什么"邻家男孩"，或者像传闻中那样少言寡语。斯老师可不止一面。我不明白人们为什么会认为他一直住在公寓里。所谓的"曼联92班"都是优秀的球员，这毫无疑问，但他们在俱乐部里的地位却被人们过分夸大了。"曼联92班"似乎成了独立的小团体，甚至成了一个品牌。就好像这群球员是球队内部的另一支小球队一样，而当事人们也可谓"厚脸皮"，对这种称呼欣然接受。不过说到底，我们的目标是相同的，我们对胜利有着同样的渴望。

我们知道我们即将面临一段低潮期。球队也没出什么太大的问题，无非是

---

① Scholesy，斯科尔斯的昵称。

里奥禁赛，小贝出走，还有就是头儿因为一匹赛马——直布罗陀岩石（Rock of Gibraltar）——的所有权问题跟爱尔兰股东打了一场官司。但这些事情合在一起却对球队产生了负面影响，使球队中多了一些不该有的负面情绪。

　　一支王朝球队的衰落不能算作是正常现象，但几乎没有球队能够幸免于此。巴塞罗那和拜仁都是很好的例子。在上赛季的欧冠联赛中输给皇家马德里后，人们突然对拜仁慕尼黑展开猛烈的批评，而拜仁主帅瓜迪奥拉（Pep Guardiola）也瞬间变为罪魁祸首。想要一直处在巅峰是很难的事情。优秀的球员们总会离开球队的，新来的球员有些能够融入球队，有些却始终难以找到状态。而当这种事情发生在曼联身上时就会有所不同，因为这会引起很多人的关注，而且会被无限夸大。我们需要学会如何应对这种压力，这也是所有曼联球员工作的一部分。为曼联效力意味着你要承担更多的责任。这不是自夸，这是事实。

　　我们在主场被利物浦击败。对阵利物浦的比赛一直都是硬仗。我们客场输给了曼城，输了个1∶4。那支曼城队跟现在这支英超争冠球队完全不同。他们那时没有那么多钱，也没有这么多优秀的球员。我那场比赛没有出场，我踢球时从来没输给过曼城队。

　　一些新人在1月份的转会窗口加入到了球队中。其中路易斯·萨哈是一个好球员，在为富勒姆队效力时，只要一跟曼联交手他就格外来劲。因此可以说，头儿见证了他最好的时光。萨哈是个好小伙子，但他总是被一些奇奇怪怪的伤病所困扰。我觉得他对待伤病的态度可能也有一些问题。他总是让医务人员忙得不可开交，当然，这些人倒是不用担心下岗了。

　　只要我们还有机会翻盘，我就不介意输球。我也知道球队正在经历变革，

这个过程总会充满艰辛。更何况排在我们前面的不是诺维奇之流，而是阿森纳和切尔西。要知道切尔西在大笔资金和穆里尼奥（José Mourinho）到来之前就已经是一支强队了。

我们没有时间自怨自艾。我们必须再次振作起来迎接新的战斗。我们与球迷们一同承受这种挫败感。不过我们知道，球迷们一直都没有远离我们，他们一直在我们的身边守候。我们拥有罗纳尔多，又在第二年买到了鲁尼，他们都是最好的球员。我看着他们的身影，心里想：“我们依然很强。”

足球运动员都很聪明。更衣室里没有相互埋怨的声音，球队也没有丝毫"王朝崩塌"的迹象。球员们都知道：我们正处在磨合期，罗纳尔多只有17岁。假以时日，所有问题都会得到解决。

现在，阿森纳和切尔西成了领头羊，但正如之前的我们那样，他们同时也成为了众矢之的。

我们在那个赛季的冠军联赛中顺利通过了小组赛阶段。与流浪者队交手的感觉真不错。这是我第一次以球员身份踏进伊布洛克斯（Ibrox）球场。我之前曾作为凯尔特人的球迷到这里来看过球。比赛前夜，我们坐车赶往伊布洛克斯球场进行赛前的踩场热身。这本来没什么好说的，因为踩场热身无非就是在场地上随便活动活动。但当我们走下大巴车时，有人给我送上了特殊的小"问候"："去死吧芬尼亚狗！"我料到比赛当天会有人这样"问候"我，没想到收到"祝福"的时间提前了一个晚上。我觉得这话不是门卫说的，而是球场外的其他什么人。

凭借着菲尔·内维尔（Phil Neville）的进球，我们1∶0战胜了对手。

这场比赛唯一值得纪念的并不是我被称为"芬尼亚狗",而是菲尔的这粒进球。他这也算是铁树开花了吧。回到主场,我们重创了流浪者队。迭戈·弗兰在那场比赛中表现出色。

小组赛后,我们拿到了15个积分,位列小组第一。淘汰赛第一轮我们抽到了波尔图队。在第一回合的客场比赛中,我被罚出场。当时我们曾一度以1∶0领先——奎因顿·福琼(Quinton Fortune)利用维克托·拜亚(Victor Baía)扑斯老师任意球脱手的机会先下一城。但之后,对方的本尼·麦卡锡(Benni McCarthy)打进了两粒伟大,甚至是怪异的进球,将比分反超为2∶1。这其中还包括一个不可思议的头球,我记得他是在禁区边缘把球顶进的。从1∶0领先,到1∶2落后,这让我满是挫败感——我们眼看就要输球了!我随后踩到了对方的守门员拜亚。他当时出击截球,我也没能收住脚。我没有想恶意蹬踏他,但我确实踩到了他的后背。我当时只是想用他的后背做杠杆减一下速而已,但这家伙好像中枪一样满地打滚。我只能说,我们在客场输了一个1∶2,这让我很沮丧。我也知道在冠军联赛淘汰赛这种两回合的赛制中,客场取得这个比分还算说得过去。但我就是想赢得每场比赛的胜利。

我待在更衣室里,感到很难过也很伤心。头儿那天并没冲我大喊大叫,他只是说:"真见鬼,罗伊。"我不记得在我被罚下后,队友们或者教练跟我说过什么。他们也不需要说什么。因为我自己就不会原谅自己。我知道我让大家失望了,我让球队失望了。此时,所有的借口都变得苍白无力。如果当时真的有队友找我说什么,我肯定会对他发火。主帅训斥我,我可以接受,但队友们训斥我就不行。因为我更对不起他们。

首回合被罚出场让我不得不在老特拉福德球场(Old Trafford)的看台上

观看了两支球队的第二场比赛。这对我来说是一种折磨。斯科尔斯一粒毫无争议的进球被判越位，不然我们就可以2∶0领先了。那该死的边裁。在比赛的最后一分钟，菲尔送给对方一个任意球，蒂姆·霍华德出现了一个失误，对方扳平了比分。穆里尼奥在边线狂奔庆祝，而我们却黯然出局。我讨厌当观众的感觉，这太不爽了。如果我能上场比赛，最终的结果或许会有所不同。作为球员，你就应该这么想——你必须要觉得自己能够改变比赛。

波尔图在那之后一路高歌猛进，最终在决赛中击败了摩纳哥，夺得了冠军联赛的冠军。摩纳哥在半决赛中淘汰了切尔西。不过说实话，那支摩纳哥队实力很一般，切尔西本该战胜对手的，但他们没有把握住机会。

两回合的欧冠淘汰赛给了我们近距离观察穆里尼奥的机会。我不觉得他在边线狂奔庆祝胜利有什么不妥，带领波尔图击败曼联对他来说的确是个了不起的成就。我想他自己也知道，他的执教生涯将因那晚的胜利而发生改变。但我不觉得自己愿意在他手下效力。他在媒体面前总是喋喋不休。我知道心理战是必需的，但有的时候你会想："今天就别玩心理战了好吗？"我也不会做出戳巴塞罗那教练眼睛那样的事情。如果我现在还是一名球员，我觉得我可能会在佩普·瓜迪奥拉手下踢球。我喜欢他的比赛风格，喜欢他的行事风度，也喜欢他的为人处世。

我们一路血战，杀进了足总杯的决赛。每个人都希望抽到主场打弱旅的好签，但我也不介意去踢艰苦的比赛。这种比赛也有一个好处，那就是，哪怕我们被击败了，也不算是被爆冷。我们一路淘汰了四支英超球队，包括维拉、曼城、富勒姆，还有半决赛的对手阿森纳。半决赛那天，维拉公园球场的气氛高涨，因为大家都知道这场比赛就是真正意义上的决赛。全队上下都在把这场球当成决赛对待，我想阿森纳队也是一样。足总杯的"决赛"在维拉公园球场上演。最终我们1∶0击败了对手。

即便我们拿出最好的状态，还是可能会输给阿森纳、切尔西。但对于有些比赛，你会觉得只要拿出最好的状态就一定能够获胜。在决赛中能有这种感觉真爽——除非我们自己犯一些十分愚蠢的错误，不然拿下米尔沃尔这种球队应该不成问题。

决赛前两天，我们来到了加迪夫。在温布利球场（Wembley）改造期间，杯赛的决赛将在加迪夫的千年球场（Millennium）进行。我们都很喜欢千年球场，因为它比老温布利要好很多。

星期四晚上，我们在一家鱼类餐馆吃晚饭。我这个人比较注重健康，所以那天就要了一些扇贝。我不知道自己为什么要点扇贝，我对水产品一向不怎么感兴趣。但那天我对自己说："这扇贝看起来还不错啊，看起来挺健康，也挺新鲜的，既然现在离海这么近，那就吃点儿吧。"就这样，我吃了一些扇贝。现在想想，当时我的身体就不怎么舒服，也不全怨那几个扇贝。我害怕会错过比赛，所以就没把这事告诉别人。我不想拖球队的后腿，我觉得只要自己能坚持上场，凭借我丰富的经验，在场上肯定能蒙混过去。

星期五一整天我都没怎么吃东西，比赛当天更是粒米未进。但我当时一直对自己说："那不过是米尔沃尔，我只要还有10%的体能就能挺过去。"

但我真的感觉非常糟糕。那可能是我这辈子最为糟糕的赛前状态了。

赛前热身过后，大概还剩十分钟的时候吧，我仍然感觉很虚弱。我到更衣室的厕所里吐了一次，那之后我感觉好多了。我随后又喝了很多能量饮料——

大概是路可查德（Lucozade）或者是红牛（Red Bull），这让我轻松完成了比赛。我们整场比赛占尽优势，我都没怎么出汗。

弗格森有很多优点，其中之一就是他能够很好地把握球队训话。他很清楚球队需要什么样的训话。他赛前一周都在强调米尔沃尔是一个难缠的对手。这没什么好奇怪的，大概每一位主帅都会这么做。但在决赛当天早上，他跟我们谈论的却是我们自己。他谈到了我们来自不同的国度，谈到了我们每个人的特点。我当时就感觉到："说得太棒了！"那种感觉正是我们所需要的。我们感到心中升起一股傲气——只要我们团结在一起，我们一定会赢得比赛。对此你很难用逻辑去解释，但就是感觉热血沸腾。在那之后，我自己也作为主帅进行过球队训话，我也不是很清楚自己为什么会说那些内容，但就是有那种感觉。而在加迪夫的那天早上，我所能感觉到的就是一种身为曼联球员的自豪。我们站在决赛的赛场上，我来自梅菲尔德（Mayfield），跟我并肩作战的是来自荷兰的范尼，是来自葡萄牙的罗纳尔多，是许许多多来自不同国度的顶尖球员。我们大家为了一个目标聚集在这里，这种感觉真的太奇妙了！这与米尔沃尔无关，这甚至与决赛无关。这是一种来自团队的力量。弗格森的训话总是恰到好处。我们不需要什么战术安排，不需要什么"盯紧他们的边后卫，看住他们的中后卫，小心提防丹尼斯·怀斯，他会试着抢你的球或者压迫你的出球"，不需要这些废话。我们需要的就是这样一种态度："去他的米尔沃尔，我们是红魔，我们就是要赢下这场比赛，我们身旁站的是战友，是兄弟，身后站的是球迷，是家人。我们来自不同的国度，但我们的目的只有一个——赢球！"

这是我职业生涯中唯一一次杯赛决赛的经历，我在赛前就知道我们赢定了。这是一种自信，而不是自负。我们有着更好的球员，而且更关键的是，我们的心态很好。媒体在赛前一周都在不断提起足总杯历史上的冷门，比如1976年南安普敦对阵曼联的比赛，还有什么1973年桑德兰击败利兹联的比赛。但我知道我们不会有任何差池，因为我们很强。

我们以3∶0的比分赢得了足总杯。

当我们站上领奖台领取奖杯和奖牌的时候，我们都穿上了印有吉米·戴维斯（Jimmy Davis）名字的36号球衣。这是我提议的。吉米是一个好小伙子。他被租借到了沃特福德效力。他在2003年8月9日凌晨5点左右，驾车撞上了一辆停放在路边的大卡车，不幸失去了年轻的生命。葬礼那天，全队都去送他最后一程。那天的气氛十分哀伤。

我们以一个足总杯冠军结束了这个赛季。阿森纳队赢得了当年的英超冠军，不过随后他们就陷入了长达9年的冠军荒。自那之后，他们的球队开始逐渐失去一些可贵的品格，其中有些品格的缺失是难以弥补的。对于一支球队来说，品格跟球技一样重要。

第三章 老骥伏枥

海布里球场的球员通道修得非常奇怪,窄得就像一条小巷子。在那里面想躲开某个球员也是很难的事情。

我们跟阿森纳的恩怨为我们带来了额外的动力和激情。我很喜欢这种感觉，我也很讨厌阿森纳。当然，这其中也不乏嫉妒的成分，因为我知道他们是一支非常出色的球队。不过说到底，这让我变得更好了。面对佩蒂特（Emmanuel Petit）、维埃拉这样的对手，我不能有丝毫懈怠，我必须要做到最好。要知道，当我们输给阿森纳时，我可是第一个跟他们握手的球员。

切尔西的崛起带来了新的挑战，但面对阿森纳总是让我特别激动。阿森纳之前的主场——海布里球场（Highbury），是一个老式的体育场。人们都说这个球场看起来很挤，但其实这块场地的大小跟其他球场没什么区别。我感觉在这块场地上踢球时，我们的控球时间会有所减少，而且这个球场的设计使得主队球迷看起来就像坐在我们头顶上。这有利于为比赛创造出一种良好的氛围。

当时，那种激烈的针锋相对，如今已经很少能见到了。现在的足球比赛中，身体接触少了很多。而且两家俱乐部购买球员的标准也不同了，他们更喜欢技术天才，而不是球场斗士。可能只是时代不同了吧。那时，两队中的"冤家对头"在球场上随处可见，可不只有我和维埃拉。现在我总是能在球员通道里看到两队球员们相互拥抱，这在当时是无法想象的。我觉得当时那些曼联球员都讨厌阿森纳队。当然，那些阿森纳球员也都对曼联深恶痛绝。

两队到底孰强孰弱呢？这个真不好说。我们就像两个绝顶高手那样拳来掌往。维埃拉加入阿森纳队的时间要比我加入曼联的时间晚一些。他比我年轻五六岁，但他却很显老。他是一个很强壮的球员。他对于阿森纳队是不可或缺的，我对于曼联队也很重要。我们两个每次交锋都会火星四溅。我们两人的比赛风格决定了我们之间是不会有什么"和平"的。如果我们两人都是右后卫，比赛中彼此不照面，还能好一些。但事实上我俩都是中前卫，在场上抬头不见低头见。这注定了我们之间一定会有对抗。没错，我脾气是比较火爆，但我们俩的对抗可跟我的脾气没什么关系。我们都试图为球队控制中场，进而控制整个比赛。我们两个人又分别是两支球队的领袖。如果领袖之间彼此较劲，其他球员们也会跟着参与进来的。这在球场上是很正常的事情。帕特里克身高1.91米，是个大高个儿。他可真是个大块头。但我觉得身高上的优势对他也有不利的一面。在场上运用小技术时，我比他更敏捷一些。在阅读比赛的能力上我也比他稍强一些。我认为我的预判和停球要比他好一些。但他的绝对速度要比我快。他身高比我高，按理来说头球应该占绝对优势，但我的弹跳能力更为出色。我在诺丁汉森林队时就跟阿森纳交过手，那时维埃拉还没来呢。我跟雷・帕洛尔（Ray Parlour）和马丁・基翁吵过架，跟保罗・戴维斯（Paul Davis）、约翰・延森（John Jensen）、大卫・罗卡斯尔（David Rocastle）动过手。他们可都不是什么善茬。

我们在新赛季伊始就以0：1的比分客场输给了切尔西队。你总是希望能在开局阶段拿下几场胜利，振奋一下士气。但事与愿违，赛季刚开始我们就成了追赶者。我那天踢的位置是中后卫，这也预示着曼联队那个赛季并不会顺风顺水。如果这是在2月份或者3月份，那也没什么，毕竟那时球队面临多线作战，人员紧张。但赛季第一场比赛就让球员踢自己不熟悉的位置却是一个很不好的信号。这说明我们的阵容缺乏深度。

这是穆里尼奥在英格兰的第一场比赛。我还记得那个进球，也记得那个进球的重要意义。那时穆里尼奥已经是"特别的一个"了，赛季开局阶段对阵曼联的这场胜利给了切尔西动力和信心。要知道他们在上个赛季，在穆里尼奥到来之前就已经排名第二了。对于那粒进球，我个人认为我可以做得更好。我本可以在古德约翰森（Eidur Gudjohnsen）进球之前把球处理掉的。

切尔西是那场比赛中表现更好的球队，但我们也够倒霉的。这场比赛似乎可以看作是接下来整个赛季的缩影——我们做得不错，一直都在对榜首施压，但也一直都在积分榜上落后于对手。切尔西花大价钱买到了卡瓦略（Carvalho）、德罗巴（Drogba）和马克莱莱。我们本有可能被甩得很远，但我们一直没有放弃，一直紧跟对手。他们仅以一球小胜我们，但这也能够说明很多问题——他们是一支稳定的球队，他们很难被击败。但我们也有这样的感觉：穆里尼奥不会在这里待太久的。我不认为他是又一个温格或者弗格森，他不是那种能够建立王朝球队的主帅。

切尔西是个非常强大的对手，但我也知道鲁尼和罗纳尔多将在未来一两年内变得更加强大。我们没有感觉到气馁。我一直认为我们会东山再起的。我们会有一到两名新援，我们的青年队也在不断向一线队输送达伦·弗莱彻（Darren Fletcher）、约翰·奥谢和维斯·布朗（Wes Brown）这样的优秀球员。

我们正处在一个转型期。作为一名老球员，我能够意识到这点。主帅并没有跟我或者其他球员说过这些事情。但我已经在曼联待了十多年了，我能够意

识到很多事情正在发生改变。"大家坚持住,事情会好起来的。"但我们要在尽量短的时间内完成这种转型,因为我们需要不断赢得冠军奖杯。我们不会躲在更衣室里说:"别担心小伙子们,我们正处在转型期,让我们输给富勒姆吧。"我们一直都有紧迫感。球迷们也不希望球队的颓势持续太久。说到底,我们仍然是一支出色的球队。

每当球队买进一名超级球星,球迷们都会为之一振,球员们也是一样。韦恩·鲁尼的到来就激励了所有人。他在2004—2005赛季开始前加入球队。看到他的第一堂训练课,我就知道他是一名顶级球员。当然,那之前我们也曾经跟他交手过,他的能力让他鹤立鸡群。我跟鲁尼的关系不像我跟罗纳尔多那么好。韦恩这人比较"市井",他是个利物浦佬儿,口音很滑稽。他一来球队就引起了很大轰动。相比而言,罗纳尔多更稚嫩一些,他的一举一动都像17岁的小孩儿,而鲁尼则显得比较老成。我跟鲁尼吵过一架,但那并不是因为他该传的球没传,或是其他一些球场上的原因。

那件事发生在某场比赛的前一天晚上,具体是哪场比赛我记不清了,只记得那是一个星期五。我们都待在酒店里。按照惯例,队员们在晚上7点左右坐在一起吃晚饭。酒店餐厅里有一个大的电视机,正在播橄榄球联赛,那是一场非常重要的比赛。我去了趟厕所,回来的时候发现有人换台了,换成了一个很弱智的节目,具体什么节目我忘了。几个球员坐在电视前,看着节目傻笑。

我说:"怎么不看橄榄球比赛了?"

从韦恩的脸色我能看出是他动的手脚。

我问他:"遥控器呢?"

他说:"我不知道啊。"

我说:"别装了,你肯定知道。"

我骂完就转身走了。倒不是我多生气,只是不愿意跟他继续纠缠遥控器的事情,我打算回自己的房间,把比赛看完。

第二天早上,我下楼吃饭。我不是个记仇的人,但不得不说韦恩的胆子也不小。他问我:"你后来找到遥控器了吗,罗伊?"

我记得我回了他一句:"滚一边去!"

这就是我俩之间唯一的一次吵架。我记得他之后也把这件事写进了他的自传里(他有十本书约在身)。他在书里说我派了一个保安去他那儿要遥控器,但那都是胡扯。

阿兰·史密斯(Alan Smith)从利兹联队转会而来,他一来就有很好的表现。我跟斯莫①的关系很好。他从不喝酒,这一点让我印象很深,也让他显得有点儿与众不同。但这没有妨碍他跟我们一起说笑。聚会的时候他总是走得很晚。我那时也已经戒酒了,所以每次聚会到最后就剩我俩在那儿聊天,其他人都醉倒了。

他从一名前锋被改造成了一名中场。那时曼联锋线上也的确没有他的位置。头儿可能想把他当成我的替代者培养,但我并没有感到他对我的位置有什么威胁。我在几次训练赛中跟他对位过。我觉得他有那个潜力,但他始终没能真正地胜任这个角色。这并不是说他没有兑现自己的潜力,他只是没有开窍而已。而他"开窍"的那方面又恰好是每名球员都避之不及的东西——伤病。

---

① Smudge,史密斯的昵称。

加布里尔·海因策（Gabriel Heinze）也是一个好人。但他在训练中很脏。有一次我在训练中受伤了——当然那次主要是我自己的原因。那天是星期五，我们将在第二天主场迎战热刺队。通常，在主场比赛之前我们只是进行轻量的训练。但那天的训练却略有火药味，因为我跟加比①互相铲了几次。他用膝盖顶了我大腿的侧面，我感觉很疼，但为了维护我的"英雄形象"，我当时没说什么，也没想去接受治疗。

结果我第二天离开家的时候就一瘸一拐的了。

我对我老婆说："我肯定不能上场比赛了，不过我得去跟他们说一声。"

我来到了老特拉福德，一瘸一拐地走进了更衣室。之后我用了一些止疼药，上场参加了比赛。我老婆说这是她见过最可笑的事情了——看着我一瘸一拐地走出家门，却在收音机中听到我出场比赛。

不过我还是很喜欢加比这个人。在那之后，加比也经历了一次严重的伤病，他拉伤了自己的十字韧带。那时俱乐部的很多新人（包括斯莫、加比、萨哈等）都很不幸地遭受了伤病的侵袭。

球队的阵容有了很大改变。年轻的球员们带来了新的能量。他们可能还略显稚嫩，但他们同时也无所畏惧。对于一名老球员来说，输掉一场半决赛会让他崩溃。而对于一名年轻队员来说，今后打进决赛的机会多得是，他们为更衣室注入了一丝傲慢的气质。作为一名逐渐衰老的球员，我对此感到很嫉妒。随着你逐渐老去，赢得冠军的机会越来越少，得到续约合同的机会也越来越小，受伤的概率却越来越大。那些年轻人就暂时不用担心这些事情。

---

① Gabby，海因策的昵称。

越来越多的球员加入到了球队中。杰拉德·皮克（Gerard Piqué）是一个好孩子，也是一名优秀的球员。但他没有获得足够多的出场机会，并且他本人也想去巴塞罗那效力。他在那儿干得很棒！我觉得没有人会想到他在那里会取得如此高的成就。这证明皮克绝不只是一个不错的后卫——他甚至可以算得上是最优秀的后卫之一。他似乎天生就知道该如何去防守。

朱塞佩·罗西（Giuseppe Rossi）是一个非常不错的小伙子。但他在曼联的日子过得并不顺心。他是一名前锋，因此他很难进入到首发名单中。朱塞佩拥有美国和意大利双重国籍，他刚跟一线队合练那会儿被我臭骂了一顿。我记得那是因为我当时处在更好的位置上，他没有把球传给我。他看了我一眼，没有说什么。但我知道他在想什么："你怎么不去死？"

我转过身去，想道："我喜欢这小子！"

如果他当时跟我犟嘴，我肯定会冲他发作。但他只朝我看了一眼，脸上的表情却帮他说出了他想说的一切。我当时差点儿就走过去跟他握手了。我从那天开始就喜欢上他了。

当我执教桑德兰队时，我曾经试图签下他，与他失之交臂则成了我最为后悔的一件事。曼联同意就罗西展开谈判的时候，我正在考职业教练证书。当天晚上我做了一个报告，并获得了前往曼彻斯特艾尔青程（Altrincham）的许可。之后我就一直在为那次谈判做准备。在一家意大利餐馆里，我见到了罗西。跟他一起来的还有 8 个工作人员，其中有 3 个是意大利人。他父亲那天也来了。这就像是《好家伙》（Goodfellas）里面的镜头，当然了，这几个人可不是什么黑帮分子。

我坐在桌子的一头，试着劝说罗西加入我们球队。

"说说吧,桑德兰都有哪些优势?"他们说道。

于是我就给他透露了一些我们的情况。当然,这么做无非有两种结果,要么谈崩,要么谈成。我告诉他们我们刚刚升级,我们愿意为他付出 850 万英镑的转会费,这对于一个声名未著的年轻球员来说是很可观的。

我说:"看吧,朱塞佩。我在桑德兰有一个很好的蓝图。但我需要有人帮我实现它,我确信你就是最佳人选。"

随后他们开始窃窃私语。

我当时心想:"话已至此,能不能成就看他的意思了。"

没过多久,我们的会谈就结束了。我本人对此很高兴。

他临走时跟我说:"我还需要考虑一下其他的选择。"

几天之后,他选择了加盟比利亚雷亚尔。

他后来联系过我:"罗伊,谢谢你为我做的一切。"

比利亚雷亚尔还是桑德兰?我能理解他的选择。毕竟那时比利亚雷亚尔也算小有名气了,而且迭戈·弗兰曾经告诉我,那里离海滩很近。

我们在赛季的前五场比赛中取得了三场平局,分别是对阵布莱克本、埃弗顿和博尔顿的比赛,这些平局都比较让人惋惜。我们击败了利物浦和托特纳姆。在那之后又是两连平,分别对阵的是米德尔斯堡和伯明翰。这些结果并不让人满意,这种状态也没法去争夺冠军。我们曾经经历过一些不理想的开局,但这么多平局还是让人难以接受。对阵切尔西的比赛打平也就罢了,但其他比赛中我们本该拿满三分的。毕竟赢球才是硬道理。

我们在主场以 2∶0 的比分击败了阿森纳队,结束了他们 49 场不败的纪录。那场比赛我没有出场。

那年夏天,我、吉格斯,还有他的几个哥们一起去了米兰的一家排毒诊所。我记得大卫·贝里昂也跟我们一起去了。是一些法国球员介绍我们去那儿的。据说那儿的管理很严格,你要先饿上三四天,然后他们会向你灌输健康饮食的理念。我当时正好有健康饮食癖,所以就被"骗"去了。老吉之前曾经去过那儿,他警告我说我们在那儿不能吃东西。我没相信他,我觉得多少也得有点儿吃的吧。结果呢,我花了一大笔钱,就为了让自己饿上4天——我们真的什么都不能吃。第一天晚上我本想离开的,但我最终留下了。我记得是第二天还是第三天晚上,他们给了我们一些胡萝卜汁。营养专家认为我吃了过多的红肉,说我需要减少红肉的摄入量,增加蔬菜水果的摄入量。

回家之后,我按照新食谱调整饮食。我不能同时摄入糖类和蛋白质。我是一个极端主义者,喜欢一条路走到黑。于是我干脆就不吃红肉了。为此我差点儿离婚,因为我的饮食跟家里其他人的饮食差别太大了。我开始只吃那些"健康"的东西,连零食都不吃了。那时我老婆负责给5个孩子做饭,而我就只能出去吃一些鱼和沙拉。我并不喜欢吃鱼,我其实是在强迫自己吃一些不是特别喜欢的东西。甚至有一次,我老婆给了我一小块蛋糕,我还让她把上面的奶油弄掉。一时间,我体内的脂肪含量降到了3%或4%,我变得太瘦了。

距离主场对阵阿森纳只有几天时间,我却虚弱到无法起床。要知道在那之前我基本不怎么得病的。俱乐部的队医麦克·斯通来到我家里。我身上没有一丝力气。我知道自己可能无法参加比赛了。错过任何一场比赛对我来说都是一种痛苦,更何况这是打阿森纳队的比赛。麦克问我过去几个月都在干吗,我就把米兰排毒诊所的事儿跟他说了。我们是在暑假时去的排毒诊所,事先也没有

跟俱乐部打招呼，因此麦克不知道这件事情。

麦克问我："你这段时间的饮食是不是出了什么问题？"

我说："嗯，那个女人让我少吃红肉。"

"然后呢，你是怎么做的？"他问道。

我说："我干脆就不吃红肉了。"

他随后做了一些血液检查。我也因此错过了对阵阿森纳队的比赛。我在床上躺了三四天，之后检查结果出来了。我体内严重缺铁，各项铁指标均严重失常。麦克告诉我要重新开始吃肉，吃那些我喜欢吃的东西。

我当时只是想学习意大利或者法国球员的饮食以及生活方式。但我是个爱尔兰人。一两周之后吧，我母亲来看我，用所有母亲骂孩子的方式狠狠地骂了我一顿。简单形容一下当时的我吧，我看起来骨瘦如柴，身上一直发冷，感觉自己都不是自己了。我的确做得太过头了。当时，我体内的脂肪含量相当于一个长跑运动员，但事实上我却是一个正在踢高水平足球的中场球员，我需要足够的脂肪来保护我的身体。

我很失望，我错过了那场比赛，错过了赛后球员通道中的那次冲突。我甚至没有力气去看比赛。据说有人在球员通道里扔比萨，很可惜我不能吃比萨，因为那种东西不够健康。

主场击败阿森纳队后，球队做客弗拉顿公园体育场（Fratton Park），挑战普斯茅斯队。那时我已经恢复得差不多了，也进入了球队的比赛名单中。在我离开的这段时间，菲尔·内维尔一直被安排在我的位置上。我记得头儿跟我说："听着，这场比赛我要把你放到替补席上，菲尔过去几场比赛踢得很不错。"

我说："我觉得我过去那四百多场比赛踢得也很不错。"

我能理解头儿的想法，也没怎么生气。但我只能坐在板凳上眼睁睁地看着球队 0∶2 输给对手，心里想着："我本该上场的。"我没有怨言，我同意主帅的人员安排。不过我的确能让曼联队变得更好，身为一名球员，你就应该这么想。

10 月底的时候，球队排在积分榜的第七位。这要换作今天，主教练肯定得下课了。

因为节食错过比赛这种情况的确挺少见的，不过作为球员，你很难避免伤病。相比之下，中场球员受伤的概率要更高一些。

我动过两次疝气手术，拉伤过韧带，后者可能跟我年轻时没有好好保养有关。我的肋骨骨折过，头上也缝过针，不过这都可以算是中场球员"人手必备"的伤病了。当然，最严重的伤病要数十字韧带断裂了。那次伤病使我远离赛场长达八九个月。那次受伤也让我变得"成熟"了一些，因为我常常在家借酒浇愁。我那时候只有二十六七岁吧，可能还更年轻一些。

在众多的伤病中，最终终结我职业生涯的却是臀部的老伤。那还是 2001 年的事情，头天晚上我还在都柏林出席一场由迪亚多纳（Diadora）举办的演出。我那天待到很晚，当然也难免喝了点儿酒。第二天，我回到曼彻斯特训练。印象中也没做什么剧烈的运动，无非就是慢跑了两圈，但那时就觉得我的臀部不对劲。那也不是什么严重的肌肉撕裂，总之感觉有点儿奇怪。

在那之后，我坚持打了几个月的比赛，最终臀部的伤势还是恶化了。我拜访了剑桥的一个运动医疗专家——理查德·维拉尔（Richard Villar）。可我伤在臀部，这对足球运动员来说是非常罕见的。"标准"的足球伤病应该是疝气、骨折、膝伤、脚踝伤病，甚至是韧带伤。臀部伤病着实有些恼人——把屁股交给人做手术心里总是怪怪的，毕竟那里算是私处吧，而且一般只有上年纪的人才会出现臀部问题。但那时我的臀部真的很疼，我需要注射好几针止疼剂才能坚持打比赛。

现在想起来，伤病的原因很可能是自然的运动磨损，毕竟我踢球时急停急转这些动作都对臀部软骨有损伤。当然，那天晚上在都柏林喝的那些酒也没起什么好作用。估计正是那点儿酒让我第二天的跑步姿势有点儿不对头，而且前一天晚上我也没睡好。

最终我还是动了手术。他们在手术中取掉了一块软骨。我记得医生对我说，我的软骨严重受损，他不确定我是否还能回到球场上。医生对我描述说，他用手术刀翘起那块软骨时，那块软骨看起来就像一块地毯衬垫。他还给我看了照片，照片中的那块软骨还真的是很像衬垫。手术后我渐渐康复了，最终还是回到了球场上。但我那里依然很疼，我就知道事情有点儿不对头。

当你从一次严重的伤病中回归时，也许从医学角度上讲，你的伤病的确痊愈了。但你思想上受到的创伤却没那么容易痊愈。这次手术给我的心理留下了一些阴影：“你的软骨已经严重磨损，你可得小心点儿了。”几年之后，我本该再次接受手术的，但我改变了主意，我决定不去管它，任它"自生自灭"吧。

有时候想想也挺好笑的，我似乎就适合做一个强硬刻板的人。比如我的韧带就很僵硬，这倒很符合我的人格。我觉得我这个人就适合这种紧绷绷的感觉，留有余地不是我的风格。我曾经看过国外球员们做拉伸训练，用手摸他们自己的脚尖。迈克尔·西尔维斯特能用头碰到他的脚趾。这要换成我估计就把韧带拉伤了。那么高难度的动作，我这辈子估计都做不到。快退役那会儿，我开始学着做瑜伽，但我觉得那让我有迷失自己的感觉。我跟自己说我变得更柔韧了。我也知道自己身体条件的限制，但我当时把自己想象成了一个体操运动员。就像节食那件事一样，我试图把自己变成另外一个人。但我还是会受伤。臀部的疼痛已经影响到了我每天的生活质量，甚至连抱孩子和下车这样最简单的事情，我做起来都很困难。当我韧带伤势痊愈复出归队时，人们总是问我："你的膝盖怎么样了？你的韧带还有问题吗？"但其实我早就忘了这事了。臀部的伤病才是我的心头大患，它直到现在还侵蚀着我的身体。

每到天气转凉，或者跟孩子踢球时，我都会感觉到疼痛。当我开车或者坐飞机时，我也不太敢乱动。我可能最终需要做髋关节替换手术，但只要我小心一点儿，我还能坚持很长一段时间。不过我现在只能做一些游泳、骑车或者散步这样直线性的运动，想急转急停是不太可能了。

球队取得了四连胜，分别拿下了纽卡斯尔、查尔顿、西布朗和南安普敦。这些本来就是应该拿下的比赛，但你还是要为此付出努力。我个人不是很喜欢打纽卡斯尔，因为我曾经在这支球队身上吃到过两张红牌。我跟希勒和罗博·李都发生过冲突。我总觉得那些家伙自视甚高。我就不明白，他们什么冠军都没有拿过，有什么骄傲的本钱？我们在圣詹姆斯公园球场（St. James's Park）的战绩一向不错，我觉得这地方挺适合比赛的。但对于球场里那些纽卡斯尔人，那些高地佬（Geordies），还有那些倒彩，我可不怎么喜欢。

我们客场战平了富勒姆队，但我们在12月份和圣诞假期期间又取得了一波四连胜，分别拿下了水晶宫、博尔顿、维拉和米德尔斯堡。在新年那天，我们位于积分榜第三位，落后于切尔西和阿森纳队。

2003年，我在布莱恩·凯尔（Brian Kerr）接手爱尔兰国家队不久后跟他见过一面。他问我是否有回归国家队的意向。那时爱尔兰队还有6场欧洲杯预选赛要打。但我最终拒绝了，因为那时我刚动完臀部手术，正忙于恢复性训练，自顾不暇。

那之后，我又在曼彻斯特的埃尔德雷酒店（Alderley Edge Hotel）跟布莱恩见过一次面。我当时正忙着训练爱尔兰导盲犬，我也在随后接受的一次采访中说过，我总感觉有些事情没有做完。那时我感觉自己已经好多了，也更强壮了。我记得关于这次会面的提议是我的经纪人迈克尔·肯尼迪传达给我的。我们当时谈了一些参加2006年世界杯预选赛的事情。我知道这件事会遇到来自曼联方面的巨大阻力。我年纪不小了，还曾经有过那么多伤病史，我知道头儿想让我把余热发挥给曼联，而不是国家队。还有，重返爱尔兰国家队也会给我带来很多额外的压力。首先就是国家队的比赛任务会让我消耗更多的体能。当然更重要的一点是，塞班岛事件让我心里还有那么一丝抵触情绪。毕竟是曼联队在给我发工资，我知道他们会有想法。

最终我的情感战胜了理智。我真的感到有些事情没有做完。我当时脑子里想的都是家乡的父老。我为我的祖国、为我的故乡科克感到骄傲。这种感觉随着我年龄的增长而越发强烈。我觉得一个人在异国他乡生活了几年之后就会渐渐失去对家乡的记忆，哪怕英格兰和爱尔兰仅一海之隔。这是很正常的事情，你会渐渐地适应并融入这里的生活。你的想法和行为会渐渐改变。我的孩子们都生长在英格兰。他们总是跟我说，他们支持的是英格兰队。但当你渐渐老去时，你会有这样的想法或意识："不要忘记你的根，不要忘记你来自何方。"我实在不忍心让家乡父老失望。

如果我能冷静地想一想，我就不会选择回归国家队了。我已经 33 岁了，这对我的身体和心理都是额外的负担。我在国家队要担任的是中前卫的角色，这个位置可不是那么好踢的。可能每个人都希望奇迹发生在自己身上吧。我也知道曼联队可能不会轻易放过我，我可能会为此付出代价。头儿可能不会再跟我说话了，但他无法阻止我——谁都无法阻止我。

来到国家队后，一切都很顺利。球员们跟我也都很合得来。

我喜欢布莱恩这个人，但我只对一点感到有些奇怪——我竟然不是国家队的队长。我之前曾经作为队长带领球队取得过成功，我们杀进了韩日世界杯的决赛圈。更何况我在曼联也一直是队长。

但最终担任队长的是肯尼·坎宁安（Kenny Cunningham）。我跟肯尼共事多年了。他在球员中的口碑很好。他总是喜欢在球队中组织牌局，组织问答游戏，有时候还组织大家筹钱给巴士司机或者几辈子之前给我们泡过茶的老女人买礼物。不过大多数球员都很喜欢他。

有时，我会对队长的职责产生一丝厌倦。总有人说，当队长不过是赛前猜个硬币而已。我并不是想说队长这个职务有多重要，或者借机吹捧自己："队长可重要了，不信你看我。"但随着年龄增长，我开始意识到当队长远远不止猜个硬币那么简单。这个职务也绝不只是"重要"，甚至应该用"关键"来形容。队长文化绝不仅限于英格兰联赛中。意大利和西班牙足球也涌现过很多伟大的队长——马尔蒂尼（Paolo Maldini）、迪诺·佐夫（Dino Zoff）、萨内蒂（Javier Zanetti）、劳尔（Raúl Gonzales），还有普约尔（Carles Puyol）。他们都是球队的精神领袖。当一支球队的队长在比赛结束前被替换下场时，他会把队长袖标交给其他球员，由他们承担队长的职责。在世界杯赛上，荷兰国家队队长罗宾·范佩西（Robin van Persie）被替换下场时就把队长袖标戴在了阿尔杨·罗本（Arjen Robben）的手臂上。

我曾与三位伟大的队长共事过，他们是布莱恩·罗布森、史蒂夫·布鲁斯，还有坎通纳（Eric Cantona）。他们领导球队的方式各不相同。罗博[①]用榜样的力量领导球队。他体能强大，训练刻苦。他是一个非常好的人，酒量也很高。布鲁西[②]是一个友好的人，他对家人很尽责。他总是乐于助人，你有什么问题可以随时去找他寻求帮助。他还是个"搞票能手"，你要是想给家人或者朋友多弄几张球票，找他准没错。弄票这事牵扯到很多人际关系，但布鲁西处理得很好，他的这种能力也在球队的管理上得到了体现。坎通纳则更多地在用他的言行和个人魅力去领导大家。当队长靠的不是话多嗓门大，埃里克的话就很少。

我刚加入曼联那几年，队中有个球员金库。赛季末的时候，每个球员都能从中拿到 800 英镑。钱是我们参与俱乐部采访和视频拍摄时攒下来的，如今这些钱都签进了球员的合同里。那时我们的收入还不错，800 英镑对我们来说也不算什么大钱。因此，有一次大家就在更衣室里商定，把所有的支票都放进帽子里，再将所有的支票依次抽出，最后剩下的支票是谁的，谁就把所有的钱都拿走。为了面子，我们都把自己的支票放进了帽子里，还有几个年轻人——我记得是小贝、加里（Gary Neville）和菲尔——因为实在没钱就选择了退出游戏。但斯老师和巴特却决定赌一把。谁留到最后，谁拿走所有的钱，更衣室

---

① Robbo，罗布森的昵称。
② Brucie，布鲁斯的昵称。

里充满了人们的喧嚣声。队员们都出汗了,我甚至都大汗淋漓了——那么多钱啊,要是用来买酒得多爽啊!我记得我的名字是第三个被抽出来的,只好当花钱买了个乐子。还剩最后一张支票,上面的名字是埃里克·坎通纳!他赢得了1.6万英镑。

第二天大家都跟坎通纳开玩笑:

"埃里克,你太幸运了。"

"你这也算钱生钱了吧。"

他让别人帮他把支票兑换成了现金,并把这些现金平分成两份,一份给了斯老师,一份给了巴特。原因是他觉得这两个孩子在没钱的情况下还敢玩两把,实在是有种。就那样,两人各自拿着8000英镑回家了,这让我感到更加失落。

不过,我当时就觉得坎通纳这一手实在太帅了。换成别人绝对不会这么做的。

我在诺丁汉森林效力时,斯图尔特·皮尔斯是球队的队长。他是一位非常杰出的队长。我喜欢看他训练和比赛,他那时还是英格兰队的队长。我很幸运在我的职业生涯中遇到了这么多好的榜样。斯图尔特曾经多次维护过我。有一次我因为合同问题跟俱乐部闹得有点儿不愉快,我也因此遭受到了很多批评。布莱恩·克拉夫说我过于贪婪。他想通过媒体对我施压,逼迫我签一份新合同。球队更衣室里也有人对这件事发表了一些意见,我能听出来那些话并不是在开玩笑。

我记得皮尔斯问大家:"伙计们,你们还有谁对自己的合同不满意吗?"

大家都说:"没有。"

他说:"那就别管别人的闲事!"

在我成为曼联队的队长之后,我心里很清楚:如果我把事情搞砸了,那谁也不能怨,只能怨我自己。因为我有那么多可以学习的榜样——坎通纳、皮尔斯、罗布森、布鲁斯。我知道那些球场外的责任——搞球票、替年轻球员出头、为圣诞聚会买单——都是很棘手的事情,但我知道大家都在指望我去做这些事情,我也必须去做这些事情。记得有一年圣诞节,我扮演圣诞老人。事后我从别人拍摄的照片中发现,这个"圣诞老人"居然有文身。这也算是一件"轶事"吧。

队长的作用十分关键,一些特定的球衣号码也有着重要的意义。在曼联,"7"是一个具有象征意义的数字。埃里克·坎通纳离队后,人们针对下一任队长的人选进行过争论。对于接替坎通纳,承担队长职责我倒是没感觉有什么压力,但问题是他还留下了 7 号球衣。这件球衣坎通纳穿过,布莱恩·罗布森穿过,乔治·贝斯特(George Best)也穿过。头儿曾经把我拉去他的办公室,想让我成为 7 号球衣的新主。

我说:"不,我可不想要。"

他说:"小贝可早就盯上这件球衣了,不过我不想让他穿。"

我内心稍微挣扎了一下。

自从加入俱乐部以来,我一直穿 16 号球衣。我对这个号码还挺满意的。我觉得这个数字对我有警醒的作用:这是 16 号,不在 1 号到 11 号之间,穿着这件球衣意味着你随时可能会被球队淘汰。我也不认为这个号码中的两个数字可以加起来变成"7"。

最后我说:"那就把它给小贝吧。"

最终，小贝拿到了 7 号球衣。这件球衣很适合他，也很适合坎通纳。小贝离开之后，罗纳尔多穿上了这件球衣。

一家伟大俱乐部的队长职位甚至是一种品牌，一种品牌中的品牌。在我退役后，我发现人们更看重的不是我为曼联效力了 13 年之久，而是我曾经担任过曼联的队长。

队长是一支球队的领袖。每支球队都需要这么一个凡事冲锋在前且值得大家信赖的人。我还是觉得应该由我来担任爱尔兰队的队长。但我不想因为这件事情去烦布莱恩。我不想让自己被看成一个争名逐利的人："想让我回国家队，除非把队长袖标给我。"但在那天的谈话中，我本应该提起这件事情的。我觉得肯尼很喜欢在媒体面前发言。每次比赛后，肯尼都会比我们晚进更衣室，因为他总是先去接受采访。这一点让我有点儿不爽：别忘了你自己的职责！当然这与我个人无关，这是为球队的利益考虑。

我回到国家队后，参加的第一场比赛是对阵罗马尼亚的热身赛。那场比赛我们主场作战，最终以 1∶0 战胜了对手。马蒂·霍兰德（Matty Holland）打进了全场唯一的进球。回来的感觉真好，我不禁感觉到热血沸腾。我一向很喜欢坐大巴车赶赴球场的感觉。孩子们挥舞手中旗帜的画面，警察的警笛声，车上的战歌——我喜欢这一切，这是一种传统。那天路上的车有点儿多，我们被堵在了距离酒店不远的地方。我就坐在车窗边，窗外有一个孩子正抬头看我。

他对我说："欢迎回来。"

他就直直地站着，就像被种在那里似的。

我对自己说："回家的感觉真好。"

比赛本身以及赛前的国歌声都让我激动不已。我一向讨厌无所事事地闲逛，讨厌无聊的旅途。但那次在大巴车上的旅途，以及那场比赛是个例外——如果生命中只有这些东西，那该有多好啊。

我很高兴能够回归国家队，但也为这个决定付出了代价。2004年9月，我决定再次为国效力，出战爱尔兰客场挑战瑞士队的世界杯预选赛。但我当时还没有完全从肋骨的伤势中恢复过来。就在几周之前，我在冠军联赛1/4决赛——曼联对阵迪纳摩布加勒斯特——的比赛中伤到了肋骨。在接下来那场对阵诺维奇队的英超联赛比赛中，我带伤上场，最终导致伤情恶化。检查结果显示，我将缺席接下来四到五周的比赛，但在两三周之后我就感觉好多了。队医告诉我，我的伤势恢复得很好。但我并没有选择为曼联出战。我给弗格森打电话，说我觉得自己能够参加对阵瑞士的比赛。

老头子当时快气疯了："你能参加国家队比赛，却不能参加曼联队的比赛，是吗？！"

但我最终还是出现在了客场挑战瑞士队的赛场上。那场比赛双方打成了1∶1平。这是预选赛的第二场比赛。在第一场比赛中，我们在主场3∶0击败了塞浦路斯。由于肋骨有伤，那场比赛我没有出场。我不想在一场十拿九稳的比赛中冒险带伤上场。当然，这么做也是为了平息来自曼联方面的压力。我们在巴黎以0∶0的比分逼平了法国队。那是一支崭新的法国队，很多赢得过1998年世界杯的成员都相继退役了。那场比赛我们本该取胜的。

我们的运气不够好。客场挑战以色列的比赛中，我们曾一度1∶0领先，但在伤停补时阶段被对手扳平了比分。回到主场，我们又在2∶0领先的情况下被对手把比分扳成了2∶2。我知道"强者运强"的道理。有时你必须取得一些突破，很可惜布莱恩·凯尔没有做到。

对阵阿森纳的足总杯决赛中，我在比赛开始阶段就受了伤。事后发现，我的腹股沟撕裂了。但几周后，我还是参加了爱尔兰对阵法罗群岛的比赛。我本来不该踢这场球的，因为我身上有伤。那场比赛中，我因为跟裁判理论，领到了一张愚蠢的黄牌。这张黄牌使我停赛一场，缺席了主场对阵以色列的比赛。我在看台上观看了这场比赛。我不是一个赌徒，但我赌伊安·哈特（Ian Harte）会打进那场比赛的第一粒进球，而他那天也挺争气的。我下了20英镑的赌注，最终赢得了几百英镑。就是在那场比赛中，我们在领先两球的局面下被对手逼平。我觉得如果我上场的话，比赛应该就拿下了。我有那种改变比赛的能力。

做客巴黎时，我们逼平了法国队。但当他们来到都柏林时，队中却多出了许多已经退役的球星。

我在赛前还跟西尔维斯特说起了这件事。

"太难以置信了，他们怎么都复出了？"

迈克尔对我说："估计是为了钱吧。"

他们以1∶0战胜了我们。

我们没能晋级世界杯。但我很喜欢与布莱恩共事。人们本该给他更多时间的，至少该让他带队参加欧洲杯预选赛。我们差一点儿就成功了，对阵以色列的那两场比赛我们本该获胜。在这十场预选赛中，我参加了其中的六场。错过的四场比赛，要么是因为受伤，要么是因为停赛。晋级失败让我略感失望，但我还是很享受这种为国效力的感觉。同时我也知道：我的国家队正赛生涯到此为止了。

球队在新的一年有着不错的开局。我们战胜了利物浦和维拉,跟热刺打成了平手。做客阿森纳时,我们仍然处在积分榜的第三位。

我当时没觉得那场比赛前球员通道里发生的事情有什么大不了的。无非是球员间互相骂了几句垃圾话而已。但两支球队的处境,两支球队间的恩怨,却给这次通道冲突带来了不同的意义。还有球员通道里的摄像头——这在现在是很常见的事情了,但在当时却是一种新鲜的尝试。后来有人告诉我,外面的观众从大屏幕里看到了那天球员通道中发生的一切。但我却错过了很多"精彩的情节"。

说真的,如果说这集"通道风云"有什么让我不满的地方,那就是我并不是故事的主角。

比赛是在傍晚开始。热身后,我们都回到了更衣室。这时,加里来到我身边,跟我说刚才有几个阿森纳队员在球员通道里找他的麻烦。他们说,他们不会跟加里多说什么废话,但会在比赛中好好"关照"加里。他们说,他们并没有忘记上次在老特拉福德结下的梁子。在老特拉福德的那场比赛,双方在场上冲突不断,赛后也发生了一些争执。菲尔那天替我出战,他在比赛中就像神风特工队飞行员一样满场飞奔,表现异常神勇。我觉得加里是在为弟弟那天的表现买单。

但我当时没太在意加里说的话。

"随它去吧,加里。"

我当时正在调整自己的状态,正在集中精力为上场做好准备。我从不会在更衣室里大吵大嚷。我喜欢在赛前默默地给自己攒劲儿。所以加里趴在我耳边跟我说这件事时,我还挺不耐烦的。

第三章 老骥伏枥

我当时的态度差不多就是："自己解决，你又不是 11 岁的小孩子。"

不过他的话也给我提了个醒，让我对这事上心了。

通常情况下，我是球队里第一个走进球员通道的人，因为我是球队的队长，要带领全队出场。海布里球场的球员通道修得非常奇怪，窄得就像一条小巷子。在那里想躲开某个球员也是很难的事情。这里的气氛总是剑拔弩张，再加上这是夜场比赛，气氛更是让人窒息。

我那天走到球员通道里才想起自己的袖标忘戴了。所以我就返回更衣室拿袖标。

"你们往前走吧，兄弟们，我去去就来。我把队长袖标忘在更衣室里了。"

于是我就原路返回更衣室，与四名队友擦肩而过。袖标在阿尔伯特（Albert）手里，他是负责球队球衣的工作人员。他为我戴上袖标，对我说："祝你好运，罗伊。"

我离开更衣室，返回球员通道中，听到球员通道顶端似乎发生了什么事情。我往前走，看到一些阿森纳队的队员正对着加里指指点点。

我顿时火冒三丈。

五秒钟之前，我还非常平静，还在全心全意地专注于比赛。但眼前的画面让我想起了加里对我说过的那些事情："这群浑蛋，他们开始找他麻烦了。"

我还以为他们要在球场上暗算加里，却没想到他们在通道里就开始动手了。这群浑蛋，他们正在欺凌加里。阿森纳队的球员个头本就很高，往狭窄的通道里一站，显得他们更高了。

我暗想："谁怕谁啊，那就玩玩吧。"

我走向球场，心中充满了愤怒，但我并没有失去理智，并没有忘记自己是来比赛的。

我说:"球场上见。"

我觉得他们是在欺凌加里。我不觉得这算是恐吓,这就是赤裸裸的欺凌。两者是有区别的。如果维埃拉找上我,对我说,"老子要给你点儿颜色看看",这算是恐吓。恐吓只发生在相同量级的"对手"之间。但加里是个内向的人,我觉得他们就是在挑"软柿子"下手。当然,这里所说的"软柿子"并不是指通常意义上的弱者。加里是一个声名卓著的球星,他已经为英格兰队出战六七十场了,他踢过世界杯,赢得过英超冠军,还赢得过欧冠冠军。但他的性格不那么强硬。如果他们针对的是尼基·巴特或者是韦斯·布朗,我没什么可说的。我会安静地从他们身边走过,甚至还可能会起哄。在足球的世界里,相互恐吓没什么大不了的,但欺凌弱小却不行。我从不主动去找边后卫的麻烦,除非他们跟我有什么过节。我要惹就惹跟我位置相同的球员,或是对方球队的顶梁柱。我总是想:"反正他们也有机会对付我。"我从来不欺负那些"小巧"的边锋或边后卫们。

"球场上见吧,浑蛋。"

我是认真的。这就是为什么我喜欢足球——有什么账我们球场上一起算,你无处可逃。

我曾经在赛前报道中听过帕特里克支持塞内加尔慈善事业的新闻。塞内加尔是他出生的地方,他曾表示自己十分高兴能回到塞内加尔。

我说:"你要是那么喜欢塞内加尔,怎么不为塞内加尔踢球呢?"

我记得他很巧妙地用关于爱尔兰和世界杯的事儿回应了我。那不过就是成年人之间的一次口角。

当值主裁格拉汉姆·普尔（Graham Poll）——这人还不错，他当时对我们说："快别说了，都住嘴吧。"

"我没想再说啊，赶紧让我们上场吧！"

重要的是，这次冲突并没有影响我那晚的表现，我觉得也没有影响到那场比赛。不过阿森纳队受到的影响可能稍大一些。我们那天踢得就像巴西队一样，最终以 4∶2 拿下了比赛。但在赛后，"通道风云"反而成了各大媒体关注的重点。我本人对这段视频毫不知情，但它却成了人们娱乐消遣的对象。我只是想完成自己的任务而已，走上球场赢球，然后离开。但没想到这件事就好像是拳击赛前的那些造势一样（赛前称重，赛前新闻发布会等），赚足了人们的眼球，以至于人们都忘了还有这么一场比赛。

我觉得我只是在为队友出头而已。我能分清楚什么是对的，什么是错的。阿森纳球员那晚的所作所为就是错的。如果事情发展成了一场真正的斗殴，帕特里克可能会把我给宰了。但他们的行为实在让我忍无可忍。

我觉得当今的足球稍微缺少了那么一丝血气，这种血气能为比赛增色不少。但在若干年后，人们提起那次"通道风云"时，却往往忘记了之后的那场比赛。

那场比赛过后，我们在积分榜上的位置升至第二位，排在切尔西之后。

之后对阵伯明翰队的比赛中，我取得了进球，我们也最终赢下了比赛。这也是我那个赛季中的第 5 粒联赛进球。进球的感觉真爽。球迷会为你欢呼雀跃，你也会很享受那些足球飞入网底的瞬间。我们随后又击败了曼城和普斯茅斯，但仍然在积分榜上位列次席。

我们在前一个赛季排名第三位，因此必须要通过附加赛才能晋级欧冠联赛的正赛。我们在附加赛中成功淘汰了迪纳摩布加勒斯特队，前文说过，我在那场比赛中伤到了肋骨。小组赛阶段，我们跟布拉格斯巴达、费内巴切和里昂队分在了一组。与费内巴切的主客场两回合比赛我都没有参加。这也标志着我开始渐渐习惯于无法在每场比赛中出场。我开始被当作轮换球员使用。我花了不少时间才渐渐适应这一改变。我不介意自己在一些比赛中轮休，但我绝不能缺席那些重要的比赛。小组赛后，我们位列小组积分榜次席，排在里昂队之后。我们在客场战平了里昂，回到主场更是拿下了对手。但问题是，在小组赛的最后一轮中，我们以0∶3的比分输给了费内巴切，这让我们在小组积分榜上落后里昂两分。淘汰赛第一轮，我们抽到了AC米兰队。

我们在主客场两度以0∶1败给对手，惨遭淘汰。在主场比赛中，罗伊·卡罗尔的一个扑球脱手导致了丢球。那个失误也不能算是太低级的失误，但埃尔南·克雷斯波（Hernán Crespo）却把握住了这次机会。正如所有的顶级射手一样，克雷斯波的门前嗅觉十分敏锐。在第二轮比赛中，又是克雷斯波的进球，将我们最终淘汰出局。那时，米兰是一支顶级球队。被一支拥有内斯塔（Alessandro Nesta）、马尔蒂尼、皮尔洛（Andrea Pirlo）和卡卡（Kaká）等超级球星的球队淘汰不是什么丢人的事情。

我们没有赢下比赛，我们的水平也比对手差一点点。击败我们的是AC米兰，而不是费内巴切，所以我们也没有太过失望。

比尔·贝斯威克（Bill Beswick）曾经说过："失望是竞技体育的全部。"我们的任务就是去面对这些失望，而不是去享受成功，因为成功者往往只有一个。我们要去面对失利，面对伤病。再成功的运动员也会有失望的时刻，关键是如何去面对它。你必须向前看，尽量看到事情积极的一面，从失望中看到希望，时刻准备好下一场比赛的到来。

但知易行难，易于失望是人类的弱点之一。如何应对失败带来的失望，以及随之而来的自责是很困难的一个课题。我本人就难以很快地从失望的情绪中解脱出来。我做不到，我不确定那些每天都与我们在一起工作的世界上最伟大的运动心理学家们对此是否有解决办法。

但我本人还是很相信运动心理学的。我在桑德兰执教的时候，比尔·贝斯威克曾与我共事过。球队并不一定需要一位运动心理学家，但我认为这很重要。无论是做瑜伽还是减肥，总之他会防止你走极端的。我在曼联时，比尔就总是给我这样的感觉：无论队员们什么时候去找他，他都乐于帮助我们。

每当我被罚下或是遇到什么让我愤怒的事情，我都会去找比尔谈谈。他总是告诉我："不要为其他事情分心，要记住你的终极目标是在场上打满90分钟。"我很喜欢这个建议，这是球员们都该知道的常识，这可能是我听过的最好的建议了。之前有人建议我做决定之前先数十个数。这对我来说根本不管用，我可没心思在生气的时候还想什么："稍等啊，我要发火了，先让我数十个数。"所以，比尔的建议还是挺实用的。他在我职业生涯中曾经给过我很多很有帮助的建议。

我在迪拜观看了 2005 年的欧冠决赛，那大概是在迪拜当地时间的凌晨 2 点钟左右吧。那是一场经典而疯狂的比赛，对阵的双方是利物浦和 AC 米兰。我从不仇视利物浦，当然，他们那天夺冠时我也没有大肆庆祝。我记得我当时一直在想："米兰队啊，你们都在想什么呢？怎么就被人给逆袭了呢？"

我们在联赛中的状态略有下滑，仅取得了两胜两平两负的成绩。当你知道自己无法夺得冠军的时候，你的心气也不会那么足了。从赛季第一场被切尔西击败时，这种感觉就一直缠绕着我们。切尔西越战越勇，而我们却一直在追赶对手。赛季结束时我们位列第三，排在阿森纳队之后。切尔西在那个赛季中创下了英超联赛单赛季的积分纪录。当他们做客老特拉福德时，他们已经提前夺冠了。我们不得不列队为他们鼓掌。虽然在我们夺冠时，其他球队也是这么做的，但说实话，我不喜欢这么做，不喜欢这个不成文的规矩。这种掌声是十分虚伪的，你根本就不愿意这么做。我手上在鼓掌，心里却在暗暗地诅咒他们，我希望我的队友们也跟我一样。"这群浑蛋，这群该死的……"如果反过来，我们是冠军，而切尔西的队员们没有为我们鼓掌的话，我也不会觉得他们很丢人。

在赛季的最后一场比赛中，我们在客场2∶1战胜了南安普敦队。这场失利也让他们降入英冠，而西布朗则保级成功。这也间接帮助了我们的老队长布莱恩·罗布森——那时他正在西布朗执教。我那场比赛中坐在替补席上，没有上场。赛后，我卷入到了一场小纠纷中。每场比赛结束后，上场比赛的球员们都会直接返回更衣室，而没有上场的球员则需要到场地上做一些跑动或者拉伸运动。我们当时正在球场上拉伸，有几个南安普敦球迷走到我们附近，气氛有点儿不对劲。我依稀记得他们喊道："滚吧，你这个爱尔兰狗！"

印象中我转过身冲他们喊道："无所谓，反正你们都要降级了。"

当时只有几名南安普敦球迷，但他们却开始大声叫嚣。就好像他们骂我可以，而我做出回应就不行似的。有几个安保人员闻声而至，护送我们离开了球场。这意味着我们无法继续在场上跑步拉伸了。不过有几个队友还感觉挺高兴的。我从来没有在意过南安普敦降级这件事。我在年轻时就曾跟随诺丁汉森林队经历过降级。足球本来就是一个强者生存的游戏。

也是在那个时候,格雷泽家族(Glazers)完成了对曼联的收购。曼联球迷们对格雷泽家族恨之入骨。但作为一个球员,我不觉得这件事对我们有多大影响。作为合同的一部分,我在俱乐部中也拥有部分股权。所以格雷泽家族的到来让我多少赚了几个钱。

我们在足总杯决赛中与阿森纳队交手。那天我们完全压制了对手,鲁尼和罗纳尔多的表现非常出色。我们本该拿下比赛的,我们在比赛中创造出了大量的机会,阿森纳队摇摇欲坠却就是不坠,不得不说这也是一种能力。我个人很欣赏他们这种坚韧的精神。比赛快结束时,我有一脚射门被维埃拉封堵。加时赛结束后,比分还是0∶0。点球大战中,我踢进了点球。但保罗·斯科尔斯的点球却没有罚进。维埃拉是阿森纳队最后一个主罚点球的队员,他把球打进了。但这也是维埃拉在阿森纳的最后一场比赛。随后的那个夏天,他转会到了尤文图斯队。

我在比赛刚开始阶段被狠狠地撞了一下,但我一直坚持着打完了比赛。两周之后(在那期间,我还代表爱尔兰队参加了对阵法罗群岛的比赛)我做了检查,检查结果显示我的腹股沟拉伤了。我从来没受过这种伤。我当时倒地铲球,维埃拉用膝盖狠狠地顶了我一下(就顶在了我的伤处),随后我被抬出场外接受治疗。

输掉足总杯的决赛对我们来说已经很糟糕了,而伤病又给我带来了额外的痛苦。那天晚上聚会时,我甚至都无法坐下。我不得不在10点左右就上床睡觉。不过，除此之外，我的内心还是很平和的。我当时一直在想："我们踢得很好，我们是一支出色的球队。"阿森纳队的运气实在不错，我们完全占据了比赛的主动，但他们成功坚持到了点球决战，并最终击败了我们。

我知道，这就是竞技体育。你可能发挥得很好但却输掉了比赛。你必须要反省自己，但只要你尽力了就不用感到羞耻。那天比赛结束后，BBC 的加斯·克鲁克斯（Garth Crooks）曾试图采访我（我是失利一方的队长），但我拒绝了："不好意思，今天没那个心情。"我其实应该接受采访的。罗纳尔多和鲁尼是那天场上的最佳球员。我应该说："看看这两个孩子的表现吧，我宁愿当输球的一方也不想像阿森纳队那样被狂轰滥炸。"没错，阿森纳队是赢得了足总杯冠军，但他们那天完全被我们压制了。九年后，阿森纳队再次染指足总杯冠军。我对此并不嫉妒，因为我至今依然尊重这支球队，尊重温格。

我只是觉得头儿那天应该更大胆一些，他应该用蒂姆·霍华德替换下罗伊·卡罗尔。我们当时只用了两个换人名额。如果他真的做出了这次略显疯狂的换人，对方就会想："我的天啊，这个门将不会是扑点球的专家吧。"这是一种心理战。我并不是说蒂姆比卡罗尔强，在那之前也没见过这种更换门将的先例，不过我听说，有些教练的确曾经考虑过在特定的时机更换门将。马丁·奥尼尔（Martin O'Neill）跟我说，他在执教莱切斯特城时就差点儿在一场季后赛中做出更换门将的举动，但他们在加时赛的最后几分钟里完成了绝杀，所以他也没必要那么做了。还有一个很好的例子。2014 年世界杯 1/8 决赛，荷兰对阵哥斯达黎加的比赛中，时任荷兰主帅范加尔（Louis van Gaal）在点球决战前换上了替补门将蒂姆·克鲁尔（Tim Krul），最终赢得了比赛。我觉得头儿也确实考虑过更换门将。我记得当时蒂姆·霍华德都在场边热身了。事后想想,那时真不如赌一下试试。当然,这些话都是马后炮了。

那天球队的状态很好。我本该当众表扬大家的。但作为一名球员,很难有这样的长远目光。要知道我刚刚经历了一场 120 分钟的高强度比赛,而且还输掉了。不过,如果你看了那场比赛,你也会认为笑到最后的球队将是曼联。

第四章 离歌四起

于是,球员们(包括我)都穿着训练服上楼了,就像一群被找去见校长的孩子。我一边走一边想:"该来的还是来了。"

2005 年 7 月，我归队参加季前训练。那时，我开始感觉到有些事情变得不太对劲儿。现在回头想想，其实也没什么大不了的事，但当时大家却闹得很不愉快。这要从葡萄牙的一栋别墅开始说起。

我们将在位于阿尔加维（Algarve）的瓦尔度罗堡（Vale do Lobo）进行为期一周的季前训练。本次训练我们都带上了自己的家人，这也是前所未有的事情。我跟家人一起提前一周来到了阿尔加维，在距离训练营很近的一栋别墅住了下来。按照计划，球队的其他成员将在那个星期的星期日到齐，季前训练也将于星期一正式开始。所以星期六那天，我们全家驱车赶往球队指定的那栋别墅，办理入住。

接待我的是一位女士（我觉得她好像是度假村的经理），她带我看了我们全家即将入住的那栋别墅。我四处看了看，对她说："我有五个孩子，这地方太小了。"

别墅里有三间卧室，而且还有一个大水池，我觉得这对孩子们来说有点儿危险。我有五个孩子，他们中最大的才只有 10 岁。这地方让我感觉不太舒服。

她对我说，事先没人告诉她我有五个孩子。我觉得她明白我的想法。她告诉我这个别墅本来就不是为家庭设计的。她甚至指出，玻璃茶几那些尖锐的边角也可能存在潜在的风险。她这么做可能是在履行某种特定的保险程序吧。我当时觉得这地方实在不太合适。我老婆也说："我们不能住这儿，这地方不适合孩子居住。"但我能看出来，她对这栋别墅倒是很满意。

那位女士带我看了第二栋别墅，我老婆没跟我们一起来，她和孩子们留在第一栋别墅等我。第二栋别墅要好一些，但与此同时，我也给训练营旁那栋别墅（就是我们最开始住的别墅）的房东打了个电话，问他我们是否能在那里多住一个星期。那栋别墅距离训练营很近，开车只需要 5 分钟吧。

这时，卡洛斯·奎罗斯（曼联的助理教练）也来了。卡洛斯虽然出生于莫桑比克，但他是葡萄牙人，好像还跟这里的人有点儿什么关系，这次训练营就是他组织的。

他走了过来，说道："啊，这里很不错啊。"

我说："我刚给之前的那个房东打过电话，他告诉我，我可以继续住在之前那栋别墅里。这样吧，我们搬回去住，租房子的钱我自己出。我想让老婆孩子这几天住得舒服一点儿。"

但他当时就有点儿不高兴了。他也没有表现得特别激动，只是不太高兴而已。我知道我是来参加季前训练营的，但我的老婆和孩子们却是来度假的。我能看出来卡洛斯对此有点儿不太满意——他的脸拉得很长。我也知道这件事迟早会被捅到头儿那里去的。

不管怎样，我们搬回到了原来的那栋别墅里。第二天，球员们和教练都到齐了。因为别墅的事，头儿在第一堂训练课后把我留在了更衣室里，冲我大喊大骂。当时，更衣室里只有我们俩，但其他球员就在更衣室外站着，他们应该能听到更衣室里发生的事情。

"这有什么大不了的。"我说。

我觉得头儿有点儿反应过度了。

"我只是想住得近一点儿而已。"

度假村里有一个大餐馆。球员们可以在餐馆里吃午饭，到了晚上，球员们还可以带家属一起共进晚餐。具有讽刺意味的是，我是唯一一个每天都带家人出现的球员。全队上下都在度假村里吃住。度假村很大，大家的活动也很分散。

就在这里，发生了一些事情。我不清楚到底发生了什么，也不知道卡洛斯跟头儿说过什么。可能他觉得自己被羞辱了，这次训练营是他组织的，我却没有服从他的安排。或许他们认为我冒犯了这里的主人？我不清楚。

接下来一周中，我们一直在训练。在这里的生活很美好。我上午训练，下午跟家人待在一起，我喜欢这种一张一弛的感觉。季前准备的内容主要就是训练、恢复和磨合。其中恢复指的就是训练之后的放松，比如坐着看电视。在阿尔加维这种地方，你还可以选择坐在泳池旁。不管怎样，放松的核心内容就是无所事事地坐着，而我不是一个喜欢无所事事的人。所以，家人的陪伴会让生活丰富很多。当然，这里的设施也是顶级的。

有一天，头儿来到训练场上，对我们说："我今晚需要几名老球员。"他又在玩"我没跟你说话"的把戏。他总喜欢玩这个把戏。每次我代表爱尔兰队踢友谊赛，或者伤愈不久就为国效力时，他就会一两周不跟我说话。这么做很幼稚，但如果换成是我，估计也会这么做——我对球员们拿自己健康冒险的行为也很恼怒。他当时没跟我说话，我也没理他，我们都挺孩子气的。他那天好像是要找球员跟度假村的主人一起共进晚餐，或者一起出席个什么活动。当时大家都在做着拉伸，他说："老吉算一个，还有……"他的目光扫向其他人，没有理我。我可是球队的队长,队友们当时都在看着我笑。我当时就坐在他面前,这事可真够幼稚的。那天最终去赴宴的人选是老吉和加里·内维尔。

回到曼彻斯特后,我在训练中拉伤了韧带。当时大家都在做拉伸,我也并没有做什么太用力的动作,但突然感觉那里好像抽搐了一下。严重的韧带拉伤是很折磨人的,但我只是轻度拉伤。所以我只缺席了两三场比赛,也没有随队去亚洲参加季前巡回赛。

通常,伤愈归队的一线队球员会首先跟随预备队中的年轻球员一起训练,以找回比赛节奏。这么做是有好处的,你可以通过一些比较轻松的比赛渐渐找回状态——预备队训练和比赛的强度与一线队差距很大,所以你也不用有太大的压力,你可以放心大胆地犯错,可以通过这种比赛活动放开自己的肌肉。而当你回归一线队以后,训练和比赛的强度就都上来了,你也不会再有犯错的余地。所以,你首先要对自己的状态有一个评估,再去跟队内的医疗人员讨论自己的回归日期,就这样制定出一个回归一线队的计划,一个时间表。作为一个经验丰富的球员,我很了解自己的身体状态。我已经做好了回归的准备——"我下周一就可以回归了"。但卡洛斯却跟我说:"不行,还没到时候。"不知道为什么,卡洛斯就是不想让我回归一线队。后来他终于同意我归队了,但对我的态度很差。

每次训练结束后,我们都会打一场10对10或者11对11的训练赛。这次我居然成了最后一个被挑选的球员。我见卡洛斯正看着我,就对他说:"卡洛斯,我今天……"

卡洛斯有一条围布,他当时居然把它扔到了我身上。现在想起来,这件事就像昨天发生的一样,我很奇怪自己当时为什么没有揍他一顿。其他球员都在看着我，卡洛斯说道："你啊，你就当前锋去吧。"

我是一个中场球员，从来没踢过前锋。他当时好像又说了一句："你去打前锋吧，这样就不会惹麻烦了。"

我立即火冒三丈。我到训练场上不是来跟教练吵架的（我在训练场上跟教练争吵的次数用一只手都能数得过来）。我不禁心想："我做错过什么事吗？大概是吧。"但我没有往葡萄牙别墅那件事上想。

几天之后，我去找头儿说了这件事，我说："卡洛斯最近有点儿奇怪啊，他好像不太想让我回到一线队里。"

头儿说："是吗？他有时候是挺鸡贼的，你别管了，罗伊，这事交给我处理吧。"

新赛季开始阶段，球队的状态还不错。我们先后击败了埃弗顿、维拉和纽卡斯尔，拿到了三连胜。那之后，我们又在主场踢平了曼城队。我觉得这个结果不是很理想，我们应该赢下每场曼市德比的。但随后对阵利物浦队的比赛中，我在一次抢断时弄伤了自己的脚。史蒂芬·杰拉德（Steven Gerrard）踩到了我的脚上。他当时穿的就是那种新式的有刀刃鞋钉的球鞋，我确信就是这些鞋钉造成了我的伤病。我当时仍然能够坚持比赛，但脚一直很疼——真疼。不久后，我又被路易斯·加西亚（Luis García）铲倒，这次我一瘸一拐地走到场边接受治疗，所以，人们都认为我是被加西亚铲伤的。但事实上，"罪魁祸首"是杰拉德和他的鞋钉。

比赛还有几分钟时，我被替换下场。利物浦的更衣室旁有一台X射线机，所以我就去做了X射线扫描，结果很快就出来了：我的脚部有五到六处的骨折。这意味着我又被伤病给缠上了。我记得我坐在更衣室里，对自己说："怎么偏赶上这个时候受伤。"这次伤病来得很不是时候,原因有很多。

脚部伤病最麻烦之处就在于它的恢复期很长。你的伤脚会穿上医疗用鞋,这会导致伤脚的血流速度减慢。那种感觉很糟糕,因为你对此无能为力。你必须非常耐心,不论感觉是否良好,想从这种伤势中恢复一般都要花上四到六周的时间。我受伤了,我的合同又眼看就要到期了,我跟卡洛斯之间的关系也不怎么好——让我不安的事情一时间接踵而至。

作为合同的一部分,球队的每名球员都要时不时地去MUTV(曼联的官方电视台)做节目。节目的内容大概就是对曼联刚踢的比赛进行点评和讨论。球员之间有一个轮班表,按照这个轮班表,我一年大概要上两到三次节目。受伤之后大概一个月吧,就要轮到我去MUTV录节目了。我要点评的是球队在主场对阵热刺的比赛。但当时头儿给我放了个小假。

他说:"你反正闲着没事,就去放松放松自己,去晒晒太阳吧。"

我刚刚摆脱拐杖,估计等我回来的时候,医疗鞋(用以减轻对伤脚的压力)大概也不用再穿了。所以我当时行动还是挺方便的。无巧不成书,我的家人恰好在我受伤前定下了去迪拜旅游的计划。所以我就想:"我正好可以去找他们。"他们比我早出发几天,因此我走的时候是一个人,回来时是跟全家一起。

我跟加里·内维尔约定,由他代替我去MUTV评论热刺那场球。节目的制片人让我在假期回来后点评下一场——曼联客场挑战米德尔斯堡的比赛。

所以我就去了迪拜,享受了迪拜的阳光,还让自己的伤脚享受了盐水浴。我想我在爱尔兰的约尔港(Youghal)也能享受到这些东西,但我当时选择了迪拜,因为那里更有浪漫气息。我知道在电视上能看到曼联客场挑战米德尔斯堡的这场球。我对自己说:"我想要看看球队在客场的表现,而且,回去后还得给 MUTV 做比赛点评呢。"所以我就在酒店的酒吧里看了这场比赛。

球队输了个 1∶4,这简直是一场灾难。曼联的表现糟糕透了。而我居然还得去点评这场球!

真该死。

在那以后,我一直在想:"我本该在一周前点评热刺那场球的。如果我的脚没有受伤该多好。如果我没有去迪拜该多好。如果那天曼联击败了米德尔斯堡该多好。"

人生没有如果,命运无法假设。

从迪拜回来后,MUTV 的人找上了我。"该你上节目了,罗伊。"就这样,我迫不得已地去录了节目。曼联那场比赛打得很糟糕,我对球员们也十分失望。但那可是 MUTV——曼联官方的宣传喉舌。差不多每个豪门球队都有一个这样的电视台。他们总是报喜不报忧。比如比赛结果不好,他们就会说:我们外租的年轻天才们很长脸哦。再比如球队从杯赛中出局了,他们就会在第二天宣布某个球员续约的消息,或者曼联的股价又上涨了。这就是他们的工作,这也是足球比赛的一部分。所以我就去接受了采访。"他踢得很糟糕……这防守简直太差了……他本该做得更好的……"我记得我当时很恼怒,但我并没有表现得很不耐烦。传言说我在演播室里大吵大嚷,但事实根本不是那么回事,这种传言肯定是臆想出来的。我当时想传达的信息是:我们踢得不够好,我们本应拿出更好的表现。

大概是第二天吧,有人告诉我那段采访被毙掉了,并且电视台的那群人不敢相信我会说出那样的话。

我当时的反应差不多就是:"我不觉得我说的有多过分。"

我们输了一个1∶4,我总不能说我们表现得很好吧。之前我们输球的时候我也总是说:"今天我们做得不够好。"为什么现在连这种话都不能说呢?这群人也太脆弱了。我觉得每个人的反应都有点儿过度了。

好事不出门,坏事传千里。媒体很快就捕捉到了这条新闻。我知道我摊上事了。人们开始对此事议论纷纷:"听说了吗?基恩的采访被毙掉了。"

我很确定这件事是球队的内鬼捅出去的。他们把我描绘成了一个攻击球队、对球队不忠的人。没错,这群人就是在费尽心思地编造这样一个画面:罗伊·基恩就是一个不顾他人感受的大嘴巴,他在诋毁每一个人。很快,这种声音就占据了所有报纸的底页头条。不论什么事情,一旦跟曼联扯上关系,就会变得很极端。拿下比赛你就是最好的,输掉比赛你就连屎都不如。但这些报道实在太过夸大其词,他们纯粹是胡扯!我看着这些垃圾新闻,心里想:"事情有点儿不太对头。"

曼彻斯特(我生活的地方)的气氛更加剑拔弩张,因为这是关于曼联的事情。我总是不禁把事情往坏处想:"这件事的结局会是灾难性的。"之前我做了什么出格的事情,曼联的公关人员总是能帮我遮掩一下,把事情摆平。但这次却没人愿意帮我解围。

我对更衣室倒不是特别担心,因为队友们知道我的为人。但关键是他们编造了一些我永远不会去干的事情(比如我谈论了某位球员的工资),并把这些东西都抖出去了。通常,如果媒体报道了关于某个球员或某个职工的一些事情,我们都会在事态发展严重以前遏其萌芽,我们会说:"听着,就因为我们是曼联,所以一切都会被放在显微镜下。"这几乎成了解决此类事情的标准程序。但这件事情有些失控了。那时候又恰逢曼联在欧冠联赛中被里尔击败，这场失利使得球队的气氛更糟。当然，头儿的心情也更差了。

所以，我最终把队友们都召集到了更衣室中，对他们说："听着伙计们，有些事情我不吐不快。你们可能都在媒体上看到了一些消息，实话告诉你们吧，那些都是胡说！我不会去谈论球员的工资问题，也不会说你们当中的谁没有尽力。我可能确实说了有人那场踢得不好，但是……"

"那没什么，没事的……"我在说那些话时，每一个队友都表现得无所谓。

但我的脑海里总有一个声音在说："我究竟在采访中说什么了？我可能真的说了一些很糟糕的话，否则他们不会把这段视频禁播的。"即便到了今天，到了此时此刻，人们还是会说："这段视频一定要被毁掉。"就好像那段视频是一枚核弹一样。可是话虽如此，也没见有人驱车把它载往城郊，埋到地下。更没有爆破小组来将它引爆。

不管怎样，我们当时谈了很多东西，比如我们球队的水平如何，我们因为一些事情分散了精力以及一些比赛的结果不够理想，等等。谈话进行了大概一个小时。我们没有去训练，而是在谈论这些事情。所有球员都参与了这次讨论。在那之后，我曾跟其中的几位球员说起过这次谈话，其中奥莱·古纳尔·索尔斯克亚——这位我非常尊敬的球员——至今依然时常提起那天早上由我发起的，关于我们如何重新集中注意力、如何保证自己不被球场外的事情（那些球鞋赞助、杂志专访以及太多的媒体事宜）所干扰的那次谈话。奥莱至今依然认为那次谈话正是我们所需要的。没有争吵和谩骂，没有互相责备，没有任何的不愉快。在那之后，我们还谈到了训练："伙计们，我们要让自己变得更强。要记住我们是干什么的，我们是球员，赢球就是我们的职责！"

我们谈了很长一段时间,大概一个小时吧。所以我就去了头儿的办公室,跟他解释我们为什么没有在外面训练。

"嗯,我这就下去。"他说道。

从他的反应来看,他不是很高兴。

我在他之前回到了更衣室,对兄弟们说:"我现在不确定这是个好主意。"

随后,头儿气冲冲地闯了进来,吼道:"这是怎么回事?"他随后又问我是否准备道歉。

我说:"我没什么可道歉的。"

"那段视频又是怎么回事?"

我说:"那段视频也没什么啊。"

他骂道:"你们给老子听好了,都给我上楼,到我的办公室去!全都去!一起去看看那段该死的视频!"

于是,球员们(包括我)就都穿着训练服上楼了,就像一群被找去见校长的孩子。我一边走一边想:"该来的还是来了。"因为我无法百分之百地确定我在采访中究竟都说过什么。

二十多个球星或站或坐地散布在宽敞的办公室中,一起看了那段视频。彼时距离塞班岛训练营事件仅仅几年之隔。一切都似曾相识。我经历过这样的事情,所以也习惯了。

我一边看一边想:"说不定我自己都会大吃一惊,到时还得觍着脸跟队友们解释:'呃,对了,伙计们,这段我在楼下忘了说了。'"

但视频很快就放完了,我顿时感觉十分释然,因为我在视频里面说的话跟我告诉队友们的完全一致。谢天谢地,没有任何让人大吃一惊或者自相矛盾的地方。

所以我说："都看到了吧，兄弟们，还有什么问题吗？"

他们都说："不，不，没有。"

我又问达伦·弗莱彻："你呢，弗莱奇①？"

我在接受采访时曾因为一个丢球而指责弗莱彻的抢断水平还不如我老婆。但从他的表情来看他对此并不怎么介意，毕竟他很了解我的性格。到此为止，我跟队友们之间的关系依然很好。

但站在一旁的卡洛斯和头儿却火冒三丈。

我说："看吧，伙计们，我把我说过的都告诉你们了。我想你们能理解我，毕竟我们输了个1∶4。"

所有球员们都表示没什么问题，他们没有感到特别不爽。

但头儿却骂道："开什么玩笑，这个混账视频就是一种羞辱！"

我说："可是队员们都觉得没什么问题。"

话音刚落，刚来俱乐部几个月的范德萨就举起手说道："你知道吗，罗伊，我只是觉得你完全可以用另一种表达方式的。"

埃德温——俱乐部用600万英镑买来的荷兰守门员。

我说："你把臭嘴给老子闭上！你才来这儿两分钟，上过的访谈却比我过去12年的还多。那可是MUTV，我不想去也得去，懂吗！"

这一句话就把范德萨给噎回去了。

但在这时，卡洛斯转过身来对我说："你没有表现出对队友们的忠诚。"

---

① Fletch，弗莱彻的昵称。

他当时就在我右侧，离我很近，我很奇怪我当时为什么再一次饶过了他，没有揍他一顿。我脑子里全是葡萄牙那座度假村里发生的事情，还有他在训练场上对我的刁难。而且他居然跟我提"忠诚"俩字。

我说道："别跟我提忠诚，听到了吗？卡洛斯，别跟我提忠诚。是谁几年前才在俱乐部待了12个月就去皇马的？你这种人居然敢质疑我的忠诚！我连尤文图斯和拜仁慕尼黑都拒绝了，你凭什么质疑我的忠诚？还有，我们在楼下谈这件事的时候，我们还谈到了训练的事情。我们打算把各种训练项目掺杂起来进行。"

他说："不行，罗伊，我们需要重复一种训练，那才是我们要做的，重复，你懂吗？"

我问他："卡洛斯，你跟你老婆睡觉的时候总是用一种姿势吗？"

他当时似乎回了一句："什么？你都扯到哪去了？"

我说："你会改变的，不是吗？我们也需要时不时地把各种训练项目掺杂起来。这就是我想说的。这也是大家的意见，不是我个人的问题。"

我直到现在也不明白我为什么说了那些话……

但就在这时，头儿说道："都住嘴吧！我受够这些破事了！"

我说："还有你，头儿。你也要做得更好才行。"

印象中我当时还提到了买马那件事。我那天早上十分恼怒，也不清楚自己都说了些什么。头儿之前想让我们跟他一起集资买马。这还是几年前的事情了，他带我们去了几个马棚，我记得大概是在卡特里克（Catterick）附近。他让我们把闲钱都投到这次集资里。那时候，我们通过去MUTV录节目或是出席其他的一些媒体活动挣了几个闲钱，我们通常会把这些钱放到球员金库里。我们用这些钱来支付圣诞聚餐或是报销观看赛马的路费。所谓的球员金库差不多就是这样一个活动基金，而且里面还有不少钱。我之所以对集资买马那件事感到非常不满意，是因为参与集资的每个人最终只能获得那匹马 1/16 的所有权。正因如此，球员们当时都没有参与进去。

我对头儿说："几年之前你还让我们集资买马，每个人却只能买到 1/16 的所有权，那又是在搞什么鬼？"

当我说出这样的话时，我已经丧失理智了，我已经被魔鬼附体，就好像我突然变成了另外一个人。那几乎就是一种释放，一种自我放纵，我已经不再去考虑什么后果了。我那时已经不再是一名曼联球员，甚至不再是一名职业球员。我只是一个普通的人，在毫无顾忌地释放自己的愤怒。没有一名队友试图打断我或是缓和当时的局面。也许他们害怕像范德萨那样被我怒骂。我觉得他们是被吓傻了，而且都在为走进这个房间而感到后悔——就好像我跟头儿是邻居吵架，而他们只能隔墙观战，无奈地说一句："隔壁又打起来了。"想想他们也是够倒霉的。

我对头儿说："我们需要你做得更多啊，头儿，其他球队都快超过我们了！"

我记得他说："我受够了！你赶紧把嘴给我闭上。"

我说："行啊，反正我在这儿也待烦了。老子要走人了。我去外面训练了。"

于是我就离开了办公室。我走下楼梯，一拐弯的工夫，看见西尔维斯特也走出来了，但他并没有跟着我。后来奥莱跟我说，那天我离开房间后头儿对大家说："说说吧，都对这件事有什么看法？"

据奥莱说，里奥同意我的说法，他也表示球队在米德尔斯堡的表现糟糕至极。其他的球员也纷纷加入讨论，而奥莱和保罗·斯科尔斯却说他们不愿留下来继续讨论，因为他们不想在我不在场的情况下谈论我的事情。我对此十分感激，这说明他们对我还保留有那么一丝忠诚。那天，奥莱起身要走的时候，头儿斩钉截铁地对他说："你听着，不许跟着罗伊走！"

据奥莱说，第二天早上卡洛斯把他叫到了自己的办公室，让他为自己前一天离开房间跟主帅道歉，否则他将被开除出队。

那天下楼之后，我自顾自地做着训练，不久之后，其他球员们也都下来了。

这件事简直就是塞班岛训练营事件的续集。这是一次情绪失控的争吵。原本在竞技体育中，这种争吵也时有发生，但它却不该发生在那种公共场合。此事一出，我们都无法再回头了。

我开始感觉自己就像一具行尸走肉。

之后的几天中，我都在闷头训练。头儿和卡洛斯都没再跟我说话。作为伤愈复出的一个步骤，我将参加一场曼联主场对阵西布朗的预备队比赛，我也为此做好了准备。

与此同时，俱乐部方面因 MUTV 采访事件给我写了一封信，对我开出了 5000 英镑的罚单。我对此提出了上诉。我把这件事告诉了我的经纪人迈克尔·肯尼迪，让他给俱乐部写了一封回信。我之前也被处罚过，但我从未进行过上诉。我就是觉得自己这次是无辜的。但据我猜测，我的做法让主帅恼怒不已。他肯定以为我会乖乖缴纳罚金，然后息事宁人的。

对阵西布朗预备队的比赛名单出来了，但上面却没有我的名字。我找到了俱乐部的首席队医罗伯·斯维尔（Rob Swire），问他："为什么预备队的比赛名单上没有我的名字？"

"哦，头儿不想让你参加这场比赛。"

我只好随口答应了一声："那好吧……"

我来到了头儿的办公室，猛敲他的房门。他在里面喊道："进来！"

头儿应该了解我，我爱踢比赛胜过其他一切。而不让我参加预备队的比赛将不利于我从伤病中回归。房间里的气氛很糟糕。

我说："我应该参加那场预备队比赛的，你也知道，这有利于我的康复。"

他说："别跟我说这些，你最好跟你的经纪人谈谈。"

1993年，在我即将加入曼联的时候，戴夫·奥莱利（Dave O'Leary）把迈克尔·肯尼迪介绍给了我。迈克尔促成了我跟曼联的第一笔签约，又在之后的15年中帮我搞定了球场内外的多笔合约。

"哦……"我应付道，"那好吧……"

我下楼来到了自己的车里，拨通了迈克尔的电话。

他说："没错，他们是联系我了。他们让我星期五过去一趟。"

我说："他们估计是要把我扫地出门了。"

"但是……"

"他们想要罚我的钱。"

"好吧，但这跟开除你也没多大关系啊。"

"咳……无所谓了，到时再说吧。"

那天是11月18日。上午，我跟迈克尔在曼彻斯特机场碰头。

他一见到我就问我："这都怎么回事啊，罗伊？"

我的直觉告诉我：是时候离开了。我知道这一切无法避免，但我并没有做好准备。

上午9点左右，我们开车来到俱乐部的训练基地，出席与俱乐部方面的会谈。主帅当时就在他的办公室里，跟他一同出现的还有俱乐部的首席执行官——大卫·吉尔（David Gill）。我没想到他会出现。

我问道："我们来了，有什么事吗？"

主帅说："罗伊，我想我们的缘分已尽了。"

就这么简单的一句话。

迈克尔闻言大惊："什么？！怎么会这样？不是要谈罚款的事儿吗？"

迈克尔是个很好的中间人，他很善于谈判，这些都是迈克尔的强项。他跟众多意甲豪门以及皇家马德里都进行过谈判。他的经验非常丰富。以他的推测，如果我真的做了十恶不赦的事情，我会被罚两周工资，甚至被开除出队。但5000英镑的罚金，再往大了说也不算个事儿。所以，从5000英镑的罚金到被开除出队，这巨大的心理落差让迈克尔差点儿从椅子上摔下来。

但我却对主帅说："没错，没错，我同意，我们是该说再见了。"

大卫·吉尔此时也说："既然都谈到这事儿了，我们其实已经准备好了一份声明。"

呵呵，他们都准备好了。这是他们给我准备的第二份"惊喜"。不是一两个小时后，不是在解约谈判结束后——他们早就已经准备好了。

以我当时的处境，我似乎更应该说出这样的话："行啊，我走可以，你们能给我多少解约金呢？"我应该争取多赚两个钱儿的，但在当时，我脑子里主要想的却不是钱的事儿。我本可以对迈克尔说："要是今天曼联想赶我走，他们就必须给老子一些补偿！"说句话又有什么难的，反正这件事也不会和平收场，我的声誉也会因此受到很大影响。但在当时我并没有考虑自己的声誉，并没有在意那些公关的事情。我脑子里想的都是："他说得对，一切都结束了。"

大卫·吉尔准备好了一份声明。迈克尔从头到尾读了一遍，没有提出什么异议。在我们俩阅读这份声明的时候，大卫·吉尔说："顺便说一句，罗伊，你的伤病也是我们主要考虑的问题。"

我说："大卫，我的脚是受伤了，但这是我代表曼联比赛时受的伤。"

我认为他们的想法只有一个："赶紧把他赶走吧，别把这事儿拖到下周。"这就是曼联——一家世界上最大的传媒公司。他们为了维护这一形象花了不少钱。声明里面写着："我们感谢罗伊这11年半以来为俱乐部立下的汗马功劳。"

但实际上，我为俱乐部效力的时间是12年半。我心想："你们可以赶我走，但麻烦你们花点心思好吗？"

我说："这上面写着我为俱乐部效力的时间是11年半。"

主帅和大卫互相看了一眼，没说什么。

我说："但我在这儿已经12年半了。"

"是吗，都12年半了吗，罗伊？我不是很确定……你是1993年来俱乐部的吗？我记不太清了。"

"没错，"我说道，"我来这儿的第一年，我们就赢得了双冠王。"

吉尔说："好吧，我们稍后会改过来的。"

迈克尔说："我想跟我的客户谈谈。"

大卫·吉尔说："那就让你俩单独谈谈吧。"

"多谢。"

主帅和大卫离开后，屋子里就剩我们两人了。

我说："算了吧，迈克尔，我受够了。我跟他们之间已经不存在什么彼此尊重了。"

但迈克尔却说："什么？你知道自己在说什么吗？你要想想自己的合同，想想你的家人。"

他很激动。我能看出来他也很难过。我是他的客户，他可能在想："这太疯狂了，这不公平！"

他们两人走回房间，大卫·吉尔问道："时间够了吗？"

我说："够了，够了，我觉得你说得对。我们是该到此为止了。但我有一点不是很确定，我的合同怎么办？我离开之后可以立即去其他俱乐部踢球吗？"

这就是我所谓的"知道一切无法避免，但并没有做好准备"。这是我做过——或是没有去做的——最糟糕的事情。我在几天前就预料到他们要开除我。我本应该给职业球员协会打电话寻求法律咨询的。我该问问他们：如果我的合同在此时被终止，会有什么后果？转会窗口要到1月份才能打开，而现在才11月份。我是否能在转会期外加盟另外一支球队呢？如果我真的去了另外一支球队，我是否能够立即上场比赛呢？这么多年以来，我积累了很多经验，也给了其他人很多建议，但事情轮到自己时，我却无能为力。

我问弗格森："我能去其他球队踢球吗？"

他说："没问题啊，反正我们将终止你的合同。"

球队秘书的办公室就在走廊对面。我曾在某个瞬间有过这样的想法："在我做出某个决定或是转身走人再或者是撕破脸皮之前，我要去看看我合同里还有什么权益。"

但这种想法转瞬即逝，刚一产生就被我抛到了九霄云外。我当时根本没留心。

我只是想："无所谓，反正我很快就能找到下家的。"

第四章 | 离歌四起

我知道我离开曼联的消息一经传出，就会有很多球队对我抛出橄榄枝的。

于是我说道："好吧，那我们就到此为止吧。"

迈克尔还是无法相信眼前发生的一切。

我心想："老子不管了。"随即站起身来，转身离开："我走了。"

我说走就走，把烂摊子留给了迈克尔。那天我走进办公室时，时间差不多是 9 点整。而当我返回自己车里时，时间差不多是 9 点 45。也许这就是我处理事情的方式——尽快让事情做个了结。是我自己太幼稚吗？又或许我只是想在杀人之前赶紧离开那个鬼地方？我不知道。我不想见到队友们——他们闻讯后一定会赶来的。我不想对他们说再见。

可能这就是我处理问题的方式，成熟也好，不成熟也罢，无所谓了。

我走进车里，开车离开了俱乐部的训练基地。我把车停在不远处的路边，哭了几分钟。我想："一切都结束了吧。"

我开车回到了自己的家中。

我一直对自己说："我们本可以用另一种方式说再见的。"不论是我，还是主帅，还是俱乐部，都本应该把这些事情处理得更精细，更体面一点儿的。总是有人喜欢把我描述成一个恶徒。如果你抱着事不关己的心态，只看事情的表面，你也会想："先是在塞班岛，后是在曼联，这人就是一个恶徒！"

我当时还想到了远在爱尔兰的家人们。我知道科克会变成什么样子。这个消息不久之后就会传遍那里的大街小巷。我的家人都是忠实的曼联球迷，这件事会对他们有很大的影响。你可能会觉得，他们在塞班岛事件后都习惯这种事了。但其实这件事对我的父母就是一种折磨。那些媒体又活跃起来了。我家周围，我父母家周围，到处都是他们"辛勤"的身影。人们开始议论："快看吧，他又惹事了。"我木然地开车回家，忽然想起："这辆车也是俱乐部的，我还得把这辆车还给他们。"

那是一辆奥迪 A8，我很喜欢它。但我却不得不告诉自己："我还得把车还回去。"

如果我知道这件事的后果，如果我知道自己直到 1 月份才能为其他俱乐部效力，我一定会选择留下的。我就此事问过主帅。我为这个人效力 12 年半了。我觉得他应该知道自己在干什么，我也认为他有责任为我的前途着想。哪怕他说的是："罗伊，我不确定。你最好在做决定以前给职业球员协会打个电话。"我也不会就此离开的。但他说的却是："没问题啊，反正我们将终止你的合同。"

回家之后，我给职业球员协会的人打了个电话，他们说会就此事展开调查，他们还说周末过后会告诉我结果。这让我非常担心，我当时头都大了。

"真该死，罗伊，"我对自己说，"你又做了个'聪明'的决定——在没搞清楚自己的处境之前就急着离开。"但估计我即便弄清楚自己的处境，也不会改变自己的决定，我还是会做出同样的选择。

我本该对他们说："我会留下来继续训练，由迈克尔负责跟你们谈判。至于结果如何，到时再说吧。还有，我要给职业球员协会打个电话。"

我应该更职业一些，不该一时冲动的。我本该留下来继续训练的。但我也告诉自己："主帅太了解我了。"可能是他让吉尔弄一份声明来激怒我的。他很了解我的脾气。

时间一点点过去。我待在家里无所事事。迈克尔打电话对我说："罗伊，咱们的处境不是很妙啊。我们损失了好多钱。"

在那之后，弗格森曾说他们履行了与我的合同。但实际上他们没有。我那天损失了好多钱。如果我能在那个赛季 50% 的比赛中出场，我将获得 100 万英镑的奖金。现在这笔钱我拿不到了。他们说他们答应为我举办一场纪念赛，但这个协议早在那件事发生之前几个月就已经达成了。我们之间还有一份保密协议，但现在这笔钱也没有了。我的沉默使得他们毫发无损。我已经无法从经济上得到任何补偿。他们还是会付给我工资，但那也只是正常的工资而已，不是合同里约定的全款。我本以为他们会把各种奖金一次性地支付给我，但他们却只愿付我的工资。如果双方能把所有钱款结清再和平分手也算是有始有终了。但从迈克尔的那通电话里我能听得出来，这是不可能的事情了。

我在电话里对迈克尔说："迈克尔，我不关心钱的事儿。"

那天下午，迈克尔来到了我的家里。他看上去面色苍白，这可怜的人还是不敢相信这一切是真实的。

我对他说："迈克尔，这是最好的结局了。"

他说："好吧，罗伊，我相信你。"

我必须要在迈克尔和家人面前表现得坚强一点儿。我一直以来都是一个硬汉，我必须继续扮演这一角色——哪怕就在几个小时之前我还在自己的车里哭了一场。我试着在妻子面前藏起自己的伤痛，不过她一眼就把我看穿了。

当然，这其中也有一丝解脱的感觉，一切就快要结束了。

我说："算了吧，这是最好的结局了。"

事实上，这也的确是最好的结局了。无论在那之后发生过什么，或是我们双方说过什么，当时的确是一个恰当的时机。一个我们对彼此说再见的时机。

但我至今依然不明白我们为何会走到那一步。如果头儿认为我在葡萄牙别墅和采访那些事上做得有些出格,他应该私下里提醒我的:"听着,罗伊,你要小心点儿,你做得太过分了,孩子,你已经把事情弄得一团糟。"他之前就曾因为许多事情这样说过我。每当我酗酒无度,或是被捕入狱,或是我在场上的铲球太过粗野,又或者那次我带领队友向裁判安迪·德乌尔索(Andy D'Urso)施压时,他都会把我拉到身边,对我说:"嘿,你这么做太过分了!"他那时也该及时地骂醒我,毕竟我曾是他的队长。

我的思绪又回到了葡萄牙别墅那件事上:"是因为这件事吗?"可能这件事的确是有点儿让人不舒服,但当时我只是在照顾自己的家人而已。那没什么大不了的。那只不过是一所我们即将入住的别墅而已。作为一队之长,我总是强调团队精神的重要性。我总是帮大家安排家庭聚会,安排圣诞聚餐,为队友的家人们弄到球票。如果队友们,特别是那些国外球员们有什么困难,我和我的妻子一定会赶去帮助他们的。

之后就是季前训练那件事,我从韧带拉伤中复出,但卡洛斯就是不想让我回归一线队,还把围布往我身上扔。我做错了什么事情吗?会不会是卡洛斯认为我威胁到了他的地位?如果是这样,头儿为何决心要在这件事上支持他?卡洛斯曾经去皇马工作过一年,之后他又回到了曼联。他或许认为我在更衣室的地位比他还高吧。但这种地位也不是我有意去树立的,我跟队友们一起并肩作战,踢了那么多比赛,赢得过那么多荣誉,大家自然就会对我更为信赖。我之前也跟卡洛斯共事过,还相处得很好。可能在卡洛斯从皇马回归之后,他开始觉得我有些碍眼了。但我也知道,如果让头儿在我和他的助教之间做出选择,他一定会站在他的二把手这边的。

在跟卡洛斯吵架时,我对他说:"当你和你老婆睡觉时,你总是用一种姿势吗？"我觉得当时有很多队友心里都在想："我的天啊，这话也太狠了吧。"当你跟某个人吵得脑子发热时，你难免会说出脏话，你难免会说一些平时根本不会说出口的话。还有，我也不知道自己为什么当着头儿的面提起集资买马的事情。但我本来就不是主动示弱或是遇事退缩的人。我总是试图据理力争。

还有，我觉得自己应该坚持让MUTV播放那段采访的，我应该问问我这么做是否合法："有能耐你把这段视频播出来啊。你凭什么污蔑我？凭什么说我说了一些很糟糕的话？老子没有！"

我的确曾说基兰·理查德森（Kieran Richardson）是一个懒散的后卫。但基兰·理查德森并不是一名后卫。我的原话是：有些球员踢的并不是自己熟悉的位置，他们在防守时很懒散，并不能及时地回到防守位置上。所以很明显是有人在断章取义。后来，我在执教桑德兰时还签下了基兰。我也曾严厉地批评了达伦·弗莱彻。我的确说过我不明白为什么苏格兰球迷那么喜欢他。这的确可能是我的原话，但估计也就是随口一说。有时候，你在家乡球迷心中的地位的确高于你的实际水平。况且我这么说是因为我认为弗莱彻能成材，我之前总是对他要求很严格。我只批评那些在我看来有前途的球员："我觉得你有机会成为一名顶级球员，我觉得你能做得更好。"这其中包含了赞扬的意味。那些我提都不想提的球员，才是真正应该感到担心的人。我在不久之前曾回到老特拉福德观看过曼联对阵利物浦的联赛杯比赛。弗莱彻是第一个走过来跟我握手的球员。达伦知道，不论他做什么，我都一定会全力支持他。

这么多年来，我一直想为自己说过的一些话进行辩护，我甚至都不确定自己是否说过这些话。有人说我针对费迪南德发表过以下言论："周薪10万英镑，代表英格兰队出过场，仅凭这些无法说明你就是一个优秀的球员。"但我不相信我说过这些话。我这辈子从没在任何一次采访中提起过球员的工资。我们那天在更衣室里谈起这件事的时候，里奥和弗莱奇都在场，我并没有对他们有所隐瞒。弗莱奇很理解我，他知道我说那些话是出于好意。还有一点，既然我这些话都是在球队内部电视台说的，为什么他们不能把那些不妥的部分剪掉呢？或者如果他们真的认为这段采访无可救药，应该把它彻底毁掉，他们为什么只罚我5000英镑呢？他们为什么不对我说："这件事给球队造成了很不好的影响，我们要罚你一周工资。"再或者他们可以干脆把这段视频悄悄地毁掉。我觉得这段视频只是一个借口而已。

还有传言说，主帅给我们放那段视频的时候，我还当众说起了他跟爱尔兰股东——马格尼尔（John Magnier）和麦克马努斯（J. P. McManus）——的官司纠纷（直布罗陀岩石事件）。但这只是谣言。我确实跟主帅谈起过这件事情，但那是在事发几个月前跟他私下提起的。当时，爱尔兰国内有个人让我给主帅带话："你是不会赢得这场官司的。"我把这句话给他带到了，还告诉他我个人觉得这件事对球队的影响不是很好，毕竟这是球队主帅跟股东之间的官司。我觉得作为队长我有权说这些话。我觉得他们把主帅当成了他们的吉祥物——他们让主帅牵着马在众人面前作秀："看我多威风。"但实际上他都没有那匹马的所有权。

那个赛季开始阶段，我在接受MUTV采访时，曾说自己可能会在赛季结束后选择离开。这件事发生在葡萄牙事件之后。或许是这件事激怒了主帅。他在那之前曾经说过，对于那些三十二三岁的球员，他会在赛季结束时再跟他们商讨合同续约的事情。他是在接受电台采访时说出这话的。听到这番话时我正在开车，这话让我有点儿恼火。因为在我之前那些老球员们的待遇不是这样的，他们的续约合同在赛季结束前很久就搞定了。我感觉自己好像成了曼联的试训球员。

还有人说，我之所以被解约是因为我把自己当成了球队的真正主帅，这种说法纯粹是胡扯。我知道自己的职责范围。我每天会竭尽全力去工作，而督促其他球员进步就是我工作的一部分。除此之外，我还要为大家树立榜样，这些都是我的职责。我觉得督促和激励球员是我的长处之一。我是球队的队长，管理更衣室本来就是我的职责。在我成为主帅之后，我跟其他主帅们有过业务交流，他们总是会抱怨自己的球队中缺乏一个领导者。没有人去主动承担这个责任。球员们总是指望主帅和其他教练员帮他们解决问题。但我不是这样的。我们更衣室的气氛很好，我们可以自己解决很多问题，我们都想让主帅的工作更轻松一些。我与许多顶级球员共事过——包括罗纳尔多、斯科尔斯还有布兰科。我知道该怎么对待这些球员，我很尊敬布兰科，我知道该如何与他交流。还有苏格兰小伙弗莱彻、爱尔兰小伙约翰·奥谢。我知道跟什么样的球员该说什么样的话。在那些荷兰球员中，有不少人自视甚高。但我跟他们相处得也很好。我们在一起赢得过很多荣誉。我们的更衣室里有许多可贵的品质。弗格森很聪明，他知道即便我离开，我们球队中还是有足够多的老将和领袖，只要有他们在，球队的凝聚力就不会散。

那时的切尔西已经是一支标准的强队了。他们赢得了2004—2005赛季的英超联赛冠军，看起来他们还将卫冕这一荣誉，因为他们变得更加强大了。弗格森或许认为自己的球队需要进行一次重大变革。他很乐意接受穆里尼奥的挑战。但从一个三十三四岁老球员的角度看（仅代表我个人的看法），面对切尔西这种突然崛起的球队，你会对自己说："跟我关系不大了。我已经度过了

自己的巅峰期。"但弗格森并不是垂垂老矣的球员，他会把这种球队的出现当成是一种挑战。

很多事情都发生了变化。里奥来到了俱乐部，罗纳尔多和鲁尼这些小伙子都成长为了顶级球星。足球比赛本身也发生了一些变化。每当看到球员们在更衣室里玩手机或 PlayStation 时，我都会跟他们说："我说孩子们，这可是更衣室，别玩了行吗？"可能也是我自己太落伍了吧，我不知道。他们的确比我要年轻很多。我知道在我离开俱乐部时，我并不会十分想念这些孩子。我也许会想起他们，但他们中没有一个人会让我发出这样的感慨："这孩子曾是我最好的兄弟。"能让我发出这种感慨的人早已离开球队了。这就是足球俱乐部。人来人往。

现在回头看看，我当时的离开肯定是对曼联队有好处的。如果主帅和卡洛斯真的认为我犯了什么过错，或者已经成了球队前进的阻碍，如果我们之间真的无法再融洽相处，那么我的离开就是对大家都有利的选择。就让我自己来承担这一切的后果吧。让我独自一人在车里默默流泪吧。如果曼联队能从中获益，就让我承受这一切吧。我想，这是最好的结局了。我想他们并不是因为足球方面的原因才赶我走的。我仍然能在球场上做出贡献。我仍然能够照顾好自己的身体。他们对所有球员的身体情况都很了解，大不了让我少打几场比赛而已。但是，如果俱乐部认为我做了太出格的事情（虽然我自认为并没有做过这种事情），那这种结局对大家都好。至于那些钱和公关的事情，也都无所谓了。

当所有的程序都料理完毕后，我归还了那辆汽车。其实距离上次的谈话已经过去3个月了，因此我算是多占了3个月的便宜。在这期间，我又开着这辆车走了不少路程，我的态度就是，能多捞一点儿就多捞一点儿。我后来还去主帅和卡洛斯那儿，跟他们道了歉。

但现在我有点儿后悔这么做了。

有时候我会感觉到胸中有一种义愤，有的时候又会觉得自己确实犯了一些错误。我的确向他们道歉了，但事后我又想："我到底为什么要道歉？"我只是想做正确的事情而已。我只是在为我们之间确实发生过的冲突而道歉，我并不是在为自己的所作所为和态度立场而道歉，因为在这方面我没什么好道歉的。这两者是有区别的。

的确，离开效力多年的俱乐部并不是一件光彩的事情，但这都是球员的错吗？肯定不是的。很多优秀的球员都与俱乐部不欢而散。贝克汉姆、范尼斯特鲁伊，还有很多人。我在内心深处知道自己也将和俱乐部不欢而散。不论是那段视频惹的祸，还是赛季末"四大皆空"引发的球队人员更迭，还是我无法拿到一份续约合同，总之，也该到结束的时候了。毕竟我正在逐渐老去。但我认为主帅应该可以用更好的方式去处理这件事情，毕竟他很有经验也很擅长人员管理。他应该把我叫到身边，对我说："听着罗伊，我们跟你之间出了一些问题。但你现在要做的就是专心工作，好好踢几场球，等到赛季末的时候我们再讨论你的前途问题。"他不该在11月中旬就急着赶我走的，我那时刚刚伤愈，而且直到1月份我才可能为其他俱乐部效力。我并没有指望他们为我设宴送行，但他们至少要表现出哪怕一点点对我的尊重。但他们没有。

我深爱着曼联的一切。从来到这儿第一天开始我就热爱这家俱乐部。我觉得曼联这支球队的性格与我的个性非常契合。我热爱这支球队，我与每一名球员的关系都很好。我喜欢他们踢球的方式，我喜欢这里的训练，我甚至喜欢与大家在一起的每一趟旅途。我喜欢这里的压力，喜欢这里的球迷。我觉得他

们一直都在不遗余力地为球队呐喊，哪怕球队输掉了比赛。他们有时也会变得疯狂，但我喜欢这种疯狂。我喜欢大家对我们的高要求。我热爱这身球衣，热爱俱乐部的历史。我很喜欢在曼彻斯特生活。我与头儿的关系很好，我们之间一直相互信任，而"信任"这个词在足球领域实在太重要了。我喜欢这里的员工。我喜欢训练场上的每一个人，包括那些场地维护人员。这么多年里，曼联队中聚集了许多优秀的教练：布莱恩·基德（Brian Kidd）、吉姆·瑞恩（Jim Ryan）、史蒂夫·麦克拉伦（Steve McClaren）、沃尔特·史密斯（Walter Smith）、卡洛斯·奎罗斯，还有米奇·费兰（Micky Phelan）。最重要的是，我喜欢在这里赢球的感觉。

谢天谢地，时至今日我依然心系曼联。2013年，我带着儿子观看了在温布利举行的欧洲冠军杯决赛。对阵双方是拜仁慕尼黑和多特蒙德。他当时正在对两支球队品头论足，我问他："你支持哪支球队？"

他说："我支持曼联队。"

他应该知道我跟曼联之间的恩怨。

所以我问他："你为什么支持曼联队呢？"

他说："嗯，我出生在曼彻斯特，而且我是不会去支持曼城的，不是吗？"

我说："好吧。"

这个理由足够好了。我当时就想："看来我得去搞几套曼联的季票了。"

前不久，我还到曼联队看望过球员们，我对他们说："加油干啊，伙计们……"你们得好好干啊！

我真心希望他们表现出色。

刚转会凯尔特人那会儿，我经常要从曼彻斯特搭早班飞机飞往格拉斯哥附近，再从那儿租车前往训练场。有一天早上，我要从家里打车前往曼彻斯特机场。上车的时候是早上6点钟，我的航班是7点起飞。那时正是寒冬时节。旅途中，司机问我："你怀念在曼联踢球的日子吗？"

那可是大冬天的早上6点，外面又黑又冷。我看了他一眼，反问道："你觉得呢？"

然后我们都笑了。

第五章 黯然告别

我躺在床上,似乎能听到我的臀部正在冲着我嘶吼——我从未体验过如此难忍的疼痛。

为了恢复体能，我开始在住所周围骑自行车锻炼。没有人帮助我进行那些标准的伤后恢复训练。我甚至只能通过对着车库大门踢球来恢复球感。我站在车库里，把皮球踢向车库大门。我仿佛回到了童年，仿佛回到了在梅菲尔德的那段时光。那时我就常常对着墙壁踢球。车库里还有一个沙袋和一根跳绳，我有时也会通过跳绳来恢复体能。我还会做一些俯卧撑。俯卧撑是基础的拳击训练项目，不过，只要它能让我的体能得到恢复，做做又何妨。

迈克尔·肯尼迪会时不时地给我打来电话，转达一些球队对我的兴趣。我有很多选择。但在面对这些选择时，我心中并没有沾沾自喜的感觉，而是在想："我要重新开始一段旅程了，我又重新站到了起跑线上。"

但"另一个我"又会对自己说："这样也好，我可以从另一支球队身上学到一些不同的东西。"

无论怎样，我开始怀念踢球的感觉。我已经有五六周没有打比赛了，这种情况恐怕还要持续到明年1月份。这对我来说很不利。我在曼联队的表现会让新东家的队友们对我充满期待的，他们会想："天啊，我们要签'马拉多纳'了！"我不想让他们失望。

皇家马德里为我准备了一份为期一年半的合同。埃弗顿队也想让我为他们效力。我还去大卫·莫耶斯（时任埃弗顿主帅）家拜访过他，他的想法让我印象深刻。博尔顿队也对我表现出了兴趣，而且我也拜访过他们的主帅山姆·阿勒代斯（Sam Allardyce）。但我最终选择了凯尔特人队。他们为我提供了一份基本周薪为1.5万英镑的合同。这不是个小数目，但比我在曼联队的工资少很多。从薪金方面讲，我的损失不小。

通常，如果一家俱乐部对你很感兴趣的话，他们会竭力对你示好，他们会说："我们都很期待您的到来！"但凯尔特人主帅戈登·斯特拉坎（Gordon Strachan）的态度却让我意想不到。我在凯尔特人大股东——德尔莫特·戴斯蒙德（Dermot Desmond）伦敦的家中与戈登有过一次会面。他对我说："我们有你不多，没你不少，你来不来无所谓。"

正是这句话让我下定了决心："我还就去你们队了。"

我觉得这确实是我转会凯尔特人的原因之一，我想证明戈登是错的。不过戈登那么说也有他的道理，当时的凯尔特人已经是放眼苏超无敌手，而且在同一位置上他们已经拥有尼尔·列侬（Neil Lennon）和斯蒂利扬·彼得罗夫（Stiliyan Petrov）了。戈登确实有骄傲的本钱。但我并没有感到吃惊，也没有哀求他："对我好一点儿行吗？"我知道这是他的谈判技巧。他想让我知道他并不是非签下我不可，他只是在演戏而已，我没觉得有什么大不了。但我当时还是说了一些比较呛人的话，我说："没错，你们现在手握15分的领先优势，不过如果我在的话，领先优势就是20分了。而且明年打洲际比赛你也会用到我的。"

其实，迈克尔还曾到马德里跟皇马谈成了一笔交易。皇马方面也联系到了我。布特拉格诺（Emilio Butragueño）给我打了个电话。那可是大名鼎鼎的布特拉格诺啊！迈克尔在那之前曾跟我打过招呼，说布特拉格诺会给我打电话，所以那段时间，我不论走到哪儿都会带上手机。无巧不成书，他给我打电话时，正赶上我在蹲厕所。他说："罗伊，如果你能来，我们会很高兴。"俱乐部董事会需要在球员加盟之前跟球员本人确认交易，这是标准的转会程序。

我犹豫了一下："嗯……"

迈克尔那边着急了："你在干什么呢，罗伊？"

那时距离圣诞节只有几周了，而皇马方面还需要一些时间去走完整套转会运作，我当时可没有那个耐心。

皇马为我提供了一份更为丰厚的合同，我对此十分感激。为皇马效力对我来说是一次很有吸引力的挑战，但我最终没有接受这次挑战。现在想想，我当时应该告诉自己："去吧，去西班牙吧，在那里待上个一年半载的，学门外语，还可以了解一种不同的文化。你可能会喜欢上那里的，你甚至有可能在那里定居。"

但我当时却没有考虑事情积极的一面，我没有把这件事看成是自己的一次机会。如果我真的去了西班牙，我的孩子们可能会从中受益。那里的天气和训练方式可能会让我翻开崭新的生活篇章。我甚至可能学会一些新的技巧来增加自己的柔韧性。但如往常一样，我当时脑子里想的却是这桩转会中于我不利的一面。"后悔"是一个十分恼人的词汇。不过在当时，我觉得自己做出了正确的决定。

我不想去西班牙。我们在生活中往往会被恐惧所击败——那种对于未知的恐惧。我给自己找了很多借口，比如家庭，比如语言，再比如孩子的教育问题。我想象过自己身披皇马战袍，走进皇马更衣室里的情景。我如果真的去了

那里，就会回到原点，从零开始，但我可不愿意从头开始。我的职业生涯已经足够艰辛，我的身体有点儿支持不住了。

我不想仅仅为了踢几场球而加入一家新的俱乐部，这么做没什么意义。我想做得更多，我想在俱乐部有更大的影响力。这也是我在离开曼联时所担心的一点。

我已经34岁了。的确，我是一名经验丰富的球员。据我估计，皇马也正是看中了我的经验。他们可能想让我在一些特定的比赛中坐镇中场，完成自己的任务。但我想要的却不止这些，我要对我所在的俱乐部产生足够大的影响。没错，那可是皇马。但对我来说，足球面前队队平等，这与水平无关。举个例子吧，我是不会在下周重返科布漫步者队（Cobh Ramblers）效力的，因为我无法对球队产生任何影响。我经常听人们说"我在曼联踢过球"，或是"我在谢菲尔德星期三队踢过球"。在这些俱乐部踢过球的人有很多，但真正能对球队产生影响的又有几个人呢？真正出色的球员，能够对球队有足够的影响力，甚至帮助球队创造历史。鲁尼、罗纳尔多、梅西、坎通纳，以及诺丁汉森林的斯图尔特·皮尔斯就是这种球员。他们一直在用自己的方式去影响并帮助球队。我在场上时，也可以通过出色的防守以及强硬的比赛作风去改变比赛。我甚至在球员通道中就可以开始发挥自己的作用。但我已经34岁了，我之前的比赛方式对我的身体又是一种极度的透支。我也曾看到过高龄球员转会后无法融入球队的先例。

说句实话，自从我离开曼联后，足球就已经不是我的全部了。这跟我要去哪支球队没什么关系。不管是皇马、埃弗顿、凯尔特人、巴塞罗那还是国际米兰，也不管我做出选择的原因是什么，总之我已经开始有点儿厌倦了。我的确吸引了多家俱乐部的兴趣，但无论哪家俱乐部都无法让我感觉到当初加盟曼联时的那种心动、那种满足感，以及那种兴奋。

我之所以选择凯尔特人队，是因为我觉得相比于皇马和埃弗顿，我对这支球队会产生更大的影响。说句实话，转会凯尔特人的确是一个更为简单的挑战。因为我知道他们会在很多比赛中占据绝对优势。于是我就做出决定："我要去凯尔特人队了，也许我会在那里再踢上一年半载。"

但当我真正来到凯尔特人队时，我还是能够感觉到自己正在面临一次从零开始的挑战。我要证明人们对我的质疑都是错的。

我在12月15日正式与凯尔特人队签约，但我需要等到第二年1月份才能上场比赛。签约那天的新闻发布会有些混乱。我觉得我可能让大家有点儿扫兴了，我说："听着伙计们，我已经34岁了，而且我的臀部伤势随时可能会发作。"

我在凯尔特公园球场（Celtic Park）内将凯尔特人队的围巾举过头顶，供大家拍照。数以百计的球迷站在看台上迎接我的到来。他们对我真的很好。俱乐部的每一个人都对我的到来表示欢迎。我很高兴能够穿上凯尔特人的球衣，很高兴能够加盟俱乐部，因为我又可以踢球了。戈登·斯特拉坎和他的教练团队加里·彭德雷（Garry Pendrey），当然还有托米·伯恩斯（Tommy Burns）为球队营造出了良好的氛围，大家每天欢声笑语，其乐融融。托米真是一个很好的人，愿他在天堂安息。如果我当初真的去了皇马，就见不到托米了。球队的球衣管理员约翰·克里克（John Clark）曾是"里斯本雄狮"的成员，他随队夺取了1967年的欧洲冠军杯。球衣管理员可是个重要的职务，作为球衣管理员的人要能成为球队的纽带，成为球队成员之间沟通的桥梁，而且为人要乐观上进，这样球员们早上来到俱乐部看到他们时才会有一个好心情。从某种程度上讲，球衣管理员也是一支球队的象征。相比于俱乐部其他成员，我觉得克里克对我的加盟有着更为热烈的反响，他很欣赏我的球技，并为我做了好多事情。

我在凯尔特人队遇到了很多好人。

凯尔特人的训练——尤其是热身训练——都是以交替的方式进行，大家轮番上阵。最重要的一点是，所有的训练项目均是有球项目。假设一共有十六名球员进行训练，就会有八名球员站在场边当"球童"，负责把球传回给场上的八名球员，因此你总是处在有球状态。为其他队员捡球的球员同时也是在恢复体能。"球童"们要做的很简单，就是用外脚背或正脚背把球传回给场内的球员。如此，大家交替进行训练。对我来说，做"球童"已经不堪重负了，而这还只是热身而已。

热身之后，我感觉筋疲力尽。我想："这下我可完了，一点儿热身活动都让我疲惫不堪。"但我实际上还挺喜欢这种训练的，因为我可以借此恢复自己的球感。有些球员在训练过程中还出现了一些失误，大家也报以"无情的嘲笑"。所以我很喜欢训练的感觉。但我的臀部却不喜欢。我已经有两个月没有进行正规的训练了。对着车库大门踢球根本无法代替正规的足球训练。那天的训练进行了大概有一个小时 15 分钟到一个半小时吧。结束的时候我没有感觉到有什么不适，毕竟刚刚训练完毕，身体还来不及反应，而且作为一名职业球员，这点儿体能还是有的。

我回到了位于爱丁堡的酒店中。大家都建议我住在爱丁堡，以避免被流浪者队球迷，甚至凯尔特人自己的球迷所打扰。这个建议很有道理，住在爱丁堡的确可以让我拥有更多的私人空间。但说实话，我本该选择住在格拉斯哥的（后来，我在格拉斯哥西区租了一栋不错的小公寓）。书归正传，我开车回到了酒店，那家酒店很不错，我住的套房也很舒服。

我躺在床上，似乎能听到我的臀部正在冲着我嘶吼——我从未体验过如此难忍的疼痛。我知道，这是由那些训练、热身造成的。我已经几个月没有扭转拉伸身体，没有跟其他球员一起对抗了，因此这次训练让我的身体有点儿吃不消。看来我的恢复之路将会布满荆棘。但还有两周时间我就要面临正式比赛的考验了。

我躺在那里，心想："我有点儿不想回归球场了。但我需要回去，我必须回去。"我是一个经验丰富的职业球员，我已经打了 600 多场比赛。我有能力应对所有困难。

我的臀部不只是疼痛那么简单，它在冲我嘶吼："你都干了些什么？"

我对自己说："你本该就此退役的，你本该就此放弃的。"

但我不能就此妥协，不能刚在新俱乐部待一天就选择退役。如果那样的话，大家会怎么看我？想想那些欢迎我的球迷吧。"不行，我一定要回到球场上。"问题是，我该告诉大家我的臀部有问题吗？我明天能感觉好一些吗？我明天早上还要开 45 分钟甚至是一个小时的车才能到训练场。"我最好早点儿动身，按我现在的状态，估计开车都成问题。"

这是我自己的失误，没有人逼我住在爱丁堡。

但我的臀部实在是——真该死。我真该就此退役的，我真该勇敢一些。有的时候，你需要勇于说"不"。有一位爱尔兰朋友曾经告诉我："说'不'是另一种勇敢的表现。"年轻那会儿，我的长处之一就是勇于拒绝别人。我很清楚过于勉强自己的后果，也很清楚自己从事职业的限制。

但我无法厚起脸皮做这样的决定。我刚刚签订了合同。新俱乐部的球迷们都穿着印有我名字的球衣来欢迎我。我不想让任何人失望。这种力不从心的感觉让我感到无地自容。就在不久之前，我还站在海布里球场的球员通道里给自己做赛前动员。而现在，我居然躺在床上，担心自己是否能够熬过训练。

我第二天必须去训练！这毫无疑问，因为这是我的工作，我需要这些训练。两周后我就要上场参加比赛了。

我整个职业生涯都在把训练当作比赛去对待。我应该能够适应训练。我应该在训练中更放松一些。因为这只是训练而已，我用不着靠训练去赢得众人的掌声。如果我能及时重返赛场，我会在赛场上赢回这些掌声的。我并没有觉得自己已经衰老，但我的身体确实无法再支撑高水平的足球比赛了。但我刚刚加入一个新的俱乐部，我想要给人们一个深刻的印象，我必须这么做。身为球员，必须要在每一天的训练中给主帅和他的教练组留下良好的印象，这是我们的工作。无论是戈登，还是托米·伯恩斯，他们都看过我的比赛，但我在训练场上表现如何，他们还没有印象。

这里的训练并不轻松。在接手凯尔特人之前，戈登所执教的球队都要面临这种高强度的魔鬼训练。无论是南安普敦，还是考文垂，他们都在为生存而战。因此，戈登的球队总是很努力，而他的训练也总是很严苛。我喜欢这种训练，只希望自己能在训练中做得好一些。

你会在这家俱乐部获得新生的，你所要做的就是开着车前往训练场。这就是我当时的想法。就这样，在复杂的思想斗争后，我重返训练场。

每次训练结束后，基本都会下雨。这时就会有满身是泥的队友钻到其他队友的车里搭顺风车。那么问题来了：究竟该搭谁的车呢？面对这一问题，我们决定施行轮班制度，大家轮流充当好心人。有时大家也会开玩笑："还想搭我的车？我的车可是宾利，都没人敢穿鞋上车的。"我喜欢这种氛围。

我在车里结识了不少新朋友。我载过迪昂·达布林（Dion Dublin），还载过彼得罗夫。我们也许只能在车里共处5分钟，但我们聊得很愉快。来到这里的前几周，我一直在开曼联的车，所以我就主动邀请大家搭车，穿鞋上车也无所谓。

在那之后，我还租了一辆高尔夫，这可以让我自己的车免遭"蹂躏"。更主要的原因是，我可以开着这辆新车小心地出现在格拉斯哥了。

就在那个时候，凯尔特人球队管理层的一位成员问我是否介意免费为俱乐部效力至1月份，因为我直到那时才能出场比赛。

我说："我是签了合同的，而且我也参加训练了。你们不是也在商店里卖我的球衣了吗？我想从签约那天开始领工资。"

我是因为对这家俱乐部的喜爱才到这里来的，真该死。

迈克尔曾央求我不要转会到凯尔特人队。他对这次谈判很不满意，他不喜欢他们那种"爱签不签"的态度。但我仍然认为，如果当初没有选择这里，我会感到后悔的。在所有可选择的俱乐部中，他们给我提供的合同是最差的。有消息说，我在凯尔特人队的周薪在4万到5万英镑之间，但其实我的基本周薪只有1.5万英镑。我并不是为了钱才来到这里的，或者说，不全是为了钱。离开曼联时，我就对曼联有种愧疚感——我不该在曼联队身上挣这么多钱的，我也不该从我喜欢做的事情中挣这么多钱的。

我曾经在采访中提到过一两次:"我希望有一天能为凯尔特人队效力。"我说这句话是经过深思熟虑的,因为我不想食言。我也很想在老字号德比中面对流浪者队。我希望体验那种德比的感觉,体验那种气氛和经历。我曾代表曼联队与流浪者队交手过,一提到那场比赛我就感到很兴奋。我记得自己当时就想:"曼联与流浪者队的比赛氛围都如此之好,那如果把曼联队换成凯尔特人队,该是什么样的情景啊?"我曾作为球迷在伊布洛克斯球场看过几场老字号德比,这些比赛都是火星四溅的较量。按照约定,凯尔特人队将在2006年5月做客老特拉福德球场,参加曼联队为我举办的纪念赛。这是我在离开曼联队之前就定好了的。所以我总是想:"如果我当时没有选择为凯尔特人队效力,是不是会比较别扭?"不过我之所以加盟凯尔特人,最主要的考虑是:"我在这里会比较舒服些。我要按照自己的意愿选择球队,管它钱多钱少呢。"我不能说加盟凯尔特人是我的梦想,但我的确想要在这里效力。可能是我的爱尔兰情结在作怪吧,我觉得自己就应该效忠凯尔特人。通常情况下,你在选择自己职业生涯的下一步时,你需要考虑的因素有很多,包括那些可能面临的挑战、你自己的家庭以及俱乐部所在地等。但转会凯尔特人却是一个相对自私的决定。我就是想为格拉斯哥凯尔特人队效力,它对我来说是一支特别的球队。

我在苏格兰杯第三轮凯尔特人客场挑战克莱德队(Clyde)的比赛中首次代表球队出战。我们在那场比赛中被对手打了个2:1,这真是一场噩梦。我对自己的表现并不满意,我其实踢得还可以,但"还可以"远远不够。在赛后,我感到十分失望。我脱下球衣时,看到了球衣上耐克的商标。我走上球队大巴,看到约翰·哈特森(John Hartson)——他人真的很好——正坐在那儿吃薯片喝汽水。我对自己说："欢迎来到地狱。"

我们坐车返回凯尔特公园球场。许多球迷正等在那里。我们下车后，这些球迷开始冲着戈登和一些球员发泄自己的怒火。被克莱德队淘汰对凯尔特人来说是一场大冷门。但托米·伯恩斯——我要向他致敬——站在看台上回应着这些"蠢蠢欲动"的球迷们："你们不配当凯尔特人的球迷。"托米喊道，"你们应该支持自己的球队！"

我心想："这场首演真是令人印象深刻啊。"

这就是我在凯尔特人的首演——球迷们对球队和主帅表示抗议，而球队的教练则必须要站在凯尔特公园球场的看台上维护自己的主帅。这真是一种"温馨而美好"的欢迎方式。

我在第一场老字号德比中帮助球队1：0战胜了对手。这简直太让人兴奋了。这场比赛的各个方面都完全符合我的预期，可能也是因为我们获胜了吧。外号"魔法师"的马歇侬·茹拉夫斯基（Maciej Zurawski）打进了那场比赛唯一的进球。我在凯尔特人的首演并不成功，输给了克莱德队，之后还感受到了球迷的愤怒。但不久之后，我们就客场战胜了流浪者队，我觉得这才是我想要的。

那天的氛围真的很好，让我热血沸腾。我就喜欢德比战那种浓浓的敌意。我因为在普尔绍（Dado Pršo）身上犯规，领到了一张黄牌，当时他们还向裁判要红牌。那场比赛中，我感觉自己的身体状态还不错。我还被评为那场比赛的最佳球员，这让我感到很自豪，这是我职业生涯中另一个小小的成就。比赛之后，更衣室的气氛棒极了。这就是足球。

但也就是从那时开始，我在每场比赛赛前都要往自己屁股上打止疼针［双氯芬酸钠（Diclofenac）或是扶他林（Voltarol）］。疼痛是由臀部盂唇损伤造成的，我也明白，如果继续比赛会加重这种损伤。我需要在每场比赛前注射一针止疼针，然后在中场休息时再打一针，这样才能熬过整场比赛。这样做确实能让我完成比赛，但它的后果却会在之后的一两天中显现出来。我当时也知道，这么做早晚会毁了自己，但与流浪者队的比赛将会十分激烈，我必须处在最佳状态。

我觉得现在的球员们不会像我们那样经常注射止疼针，因为运动科学进步了。我不认为现在的球员们还会干这种饮鸩止渴的事情。

止疼针只不过暂时隐藏了你的疼痛，它的药效会渐渐消失。所以注射止疼针可以说是弊大于利：反正你迟早要面对疼痛，注射止疼针只不过是自欺欺人而已。在老字号德比赛前注射止疼针可以解释为我想让自己处在最佳状态。我在英格兰时也用过止疼剂，但仅限那些"重头戏"，比如对阵阿森纳或是曼城队的比赛，我要让自己在这些比赛中拿出最好的状态。但现在我每场比赛都需要打止疼针。于是，我开始觉得事情有点儿不太乐观，我开始意识到自己的职业生涯快要走到尽头了。

几周后，我们客场挑战爱尔兰人队，我记得自己在那场比赛中遇到了一点儿麻烦。对阵流浪者队赛前，我做足了功课，但我对爱尔兰人队却不是很了解。我记得那天自己被吓了一跳："我的天哪，他们怎么这么难对付。"他们那天安排了两名中场球员，凯文·汤姆森（Kevin Thomson）就是其中之一，他之前还在流浪者队和米德尔斯堡队踢过球。我感觉这两个中场球员都很厉害。我们最终取得了比赛胜利，但我着实吓了一跳。我觉得我应该能轻松应付这两个人，甚至是爱尔兰人队内的所有球员。我那时只能安慰自己说："他们队的球员其实都挺不错的。"

球队在 3 月份的联赛杯决赛中击败了邓弗姆林（Dunfermline）队，赢得了冠军。但我却因伤提前离开了球场。那场比赛中，我像疯子一样全场飞奔，结果在一次前插时撕裂了自己的韧带。我们夺冠了，但我却没有心思去庆祝。我感到很尴尬。

我在联赛杯半决赛的最后一分钟替补上场，踢了大概 90 秒钟。那种感觉并不好，但我当时正在从另一次伤病中回归。我跟戈登·斯特拉坎的唯一一次分歧就是在这场比赛之后发生的。通常，戈登会让我在比赛后直接回到曼彻斯特的家中进行恢复。但他那天却让我留下参加第二天的训练赛。我当时正处于恢复期，我记得彼得罗夫也正在从伤病中回归，我想这就是他组织这场"十一对十一"训练赛的原因。

我说："之前我都是打完比赛直接回家的。"

他说："没错，但我想让你参加这场训练赛。"

我大概能猜到他想让我打这场比赛的原因。但他之后却说，他想看看我的表现如何。

我说："我在英格兰踢的那 600 多场比赛你不是看过了吗？"

他说："没错，我是看过了，但我需要看看你现在的状态如何。"

于是我留下来参加了第二天的训练赛。说实话，我还挺喜欢这场比赛的。但这也让我感觉很伤心：看来我的职业生涯真的快结束了，我甚至要用训练比赛来向主帅证明自己的能力。

球队在 4 月初主场击败了哈茨队（Hearts），赢得了联赛冠军。我在那天的比赛中再次受伤。我仍然记得自己走进更衣室时的失落心情。我不想加入到球队的庆祝中，因为这场球我根本没怎么踢。

我跟随凯尔特人队赢得了联赛和联赛杯的奖牌，但我没做出过什么实质性的贡献。凯尔特人赢得了联赛冠军，但在我到来之前，他们已经手握15分的领先优势了。我在对阵流浪者队的比赛中被评选为当场最佳球员，这是唯一让我感到少许欣慰的事情。

现在回想起我在凯尔特人队的经历，我感到有些羞愧。我记得自己一共只踢了十二三场比赛，还在替补席上出现过四五次。我经历了两次韧带拉伤。之所以伤病如此频繁，是因为我的身体已经老化了，我无法一直保持健康。我的臀部一直有伤，而我却一再逼迫自己拿出最好的表现。我是那么的不切实际，试图让自己像21岁的小伙子那样踢球，然后向大家证明："你们签下我就算签对人了。"

如果一直留在曼联效力，我想我会更聪明一些。我会告诉自己："我已经为这支球队立下了汗马功劳。我知道自己的地位，我已经用不着像年轻人一样满场飞奔了。"但加盟凯尔特人之后，我总是会想："他们签下了我，球迷们会认为我是一名顶级球员的。"

我当时应该还算是一名顶级球员，只是我已经好几年没在场上做过冲刺跑了。在曼联时，我只是凭借经验提前阅读比赛，站好位置。而到了凯尔特人，我却总想着让自己冲锋陷阵，总想着能打进一两粒进球，好让球迷们对我印象深刻。当时自己真是很傻。

我为何没有选择加盟埃弗顿呢？如果我选择了埃弗顿，也会为没有选择凯尔特人而感到后悔，总之，我不可能同时为两家俱乐部踢球。但埃弗顿的确是一个不错的选择。我曾跟菲尔·内维尔谈起过这件事情，他在那个赛季的早些时候加盟了埃弗顿队。我知道埃弗顿队内有很多优秀的体能师，他们会帮我保持身体健康。我本人也很喜欢埃弗顿队当时的主帅——大卫·莫耶斯。而且，他们的俱乐部主席比尔·肯怀特（Bill Kenwright）在与迈克尔谈判时也表现得很有诚意。相比于凯尔特人，埃弗顿队为我提供的合同要好很多。但我觉得自己很可能是不想再为其他的英超球队效力了。这个想法其实很蠢，因为一切都是生意。但我不觉得为曼联队效力也是一桩生意，至少对我来说不是。

加盟埃弗顿会让我过上另一种生活，或许我的职业生涯能在那里延长两到三年。那里的战术体系很适合我，我会充当一名合格的拖后中场。

但在当时，我对加盟埃弗顿并不动心。

我也并没有贬低凯尔特人队的意思，那是一家杰出的俱乐部，虽然我在那里没有什么出色的发挥，但我从未后悔过。我很喜欢这家俱乐部，也很享受那里的一切。我确实为那段经历感到过些许羞愧，但那是因为我没能帮上球队。那里就像一个大家庭，只要你为他们踢过球，你就是他们中的一员。能为凯尔特人效力，我感到很幸运。

或许我只是拖延着不去做那个决定而已，或许我只是害怕对自己说：" 我要退役了。"

我的纪念赛在 2006 年 5 月 9 日进行。举办球员纪念赛会为我带来很大的经济收益。但我觉得真正关键的是这种比赛中所蕴含的传统。你会借此机会感谢风雨同舟的球迷们，球迷们也会对你的付出表达谢意。驱使我参加这场比赛的最大动机是，我可以借此机会向曼联球迷们告别。

跟随凯尔特人队做客老特拉福德的感觉并不美好。我总是觉得:"我才来这个球队两分钟,就要面对效力12年半的老东家了。"

纪念赛中一个很重要的内容就是礼物。你要为两支球队的球员献上礼品。凯尔特人的队友们都盯着我呢,我可得给他们买点儿好礼品。如果某位球员在自己的纪念赛上没有拿得出手的礼物,那么他将被人私下鄙视一辈子。因此,赛季结束时,最让我感到担心的不是我的职业生涯和前途问题,而是要给凯尔特人的队友们选择合适的礼物。最后,我买了50块欧米茄手表送给两支球队的队员们。这些手表很不错,我觉得它们不会让我丢面子的。

凯尔特人的球员们很喜欢做客曼联的感觉,他们很期待与英格兰球队交锋。纪念赛是一种友谊赛,也是一个庆典,但球员们还是想要赢下比赛。凯尔特人的球迷们也希望能战胜对手。

那天晚上的气氛真的很棒,也很特别。我的家人也来到了现场。回家的感觉真好。

我被安排为两支球队各踢半场比赛。上半场我为凯尔特人队效力,我走进凯尔特人队的更衣室,对队友们说:"伙计们,下半场我要去那边了。"

凯尔特人队的队友们都在拿我开玩笑。我很喜欢更衣室里喧闹的感觉。斯蒂利扬·彼得罗夫、尼尔·列侬以及约翰·哈特森,他们都是好小伙子。当然还有迪昂·达布林,我跟迪昂一起去吃过几次饭,当然多数时候都是我买的单。这次纪念赛就当报销这些饭钱了。

之后我又来到了曼联队的更衣室。球衣管理员——阿尔伯特——跟我打招呼:"最近怎么样啊,罗伊?"当然,曼联队的前队友们也没少拿我开玩笑。我穿上曼联的球衣,觉得自己一下变成了巨人。那种感觉就像重新穿上了本就属于自己的球衣。"这就是我的战袍！"我不想要这种感觉，也在竭力与这种感觉做斗争。但我没法控制自己的情感。我当时一直在想："我一定要赢下这场比赛！"我又变成了红魔。

最终，我们赢得了比赛。罗纳尔多打进了全场唯一的一粒进球。我心想："我还得回到凯尔特人那边接受大家的'嘲笑'。"但不知为什么，我心里突然涌出一种挫败感。

我不断地问自己："事情怎么会变成这样？"

自作孽，不可活啊。

"愤怒"一直存在于我的性格中。我不认为这是一个不好的词汇，也不认为这是一件坏事。我在人们眼里一直是一个愤怒的，或者说是暴躁的人。我踢球的风格可能也给大家造成了这种错觉。但我所吃到的绝大多数红牌并不是由愤怒导致的，而是由挫败感导致的。两者之间有很大的差别。在我的印象中，我从没在球队 3∶0 领先的情况下被罚下过。

愤怒是我自我保护的一种方式。我觉得上天给了我特殊的个性，愤怒会让我更有力量，从而更好地保护自己。我有时也会卸下防御，但当我这么做时，我就会变得更为软弱，甚至会伤到我自己。我将自己的愤怒看成是一种有力的工具。我不会经常表现出自己的愤怒，而当我表现出愤怒时，我是在借机宣泄某种情绪。我现在已经能够更好地控制自己的情绪了。

我这种个性是家族遗传的结果。我对此毫不怀疑，因为我跟我父亲的性格太像了。他就是那种缺乏耐心、忍耐限度很低的人。人们往往对我有一种误解，他们认为我是一个经常发怒的人。但人们对我的这种印象却帮到了我。每当我走进房间时，我都能感觉到人们的忧虑，我真的能感觉到，他们认为我是一个恶棍。不过我让他们"失望"了，因为我觉得自己待人还算友善。我也有交往30年的挚友。如果我是一个缺乏耐心的浑蛋，怎么会有人跟我做这么久的朋友呢？

我曾思考过：我的愤怒到底是一种什么样的东西？但得出的结论是：它就是愤怒而已。我不会就此问题纠结。愤怒是一种能量，而当你过多地消耗这种能量时，你就会有种跌落深渊的感觉，就像刚踢完一场球之后你会感觉到失水一样。曾经有一位前足球运动员告诉我（说这话还是在我酗酒的那段日子），他觉得跟我待在一起就像守着一颗定时炸弹。这种印象很可能会让大家远离我，我也喜欢这种独自一人的感觉，虽然我知道这不是什么好事。

所以说，愤怒也是一种有用的性格。但当我钻牛角尖时，当我陷入某种麻烦（我个人的麻烦或足球上的麻烦）时，我就会变得狂怒。也许我有自己的道理，但这无所谓了，因为我知道自己将会成为最终的失败者。我将会输得精光。我先是因塞班岛事件输掉了世界杯，随后，又因采访事件输掉了我在曼联的职业生涯，如果我能用不同的方式去处理这件事，我想我会在曼联待得更久一些。我知道自己将是最后的输家。这就是我的疯狂之处，每当我因某件事情大发雷霆时，哪怕我是对的，我也会告诉自己："你会为此付出代价的。"

这就是所谓的"自毁"。我不知道这是否是自卑的表现。如果事情进展得非常顺利，我就会想："这应该不是真的。这一切都不会长久的。"或者是："为什么上天对我这么好？为什么事情会这么顺利？要不我把事情搞砸了吧，这样我自己能感觉好一些。"比如我去买车，我就会想："你以为你是谁啊？凭你还想买车？"然后我就会把事情搞砸。我会毁掉身边美好的事物，再在废墟上努力塑造自己的生活。当我再次回到巅峰时，我就会回头看看那些我曾经毁掉的、让我感觉不舒服的事物，然后心生后悔。

"自毁"是我的宿命，这让我备感痛苦。我在酗酒那段日子里曾经连续几天玩失踪。我觉得这就是我逃避现实的表现。我从不考虑后果，只是任意地放纵自己。我知道这是在自毁，我明白，但我就是沉迷于这种感觉。不是因为酒，而是因为酗酒后的那种疯狂感，那种不负责任的感觉。有时我会坐在家里，感觉自己是这个世界上最幸福的人，然后过了一个小时，我又会对自己说："真不爽。"当我重返家乡时，我可能又会回到自毁的老路上："老子要在这儿大闹一场。"但我不担心自己会做出出格的事情，因为我知道自己一定会悬崖勒马的。有时，我真的不知道什么才是正确的选择，因此我笃信上帝，我相信他会照顾好我的。我要做的只是更信任他一些。我也开始学着在做错事情后及时说"抱歉"。当然，在有些时候，说"抱歉"只是为了搪塞对方，从而让事情顺利地继续下去。

也许"自毁"这个词太重了。也许我只是在跟自己较劲而已。我这一生过得很稳定，但这也让我感到很担心。我喜欢家中的安逸，但随即我就想搞一些破坏，不过说到底我还是想过上舒服的日子。我希望妻子孩子都陪在我的身边。我会被疯狂所控制，但我并不喜欢这种感觉。我喜欢早上带着我的狗去散步。或许我喜欢这个星球上的每一个人吧，我也不清楚自己。我只是想要获得更多。我的中年危机已经持续很多年了。

我其实不会允许"自毁"。我珍视自己的荣誉，珍视我生命中所有美好的事物。我不想成为另一个"堕落的前球星"。我很善于活在当下。实际上，能在夜里睡个好觉，身边能有爱的人陪伴，我就很满足了。

愤怒和狂怒是有区别的。当我愤怒时，身边的人，甚至是我自己都能将我从愤怒中拉回来。也就是说，愤怒是能够控制，是有回旋余地的。但当我狂怒时，我就会完全失控。我很少有狂怒的时候，现在我已经退役，狂怒的情况更少发生了。而且我也不记得自己曾在球场上真正狂怒过。那些让我吃到红牌的"罪魁祸首"并不是狂怒，而是沮丧感，或者说是一种可以控制的愤怒。狂怒是无法控制的。这种情绪会带来很严重的后果。你要花上很久才能彻底平静。你会感到失落，感到震惊，甚至会对自己的所作所为感到羞耻，哪怕你并不觉得自己做错过什么。谢天谢地，我已经很久没有体验过真正的狂怒了。

当我做出离开凯尔特人队的决定时，我们全家正在巴巴多斯（Barbados）度假。那时，距离赛季结束仅有几周的时间。臀部疼痛一直困扰着我，这让我做出了不再回归球场的决定。赛季结束时，我曾拜访了运动医疗专家理查德·维拉尔，让他对我的伤情进行了一次更新。他对我说："罗伊，基本上，你再踢下去，你臀部的伤势就会更加恶化。"

那次会谈结束后，他又给我写了一封信：

大体而言，从医学角度讲，您右侧臀部的伤势比我们上次见面时要略微严重了一些。现在核磁共振的检查结果已经出来了，从结果上看，您的臀部软骨已经受到了轻微的损伤，而且，您的关节软骨也有了早期退化的迹象。总结起来，这些都是早期关节炎的症状。

在正常情况下，您这样的关节问题不会对生活造成很大的影响。但是，您对右侧臀部频繁且剧烈的压迫使得上述问题变得凸显出来。我们很难确定您这种病情将如何发展。不过我们可以确定的是，关节损伤的恶化速度将会与您做出扭动和拉伸动作的频率成正比。与此同时，您应该意识到，这种关节的损伤并不需要您完全避免运动。事实上，适度的运动还会对病情有益。

我能够理解，您正在面临着极其困难的抉择，我对您本人以及您的处境感到万分同情。然而，我希望您能够通过我们在诊所里的谈话，以及我给您写的这封信做出正确的判断和决定。此外，正如您所知，如果您需要什么其他的建议，我会很乐意效劳。

我耻于做出退役的决定，真的，因为我才刚来到凯尔特人队。我在曼联效力时，也不愿意告诉大家："我受伤了。"我觉得这是一种羞耻。

对我来说，最艰难的就是下定退役的决心，就是为自己做一个决定。这件事情，我跟妻子谈过，也跟孩子们说了。但这毕竟不是什么政治会谈，我没有再跟其他人说起这件事。最终，我自己下定了决心。

我给戈登·斯特拉坎打了个电话，对他说："戈登，我想跟你谈谈复出的事情。我臀部的伤势已经很严重了，嗯，我想你应该能理解，我觉得自己该到收工的时候了。"

戈登说："好吧，嗯，没错，这也是最好的选择了。"

我心想："你倒是挽留我一下啊，哪怕装装样子也好啊。"

我彻底解脱了。

我在做很多决定时都有拖延的毛病，但我一旦下定了决心就不会再反悔。现在我要考虑的是以后的事情。

对于退役的决定，我自己都感到有点儿害怕。这可能也是我不喜欢巴巴多斯的原因吧。在我做出决定、给戈登打完电话之后,我还是感觉到有些忐忑,但这种忐忑中却掺杂了很多积极的因素,甚至有一丝兴奋。接下来将会发生什么事情呢?

　　崭新的生活即将开始了……

第六章　初掌帅印

他在悉尼港有顶层别墅，有兰博基尼，有无数女人。生活惬意。但我知道他热爱足球，热爱这项运动，也喜欢挑战。

我说："你有兴趣来桑德兰吗？"

退役之后，你很难找准自己的定位。你丧失了自己最鲜明的身份，丧失了自己所代表的一切。你为了成为球员奋斗多年，之后如愿以偿。每周六，你都像个准时登场的演员。现在一切都烟消云散了。

你觉得自己好像重新站上了起跑线。这本来不是什么值得惊讶的事，因为当你开始职业生涯时，就知道它会在三十四五岁时结束。你的理智明白这一点，但我不确定你的感情是否明白。你的大脑会欺骗你，你害怕接受这个事实："一切到此为止了。"

如今有一个巨大的问题摆在我的面前："我要做什么？"我在银行里颇有几个钱，但之前我过着体面的生活，开销可不小。足球这份职业给了我难以置信的厚赐，但账单还在一个不少源源不断地寄来。我还想继续惬意地度假，但我还要赚钱养家。

我心中也曾有过一种"接下来会发生什么"的兴奋感，但我也知道，不管自己做什么，都不可能做到像踢足球那么好了。绝对不会。

做球员时，我在做的是自己钟爱的职业。但一切戛然而止了。我曾是一名球员，然后成了前球员，无论这个"前"字背后隐藏着多少酸甜苦辣。我在曼联时代表着荣誉，代表着带伤上阵，代表着红牌——我热爱这一切。我记得自己曾想："我不该爱足球爱得如此深沉。"

但我所做的正是自己热爱的，它对我来说就是一切。人们可能会说，这只是一份工作，但我真的理解一家足球俱乐部对球迷们的意义，他们追随球队，奔波于全国各地，花费巨大，还经常失望而归。在曼联时我也是这样，因此能体会到他们的失望。我几乎会失望到骂娘，对此我简直不敢相信。我马上就会被人看穿的，会有人对我说："嘿，你……"

我想这也是球员的一部分吧；我怕被别人看穿，也怕从自己热爱的事业中谋取巨大的利益，这种想法让我获益匪浅。我内心深处也知道："我永远不会再有这样的感觉了。"

这是退役令人难过的一面。

当我离开曼联训练基地时，我本该就此挂靴的，因为我知道，从那之后，一切将变得完全不同。这就是为什么足球让我难舍难离，这就是为什么我会伤心难过。

曾经沧海难为水，无论我余生做些什么，都不可能替代足球的位置。

这是巨大的打击。

因为我知道，自己在事业上将终生与失望相伴。没有什么能与足球相媲美。

那时我34岁。

我当时所面临的挑战是：不要自暴自弃。

问题是："还有什么能带给我享受呢？"

我不害怕变成"前球员"，不怕人们关注我的过去。但我不是活在过去的人，我希望得到人们的尊重，我不想活在他们的记忆里。

"还记得你对阿森纳时进的那个球吗？"

"……记得。"

我好像跟人们这么说过:"你们需要往前看,那都是 20 年前的事了。"

但它就像是你的标签。

"他曾是一名曼联球员……"

不管我喜欢与否,它依然是我的一部分。不管我走到哪里——"哦,基恩,基恩——曼联"。不管任何地方,甚至是在中国——"基恩——曼联"。

我本来可以轻易成为一座"人形博物馆",但我不想这样。

挂靴之后,我没有想念过训练,也没有那么想念那些人,那些兄弟情谊,或者是大家的嬉笑怒骂。伤病一直纠缠着我,臀部的伤势让我痛苦不堪,所以我把职业生涯的最后几年看作是额外的奖赏。我只是想,"每场比赛都是美好的",每堂训练课也是。

我想,我身边的人会比其他任何人承受更多的痛苦。我的家人——父母,兄弟姐妹,叔叔阿姨,多年来,总会有人从爱尔兰赶来看望我,并在现场为我助威。但这一切一去不复返了。我为他们遗憾,遗憾他们将失去足球和我的职业生涯曾经带给他们的那些激动与兴奋。

我的妻儿还好,他们一直都不太在公众面前亮相。看来,即使是最年幼的孩子似乎都比我清楚,这样的日子不会永远延续下去。

我想念那些金钱。我的生活水平一直非常高;我想念自己以前所挣的工资,一个月都有几十万。

这是一个适应的过程。从某种程度上说,我必须成长起来并接受现实。当你身处一家顶级俱乐部时,一切都为你准备好了,结果你就像生活在一只小肥皂泡里。不管你去哪儿,人们都会关照你,所有的待遇都是 VIP,甚至是更高级的。刹那间，这些都没了。我也曾经自怨自艾过："为什么会发生在我身上？""我真可怜。"为什么我在曼联的下场会是这样，我听到自己在抱怨。我也会对自己说：天哪，不要再怨天尤人了，你该知足了，成熟一点儿，像其他人一样，为下一步要做的事担起责任来。这世间有那么多失业的人，还有人工作25年，最后却只得到一块廉价手表。

在问别人能为自己做些什么以前，应该先做到"自己动手丰衣足食"。也许我做人很嚣张，因为足球这份职业使我收入不菲。但我觉得新生活一定要从对自己负责开始。找工作，适应新的生活方式，缩小住房面积，减少度假次数，让车子多跑几年再换。我要首先改变自己的吃穿用度，改变自己的生活方式。

我与孩子们坐下来，告诉他们生活上即将发生的变化。其实没有什么翻天覆地的变化，只不过不会有那么多度假了，或者其他一些小的调整。"那样的日子结束了。"我存着一丝想吓吓他们的心情说道。但孩子们没让我得逞。他们一下就看穿了我，说道："快点儿说完吧，我们想去看电视了。"

我开始意识到自己其实比任何人都喜欢奢华的假期。几个月后孩子学校放假，我们全家商定不出门度假了。我记得当时自己对妻子说："为什么唠叨着削减开支的总是我？"因为我才是那个想去度假的人。而我几乎一直都在把责任推给孩子们。过去也是如此，"我不想去皇马，因为对孩子们不好"。两分钟后，对方的谈判代表就起身离开了。孩子们可以扮演替罪羊的角色，把责任推给他们就好。

"孩子们——都过来——"

"不会吧，又要开始'基恩讲堂'了……"

事实上，我已经做了很多准备工作。我一直在考教练执照。

那其实并不是执照，而是一张证书，或者说是一份奖状。我在 2004 年拿到了欧足联 B 级教练执照。与其他的学习过程一样，你要从最基础的东西开始学起。在 B 级教练课程中，你必须展现出自己具备基本的组织能力。比如说，给四五个球员上一堂训练课，或者组织一场教学比赛；再比如摆锥筒、发训练背心等，这些都是特别基础的东西，但也很难。我一直踢的都是职业足球，现在却要训练那些很少踢球的孩子或者成年球员，这可不容易。许多球员用了 10 年到 15 年奋斗到顶峰，却被这些事难住了。我也发现它不简单，差不多就像再回去考一次驾照。我会开车，但不确定能讲明白那些交通规则。

2006 年挂靴的那个夏天，我更进一步，开始考欧足联 A 级教练执照。那时，我所学习的东西上了一个档次，我要组织一堂完整的训练课，比如 11 对 11 的练习赛。它加入了更多战术方面的内容，比如，面对一支采用 4-3-3 阵形的球队时，你该如何备战。我发现级别更高反而更简单，因为我对这些东西更熟悉。不过，尽管如此，我现在要掌握全局而不是仅仅作为其中一员，我不再是球员了。

下一步是职业教练证，在任何顶级联赛执教都需要它。考这个证不便宜，我记得自己花了六七千英镑。职业教练有一套特定的准则，这很好，而且我还遇到过不少精英人士。那里的课程让人的神经高度紧张。考取这个证书的目的是要执教最顶尖水平的球队，那不仅仅是训练球员，你还要和俱乐部的董事会以及首席执行官打交道，要考虑预算的使用，要应对媒体。他们还设置了模拟新闻发布会，在会上，你将受到拷问，也会有人给你一些建议，比如什么样的问题该怎么去应付。

你要把训练计划用书面的形式表达出来，还必须记录下训练课的情况。对于许多退役球员来说，这可能是一道难题，不管写什么，对他们来说都是一种折磨。有些人在学校的成绩就不好——我自己就曾经是一个差生。作为球员，你也许曾在不同教练的带领下参加过几千堂训练课，但现在你自己必须成为老师，这可不简单。另外，你还要站在一群球员面前讲话，这对我倒不是什么难事，因为我曾经担任过俱乐部队长，有一些这方面的经验，还有一定的领导才能。

考这些执照很辛苦，不过考下来之后我也感到非常满足。当我还是一名球员时，就开始想上教练课程了。三十一二岁时，我开始学习自己的第一个执照，也就是欧足联B级教练执照。许多退役球员都犯过这个错误，他们等到三十四五岁想要当教练时才开始考执照。一般情况下，球员们都不会在退役之前考执照，因为这很花时间，还必须牺牲一部分假期。而且，即使职业球员工会负担一半，费用也还是让人肉疼，特别是如果你想考职业教练证的话。

学习教练课程的同时也是在拓展人脉，你会碰到很多不错的人。我后来曾和几个同窗共事过，比如伊恩·麦克帕兰（Ian McParland）和加里·阿布利特（Gary Ablett），他们后来都和我一起在伊普斯维奇工作。阿布利特还给我和安东尼奥·戈麦斯（Antonio Gómez）牵上了线，我在桑德兰队执教时，后者是球队的体能教练。总之，在上教练课程时，你会遇到自己未来的同事或对手。

我知道自己必须做好准备。实际上，从某种程度来说，我从小时候起就已经做好准备了。我一直很幸运，但我这也算自助者天助。我在爱尔兰联赛踢球时也在上国家培训与就业局（FÁS）的课程。当时，没有任何人打电话给我让

第六章 初掌帅印

我来英格兰，是我自己主动要来的。虽然那时的我在一些事情上缺乏自信，但在面对其他事情时，我会对自己说："不试试怎么知道行不行……"我给英格兰的数家俱乐部写信寻求试训机会。尽管身无分文，但我还是提出自己可以承担部分费用。我得到了诺丁汉森林的回信，他们说只要我是金子，总有一天会发光的。

结果我真的发光了——在诺丁汉森林队。当我到那里试训时，就知道自己再也不会回到科克了。在科克没前途，什么都没有。来到森林队的第一周，他们把我和孩子们放在一起训练，没人注意到我。我当时都十八九岁了。后来他们向我道歉，请我回去。他们那时安排了一场比赛。我跟他们说："给我一次比赛机会就行"。我来这里可不是为了绕着锥筒跑圈的，所以我说"给我一次比赛的机会"。他们告诉我城市球场有一场比赛，布莱恩·克拉夫也会来，我心想"很好"。我没有说："他真的要来吗？我去！"我只是说："很好"。比赛结束后，他们告诉我想签下我，我还没有自以为是到跟他们说："我早就知道你们会的。"但我心里就是这么想的。这一天我等很久了，从我八岁时到洛克芒特俱乐部开始，我就一直在等待这个机会。即便是当初，我也没有选择家乡俱乐部梅菲尔德，而是选择了为洛克芒特效力，因为洛克芒特队的球员实力更强，八九岁的我就已经懂得这些了。如果我想去梅菲尔德，那会很方便，但"方便"太无聊了，我需要的是挑战。我需要站在优秀球员身边，这样大家才能互相促进。我十三四岁时，埃里克·霍根（Eric Hogan）——他人很好，现在还在为35岁以上的科克元老队踢球——有天晚上没去训练，因为他得到了一只新滑板。我和他大吵一架，此后一年我俩都没说话，就因为他不去训练。我一直都充满上进心。"抱着你的滑板玩去吧。"长大之后，让球员们分心的事情也变得更"高级",这时我就会想起滑板事件:"抱着你的滑板玩去吧。"

执教桑德兰本该是一场噩梦。这家俱乐部有七八个爱尔兰老板!这些人一定会事事插上一脚,都觉得自己才是俱乐部的主人,我肯定要向许多人汇报工作。

但事实恰恰相反,因为老板有七八个,所以大家都不管事了。站在台前,代表俱乐部形象的是尼尔·奎因(Niall Quinn),桑德兰球迷爱戴他,由他向老板们汇报。老板们是爱尔兰人也是一件好事,你甚至可以和他们开开玩笑。他们相信我和尼尔能够做好,我们是足球专业人士。

在我接手前的 2005—2006 赛季,桑德兰遭遇降级。那之后,尼尔组织起一家名叫德鲁马维尔(Drumaville)的联合财团,大部分成员都是爱尔兰房地产开发商,还包括都柏林酒吧业大亨查理·乔克(Charlie Chawke)。他们在 7 月份取得了俱乐部的控制权,但球队在季前赛以及赛季刚开始时还没有主教练。尼尔不得不临时担负起主教练的职责,与此同时,他们也在不断寻找合适的教练人选。结果球队前四场联赛均告失利。

那年夏天的早些时候,也就是在我挂靴后不久,他们就与我见过面。之前尼尔已经联系过迈克尔·肯尼迪。对此我并没有那么惊讶,毕竟足球圈很小,他们之前肯定已经知道我要退役,也许还知道我在学习教练课程。虽然我跟尼尔有些过节,但他将俱乐部的利益放在了第一位,他的心胸也足够宽广,只有这样才能做到不让旧事从中作梗。

他们派了一架直升机到曼彻斯特载我去都柏林,当然,这是想给我一个好印象。我坐在直升机上飞越了爱尔兰海,但这时我却在好奇:"等待我的是什么?"

我不太确定见面的地点是哪里,大概是都柏林外的某座私有庄园宅邸。德鲁马维尔财团的所有人都到齐了,尼尔也在。直升机一落地我就看到他了,他就在几英尺外的停机坪边上站着,和其他人一起等待。我走出停机坪,亲吻了地面,祝福每一个人。

"教皇大人驾到。"

其实没有。

我走出直升机,径直朝尼尔走去,我们握了握手。

他说:"进去之前,咱俩能不能单独聊几分钟?"

这是 2002 年世界杯之后,我与尼尔之间的第一次谈话。如果尼尔没有参与这家财团,我不觉得我们还会有这样的对话,所以这是一个尽释前嫌的好机会。

我们一起走进一间屋子,我说道:"听着,塞班岛的事情都过去了。不管现在我和桑德兰谈得如何,我们之间无论如何都要往前看了。"

他同意道:"对,对。"

就这么了结了。

我走进宅邸跟大家会面。一切都非常轻松随意,我穿着西装,但并不觉得是在面试,也不觉得有任何压力。

他们问我是否对这份工作有兴趣。

我说道:"伙计们,我现在还不确定自己想干什么,我得好好想一想。"

他们谈到了几名球员的收入,谈到合同和薪水,还谈到球员进出。

我说:"一步一步来,让我先想一想。"

他们基本上就是在向我描述俱乐部的计划，看起来他们真的很有诚意。我想如果我愿意，这份工作应该就是我的了。他们刚刚接管俱乐部，在季前赛开始前肯定得有个主教练就位，就算是为了面子。米克·麦卡锡（Mick McCarthy）3月份就下课了，那时财团还没有接管俱乐部。凯文·波尔（Kevin Ball）担任临时主帅到赛季结束。他们那个赛季积分之低，在历史上都排得上号，最终惨遭降级。

我回到家，几天后告诉迈克尔："这份工作不适合我。"

我想专心完成教练课程——当时我即将开始欧足联A级教练执照的学习，我不想太快投入到一份工作中去。桑德兰很失望，在接下来一个多月的时间里，他们也没能找到人接过教鞭，到现在这依然让我感到诧异。我听说在他们找我谈之前，马丁·奥尼尔和山姆·阿勒代斯都谢绝了这份工作。

那时，我并不十分确定自己究竟想做什么。我真的不确定做主帅或教练是否适合我，当时，这两个角色之间的界限比现在更清晰。教练课程其实并没有真正吊起我的胃口。我经常想："呃，这可真叫人头疼。"教练的标准表达就是"快到球场上去"，我不确定这是我想要的。但我明白课程必须要完成。我想自己对于做主帅并经营一家俱乐部更有兴趣一点儿。但是如果我接受了一份工作，就不得不边工作边上课，可我不想这样。保罗·因斯（Paul Ince）和加雷斯·索斯盖特（Gareth Southgate）过去就不得不这样。万一工作不顺利，我还要受到这样的谴责："你还没拿到教练执照呢。"而且从经济上来说，我也没必要马上找到一份工作。

那年夏天，我开始学习欧足联A级教练课程，然后在8月份出去度了几周的假。赛季开始时我在葡萄牙，从电视上看了几场比赛。桑德兰举步维艰。

一个周二的晚上，他们在联赛杯的一场比赛中客场负于伯里（Bury）。赛后尼尔接受了采访，当时他是临时主教练。他看上去差不多有100岁那么老。

我妹妹发短信给我：你看到尼尔·奎因了吗？你得帮帮他。

我看着电视机里的尼尔。第二天，我给迈克尔·肯尼迪打了电话，叫他联系桑德兰："如果他们依然想要我，我会试一试。"

整个夏天我都和家人在一起。这种感觉很棒，但我并不想一直和他们待在一起。我是一位父亲，需要出去工作养家糊口。我想让我的孩子们看到我去工作。

德鲁马维尔财团又找上了我："如果你想要，这份工作就是你的。"

于是我决定试一试。我所做过的最明智的决定一般都是当机立断的决定。我没有考虑教练组、战术，或者"我们需要10名球员"这些问题，我完全没有规划，仅仅只是"我要试一试"。反正就是一步一步来呗。

从商业角度来看，他们知道自己得到了什么。显然，在经验方面我不及奥尼尔和阿勒代斯，我之前从未执教过一支球队。这对他们是一次不小的赌博，对我来说也是。但他们考虑到了球票销售。我想，如果你当时问尼尔，他会说："我们不是太担心执教资质的问题，我们需要提升士气。"

他们失去了自己独一无二的气质，失去了激情。他们也许认为我就是那个真命天子。我就是一笔重量级的"引援"，对此我并不羞于承认。

五战五负——这真是令人瞠目的开局，特别是对于一支刚刚降级的球队来说。将他们淘汰出联赛杯的伯里是整个联赛系统中排名最低的球队——第92名。但桑德兰的实力并不像比赛结果所体现得那么差，许多球员刚刚踢过英超。在我看来，他们是以1分还是以35分降级并不重要，他们依然是英超级别的球队。

不过，另一方面，我当时也没考虑升级的问题。

在此之前，我和这家俱乐部之间没有什么交集，我跟尼尔不一样，我对他们没有忠诚感。我可以选择当一天和尚撞一天钟，我也很善长活在当下。我球员时代的名誉也许能有所帮助。他们会心存畏惧——"他要干什么？"但是我知道自己的长处在哪里，我想："我会好好对待这些球员的。"

我在曼联的经历，以及队长的职责帮助我从球员迅速转换为主教练。我已经具备了一些作为教练的常识，但我没有过多地考虑未来，当教练也不是我一直以来的梦想——我不觉得有谁从小的梦想就是做一名主教练！我只是想："让我们试一试，看看会发生什么。"

这份工作很复杂：应付董事会会议，让教练组有序地工作，甚至与年轻球员的父母见面。想到即将面对这一切我就满怀热情，"我们来看看事情会怎样发展吧。"如果我坐下来把事情的各方面都深思熟虑一遍，我可能永远都不会进入教练界。但是，如果你对这项运动保持孩童般的热爱，就会更倾向于这样想："我会适应的，会有优秀的人在我身边。从周一到周五，我的任务就是努力在周六拿到一个理想的结果。"

在我给迈克尔打电话之后的那个周末，桑德兰将在主场迎战西布朗。那时我已经回到了在曼彻斯特的家，开车去现场看了比赛，同行的还有托尼·洛夫伦（Tony Loughlan）——他将成为我的一线队助教。彼时，一切都还没有宣布，我只是想看一看球队和训练场。一座能容纳42000名球迷的球场里，那天只坐了14000人。

他们以 2∶0 获胜——但这个结果没有我的丝毫功劳。正如我所料，这支球队还不错。我记得自己想着："这里还不赖。"

当时，他们正经历一段困难期，数名球员遭遇伤病，信心也不足。看着自己即将执教的球队，我感到很兴奋，我知道他们有潜力。

第二天，尼尔带我参观了训练场——光明学院（the Academy of Light），并把我介绍给了全队。

与此同时，迈克尔在处理谈判的事。我们知道对方不会绕弯子，因此我们占据一定优势。倒不是说"啊，我们可吃定你们了"，但是，大家已经看到我出现在与西布朗一战的现场，传闻满天飞。这让其他潜在的主帅候选人有点儿难堪。如果桑德兰没有搞定与我的合约，那他们会被口水淹死。尼尔已经在帅位上饱受责难，球队打得一直不顺。他知道这是一份艰难的工作，所以我想我应该得到更多的尊重。

最终，一切尘埃落定。我得到了一份优厚的合同，年薪超过百万，这对于一位英冠主教练来说是一大笔钱，更何况这只是我的第一份工作。我想，一般情况是对方给你一份短期合同，你要求长一点儿，然后双方再折中一下。但桑德兰给了我一份为期五年的合同，我说我只想签三年。我当时有足够的自信，只是想看看事情发展得如何。我当时依然在用球员的思维思考——合同期短一点儿，可以让自己有更多选择。我本来应该考虑到工作稳定性以及被解雇之后的经济后果。

自那以后我就学聪明了，从合同角度来说，从你接手一家俱乐部的第一天，你就开始了走人倒计时。大部分合同细节都是关于合同中止的话会怎样，谈判时，你已经在协商自己的遣散费了。这样开始一份工作还真是消极。你本来应该斗志昂扬，但谈判的绝大部分时间都是在围绕摆脱你需要付出多大代价进行的。

从我家到桑德兰开车大约需要两个半小时。我的计划是让家人跟随我一起搬到离那里稍微近一点儿的地区，然后给孩子们找一所天主教学校。

签约后的第二天，我和托尼第一次带队训练。我在诺丁汉森林时就认识托尼了，他比我去得早。但他只打了两三场一线队比赛就因为伤病离开球队了。我们一起在森林队待了几年，我一直和他保持着联系。实际上，我和好几名森林队球员都有联系，包括托尼，还有加里·查尔斯（Gary Charles）。我刚到森林队时没有车，托尼会开车带我去打斯诺克，加里·查尔斯也时不时载着我到处跑，我们还一起去看电影。他们对我很好，就这么简单。

托尼在森林队时就开始学习教练课程了，那时他只有21岁。他和其他几名球员一起在周日上午上课。这个时候我总是躺在床上，受宿醉的折磨，听到他来接我的室友加里·鲍耶（Gary Bowyer），当他们出发去上课时，我总是自言自语："白痴。"

到了我请他做助手的时候，他已经很有经验了——他曾在莱斯特城学院队任职过——当我学习教练课程时，他也曾施以援手，帮我完成要上交的训练课计划。我一直都有这样的想法：如果我要接受一份主教练的工作，一定会叫托尼跟我一起去，他是一位优秀的教练，是我的好伙伴，也是我可以信任的人。有对方在身边，我们心里会很踏实。我不记得我们是否曾一起开怀大笑过，但我愿意认为是有的。他现在在伯恩利任职，与肖恩·戴彻（Sean Dyche）和伊恩·沃安（Ian Woan）一起，他们俩同样是退役球员，我们曾在森林队做过队友。足球圈就是这么奇妙。

带队训练让我们有机会观察球队的教练组成员和球员。我想:"天哪,有好多工作需要完成。"球队实力不强,完全不像是一支能升级的球队。但他们倒是离垫底不远,所以我们只有一条路可走。

我马上就爱上了这份工作。从一开始,我就认为它简直太棒了。尼尔信任我可以干好。

我们必须花钱,不过数额并没有外界通常报道的那么多。我们正朝英甲跌去,而且已经习惯了输球。整个赛季,我们在引援方面净投入了大概 350 万。但现在距离转会窗口关闭只有几天时间,我们需要尽快完成几笔引援。

转会窗截止日令人恐慌。这就是为什么转会费会暴涨。经纪人不断对俱乐部主席施压,结果一不小心误人误己。我们敲定了六七名球员——这挺多的了。你要和球员见面,安排体检,谈个人条款。但尼尔和首席执行官彼得·沃克(Peter Walker)很厉害,他们都帮我搞定了。我说要 6 名球员,他们就带着 6 名球员回来了。当然,这也正常,因为我们都追求同一个目标——成功。我知道我的到来会振奋球队的士气,但我们必须把它保持下去。

我引进了 6 名球员。他们 6 个都与我并肩作战过,而且性格都很好,也是各自国家的国脚。我打心底里想要他们,但就是不知道能不能买得到。

我当时只有三天时间,但我觉得在这样的情况下,三天反倒对我们有利。如果我有两个月时间,肯定会有人来反复试探,肯定会有人改变想法,经纪人们会说:"我们还有其他下家呢。"但到了这个时候,球员和他们的俱乐部必须尽快做决定。我给他们报价,"但你需要马上决断,因为明天就要体检了。"没有人接受减薪签约,我们这儿可没买过 AC 米兰的球员。我们给出了在这个级别来说不错的周薪,没有三四万那么多,但也差不多有一万二到一万五。格拉汉姆·卡瓦纳（Graham Kavanagh）和戴夫·康诺利（Dave Connolly）都来自维冈（Wigan），这对我们很有帮助。我们不需要为了6名球员与6家俱乐部打交道——他们当中两人来自维冈，罗斯·华莱士（Ross Wallace）和斯坦·瓦加（Stan Varga）来自凯尔特人，利亚姆·米勒（Liam Miller）则是被曼联解约的。

这对我们是巨大的鼓舞。前一天你还带领一群球员去训练，第二天就有五六名国脚加入进来。

负责联系球员和完成交易的是尼尔。以引进罗斯·华莱士为例，尼尔首先要给凯尔特人的首席执行官打电话，然后再打给经纪人，看看罗斯是否愿意转会。我素有不合群的名声，但我和这6名球员之前相处得都不错。以前在爱尔兰国家队时，我还和格拉汉姆·卡瓦纳做过室友。

我住在酒店后面的小别墅里，所以能有些空间和隐私。罗斯和斯坦带着他们的经纪人来跟我见面——他们共用一名经纪人。几个月前，我还和他们一起在凯尔特人效力，所以很容易沟通。

"小伙子们，你们愿意来吗？"

我单刀直入。

"我们实力平平，但如果你们能加盟，我们会变强的。另外，我正在努力再签两三名球员。"

他们说："好的。"

我说："很好。剩下的就交给我吧。"

就是这么简单。我甚至希望能把这样的风格尽可能保持下去，做我自己。

得到戴夫·康诺利就不得不费一番功夫了。迈克尔·肯尼迪是他的经纪人，我知道他很难搞。虽然迈克尔也是我的经纪人，还曾代表我与桑德兰商谈合约，但他这么做没有任何问题。现在他代表他的客户，而不是代表我或桑德兰，我懂得其中的道理。我需要一名前锋，而迈克尔会为他的客户争取最大利益。

戴夫说："哦，我不想离开维冈。"

于是我说："听着，戴夫，比较一下维冈和桑德兰吧。"

我引进的球员实力性格俱佳，他们让我的工作更轻松。几年前，有人问法比奥·卡佩罗（Fabio Capello）为何能成为如此优秀的主帅，他说："我一直很幸运，总是能与出色的球员合作。"永远别忘了这一点，永远别把太多的功劳归于主教练——但是，在情况不好时也不要过多抨击他们。我记得应该是乔克·斯坦（Jock Stein）曾经说过："足球的核心是球迷和球员。"永远不要过多关注主教练。我不是贬低自己的作用，但真正上场完成任务的是球员。

所有这些球员都是在同一天签约的，这让每个人都倍感振奋，也提升了桑德兰这座城市和这家俱乐部的士气，而我们连一场比赛都还没打。我们签的不是C罗，但罗斯和斯坦都是凯尔特人球员，他们实力不俗。还有戴夫、格拉汉姆、利亚姆——我了解他们。看到他们你会说："我们的排名就要往上走了。"

当你签下一名球员时就是在释放出一种信号，既是向球迷，也是向联赛中的其他俱乐部。

我给德怀特·约克打了电话。当我在训练基地给他打电话时，他那边是早上七点，因为约克当时正在澳大利亚的悉尼俱乐部，他是他们的王牌球员。

所以我打电话给他。

"还好吗，约克？"

我在曼联时和约克相处得不错。他在悉尼港有顶层公寓，有兰博基尼，有无数女人。生活惬意。但我知道他热爱足球，热爱这项运动，也喜欢挑战。

我说："你愿意来桑德兰吗？"

他说："你想让我离开现在这一切？你想让我离开澳大利亚？"

我说："是的。"

他说："好，我愿意。"

我本来以为我们会免费得到他，他当时 34 岁了。但最后我们不得不付给悉尼 25 万英镑，俱乐部对此不太开心。但约克像个演员一样走进我们的更衣室，气场超强。毕竟他获得过欧冠冠军，效力过曼联。

"还好吧，大伙儿？干吗呢？"

约克是我的最佳引援。整座城市的期望值都变高了，我们主场的上座人数有望达到 40000。有些球员觉得自己承受不了，但约克就说："这有什么大不了的？"他给俱乐部带来了之前没有的霸气，这是球员的个人气质决定的。约克到来以后，我的教练组成员说："他真是个人物，不是吗？"

我说："没错，他是顶级的。"

而且他人也不错。

我和尼尔在很多方面都有合作。他一直致力于让球队升级。过去这么多年我们失去了不少球迷，他反复强调我们需要提高季票的销售量。我们与球迷见面，寒暄，这都是我平常最害怕的事，但我那时居然很享受。我喜欢桑德兰球迷的地方是，他们对足球是如此投入，以至于球队在周六的表现会振奋或是毁掉他们一周的情绪。这种情形不会发生在每一家俱乐部。所以我想:"我很乐于承担这样的责任。"

客场挑战德比郡,我们准备来个开门红。

我有史以来第一次在赛前做球队训话。当时我们在酒店里,我选好了首发阵容,也不可避免地让某些球员失望了。

"好了,大伙儿,这就是德比郡队的情况。"

过去三天,我们已经做了一些功课。真是有点儿疯狂——在这三天里,我来到桑德兰,努力在转会截止前引进了几名球员。前一天晚上我已经决定要把重点放在德比郡的门将身上,他防守传中很差。但是我想太多了。戴夫·康诺利是我以前在爱尔兰队的队友,他很有趣,也有点儿怪,但他是前锋,因此,他越狡猾我越高兴——他在后排举起了手。

我没有停下,继续讲。

"小伙子们,刚开始的几次传球就要把他的缺点暴露出来。他防守传中很弱,擅长脚下移动……"

我一直留意着戴夫,他依然举着手。

"怎么了,戴夫?"

我怀疑他是不是想去上个厕所什么的。

他说:"头儿,你知道这个门将……?"

我说:"知道啊。"

"一周前他被卖掉了。"

不是受伤,是一周前被卖掉了。我本来是被看作拯救俱乐部、拯救球迷、让他们重振旗鼓的大英雄,被他们顶礼膜拜。

而这就是我的第一次球队训话。

于是我说:"小伙子们,这件事告诉我们,你可不能相信该死的球探报告。"

我归咎于球探。

实际上这件事让每个人都放松了下来。对我来说反倒是好事,因为我出了点儿丑,不用再努力去扮演完美主义者或严肃军官的角色了,大家的心情变得轻松起来。

那时,德比郡的状态不错,比利·戴维斯(Billy Davies)是他们的主教练,球队拥有优秀的球员。

中场休息时我们0:1落后。

当我走进更衣室时,球员们胆战心惊。他们以为要迎来一场暴风骤雨。好的主教练必须让别人捉摸不透,不能总让别人猜到你要做什么。克拉夫是如此,弗格森也是。于是我走了进去。

"好了,小伙子们,放轻松。你们踢得不错,我们的表现还可以。就这么踢。"

除非情况非常糟糕,我一般都会在中场休息走进更衣室之前先让球员们平复一下心情。我会给他们一两分钟调整呼吸,也让自己整理一下思路。这是我的第一份教练工作,所以我不会玩那么多心眼儿,我的策略是简单明了。

我代表森林队首秀那场比赛是客场打利物浦,布莱恩·克拉夫给我的建议是:"拿好球,传给某个队友,然后跑起来。你能做到吗?"

我说:"能,我当然能做到。"

这是我从小就在做的事,传球,然后跑动。这是我职业生涯的基石。我之所以钦佩布莱恩·克拉夫,部分原因就在于他将足球看得很简单。弗格森的足球观也同样很简单。

我看着球员们,他们以为我会大发雷霆,毕竟我名声在外。但我不想被人预料到自己接下来要怎么做。我把暴脾气收起来了,我想他们明白这一点。不管我在赛后新闻发布会说什么,媒体都会报道成"我炮轰","基恩炮轰道:'我们本来能做得更好。'"他们不会说我没笑,而是说我"怒目而视"。这就是我的固定形象,但有时我也将它当作自己的优势加以利用。

但也可能会适得其反。当我想以真实的一面待人,或者稍微发点儿脾气,就可能会被夸大。声音提高一点儿就能让他们大惊小怪,热情会被误读为愤怒。如果人们觉得我时时刻刻都在生气,那就会失去生气的效果。即使我小心翼翼地在场边保持着冷静,或者大部分时间在更衣室里都很随和,外界的印象还是我不断向球员发飙。

我没有与球员们一起参加季前赛,所以我对他们没有成见,我会先给每个人"无罪推定"。问题在于,你和球员在一起的时间越久,就越容易注意到他的缺点。但那时我还搞不清楚这是一名球员身上的固有缺点,还是他没发挥好而已。我对他们非常好,有礼貌,而且经常予以鼓励。我想球员们心里明白,不管是我的肢体语言、说话的语调,还是对德比郡前任守门员的分析,都说明我对这份工作还不熟悉。他们都心知肚明。我还没有做出任何决定,比如"他们四个下周走人",所以他们想为我拿出好的表现。

最开始一切都很单纯。当你开始渐渐和他们熟悉起来,情况就有点儿不一样了。你开始挑剔。但我做球员时的名声和执教经验的缺乏在一开始就是优势。

"你们踢得不错。我们的表现还可以,就这么踢。"

我们那场比赛以2∶1获胜。进球的是身材高大的典型英冠前锋克里斯·布朗（Chris Brown）和新援之一——罗斯·华莱士。

我做球员时已经习惯了赢球，但做主教练取得胜利的满足感是不一样的。接下来那个周一，我可能会带着这种感觉来到训练场。

我同样明白了作为主教练失利的感觉也是不同的，教练身上的责任感要更多，也更难从中复原。摆脱一场败仗带来的影响要花很长时间，我在做球员时也会这样，只是现在感觉更糟。失利势必会带来一定的痛苦，但没有我所承受的那么多。我吃不香，甚至都觉得自己不配享用一顿美食。这会带来连锁效应，因为我也睡不好。我职业生涯从始至终都没有把握好胜利与失败的平衡。当我们取胜时，我会说："很好，我们下周也必须赢。"当我们输球时，我就永远都不会说："好吧，我们输了，但下周还有机会。"

现在想想，关键在于要尽快往前看——如果可以的话。只要你参与体育运动就一定会输。我们不可能赢下每一场比赛。

我之前从未有过办公室，现在，我连秘书都有了，有一部电话，电话上有许多按键和不同的线路。我还有真皮转椅，开始几天我经常坐在上面转来转去。如果哪个球员或工作人员透过我办公室的玻璃往里看，会看到我在兴奋地大叫："爽！"电话响起，我需要尝试数个按键才能接通正确的线路。

我没有充分利用自己的办公室，但一开始我也不太需要待在办公室里。最初的几笔引援都是我认识的人，我不需要把他们带到办公室游说，他们都渴望加盟。我一开始的反应是："我要办公室做什么？我需要它吗？"我坐在转椅上，心想："我能干点儿什么？"

办公室可以成为你的私人领地。我不是那种挂上一堆家庭照片的人，我放了一个电子相框，照片在里面循环播放，仅此而已。我记得自己当时想："我不打算把这儿弄得太舒服。"但其实我应该做的恰恰相反，我该让自己更舒服一点儿，因为我将在这里度过大把大把的时间。我应该把它弄得更有家的感觉，放上家人的照片。这样当球员来见我时，就能看到我的另一面。不过即使一切顺利时，我也会想："如果情况不妙，我希望能迅速收拾完自己的东西——只用一个箱子。"

保持办公室干净整洁，做好迅速走人的准备。我不知道自己当时那种心态对不对，但它防止了我盲目乐观。而且从根本上来说，那也不是我的办公室，而是俱乐部的。我想我还是害怕太过于乐在其中，我是一位悲观主义者，永远觉得杯子还有一半空着。

我不好意思要求我的秘书苏珊（Susan）替我打理事情。如果我要订机票什么的，我都会亲自动手。她经常替球员们操心。有时，特别是在我们输球以后，我会正告他们："离我的秘书远点儿，她是为我工作的。"

但我猜她绝对曾经看着我心想："我马上要被解雇了。"

托尼和我一起来到俱乐部，安顿下来后的两个多月，我陆续引进了自己的教练组成员。我让迈克·克雷格（Mike Clegg）担任力量教练，他曾是曼联球员。我引进尼尔·贝利（Neil Bailey），让他来带一线队，他曾执教过曼联青年队。我还引进了安东尼奥·戈麦斯担任体能教练，雷蒙德·范德胡（Raimond van der Gouw）任门将教练，我在曼联时曾与他并肩作战。米克·布朗（Mick Brown）以首席球探身份入职，他过去也在曼联。我还找来里基·斯布拉吉亚（Ricky Sbragia），我们同样是在曼联认识的。我们这个团队不错，与这几位教练相处让我觉得很舒心。

我不得不让其他一些人离开，这种感觉很糟糕，我现在依然对此有些负罪感。但后来在伊普斯维奇，让我觉得有负罪感的是留下了某些人。负罪感是这份工作与生俱来的。

我们的下一场比赛是客场对利兹。比赛踢得很好，我们以3：0获胜。卡瓦纳、利亚姆·米勒和另外一个爱尔兰小伙子斯蒂芬·埃里奥特（Stephen Elliott）进了球。

我并没有因为自己球员时代的经历，或与阿尔菲·哈兰德的个人恩怨而带着公报私仇的心情面对利兹。我们只是需要这场胜利，而且也确实踢得非常好。有两三个利兹球迷企图进入我所在的替补席。比赛中有球迷来到替补席附近大声谩骂是再平常不过的了，但这两个人想翻进来。这件事并未困扰到我，因为我们已经赢了。

赛后，更衣室的气氛非常棒。我很为球员们高兴，这些小伙子们会有所作为的。之后的新闻发布会上，我说他们展现出了气质、求胜欲和才华，我为他们感到无比骄傲。我知道他们会听到这样的讯息，人人都喜欢得到表扬，而这也是他们应得的。这是又一场客场胜利，新援在逐渐融入，球迷也很给力。我们有了干劲儿，而且离开了榜尾的位置。这是现在的重中之重，而我也开始以主教练的思维思考。

下一场比赛是主场迎战莱斯特。忽然间，大家都开始期待我们获胜。"我们在客场击败了德比郡，又在客场击败了利兹，现在我们会击败莱斯特的。"但我们没有，而是以1：1战平了对手。0：1落后时，托比亚斯·海森（Tobias Hysén）为我们取得了进球。这并不是一件坏事，它让我们大家都认清现实。这可以让我认识到我们还有一些不足。

我很快发现，俱乐部的所有事都要主教练拍板。我一直在不断地做决定。尼尔和首席执行官彼得·沃克很出色，有了经验之后，我意识到身边同事的职责就是帮助主教练。尼尔和彼得的确是我的好帮手，我们的想法总是在一个频道上。我不会对他们说："我希望咱们成为皇马。"但我也想改变某些东西，比如球员的正装和赛前一晚下榻的酒店，都是跟钱有关的问题。他们知道我想尝试改变大家的思维模式，也很支持我。当他们不同意我的意见时，也会详细解释原因，这又一次让我认识到了现实，相当于给我上了一堂经济学课。我其实并不想听，我的唯一目标只有胜利，不管付出任何代价。我最懒得操心的就是关于钱的问题。

现在想来，执教的关键在于尽力保持对这项运动孩童般的热爱，保持一颗纯真之心——纯真但非天真。要学会凡事先对他人做"无罪推定"。随着时间的推移，人们会开始挑战你——倒也不都是故意为之。肯尼·坎宁安一直叫我罗伊，但我再也不是那个"罗伊"了。我必须在自己的办公室里跟他谈谈，因为这件事让我不舒服。我在爱尔兰时与肯尼是队友，现在他是桑德兰队的队长。

我说："听着，肯尼，别再叫我罗伊了。"

"我有吗？我都没意识到。"

我说："你的确叫了。你该叫我老大或头儿。"

"好吧，罗伊。"

事情就这么了结了。

也许你在教练岗位上待得越久，这些问题——比如被称作罗伊——就会变得越来越不重要。但我不能放过这些细枝末节。它看似无关紧要，但实际上很重要。我得树立自己的威信，不能让肯尼叫我罗伊，这是常识。但一位荷兰教练有一次对我说："常识并非人人都有。"

其实，对被称作"老大"或"头儿"我也不觉得很自在。但我之所以在这个问题上坚持，是因为从一开始他们就全都这么叫我，我不能让两三个人搞特殊，得一碗水端平。如果我再回到教练岗位，我想自己要做一些调整，不会让他们叫我"头儿"了。这样的现象不会发生在其他行业，现在，如果他们叫我的名字我肯定不会那么不舒服了。有一些五六十岁的人为俱乐部工作多年，也叫我"老大"，甚至连托尼都叫我"老大"。我很想说："别叫我老大，叫罗伊就好。"这是足坛的传统，但我喜欢时不时地反抗传统。如果我觉得自在，工作就会做得更好。我觉得直呼其名更人性化。

俱乐部拥有很多工作人员，要习惯这一点是件很难的事，因为人实在太多了。比如学院队、食堂的工作人员，等等。我尝试记住大家的名字，这是微不足道的小事，但却至关重要。我发现挺难做到的，我想大部分主教练都会这么觉得。我和托尼整天忙得不可开交，还要应付接踵而至的比赛。

"头儿，下周五您想两点还是三点出发？"

我只能说："啊，天哪，我下周再看吧，过几天再说。"

会有人介绍俱乐部的工作人员给我认识，但我的脑子有点儿转不过来，因为我最重要的任务是在周六拿到一个理想的结果。

"我叫保罗。"

我会联想到自己认识的保罗·麦格拉斯（Paul McGrath），这样记起来会容易一些。我把这个工作人员记作保罗·麦格拉斯。我知道记住并称呼别人名字的重要性。

最初几个月我做了一些小事，也因此得到了别人的感激。桑德兰的冬天十分寒冷——其实这里几乎全年都很冷,滴水成冰。训练场另一头有座棚屋,我看到场地工走了进去。有天我跟他聊起来,他们告诉我他们就在那间小屋里吃午饭。

我说:"但是我们有食堂啊,来跟我们一起吃午饭吧。"

我只是想表现得礼貌点,但却起到了一定作用,这再次鼓舞了大家的士气。

他们开始每天都来食堂吃饭。

我会对他们说:"伙计们,想吃什么拿什么。"

我不是要做救世主。可能是和我的出身有关,我无法坐在那儿吃意大利面,却看着窗外的人们吃着三明治冻得要死。我也爱吃猪肉洋葱三明治,但我可不想在严冬季节坐在球场上吃。场地工是整个足球俱乐部里最辛苦的工作。

比赛密集而又迅速地到来。身为主教练,你应该有短期目标和长期目标。我和托尼共同的目标就是顺利度过这该死的每一天。某天,有两个人来向我和托尼推广球员表现分析系统(Prozone)。当时,俱乐部还没有这东西,所以这两个人想把产品卖给我们。

我们坐在球员休息室里,那里有大屏幕和舒适的椅子。我们俩都睡着了。不过谁让灯是关着的呢。事后我问托尼:"你睡着了吗?"

他说:"是的……你呢?"

我们觉得很尴尬,我不确定卖球员表现分析系统的那两个人是否知道我们补了一觉。不过我们还是买了。

我们一般在那个休息室里看对手的比赛录像,房间有皮质椅子和暖气。几年后,我离开了桑德兰。有一次,我和谢默斯·麦克唐纳聊了起来,他曾和马丁·奥尼尔一起在桑德兰工作,担任奥尼尔的门将教练。

谢默斯说："你知道那个用来观看比赛录像的房间吗？"

我说："知道啊。"

然后他说："我都没法让自己的眼睛一直睁着，你呢？"

"没错，我也是！"

听到谢默斯这么说真是让人松一口气，因为我和托尼都觉得自己太不职业了。哦，对了，谢默斯现在已经 70 多岁了，所以他有权利睡着。

在俱乐部里装上球员表现分析系统的用处很大，虽然安装费不便宜，一年差不多一万英镑。球场各处都要装上摄像头，他们会监控每名球员的跑动距离、传中数量、体能水平等一整套数据信息。我对此类事物一向持开放态度，但也不会受其控制。如果有一名球员质疑你对他表现或数据的评价，它就能派上用场了。如果我们认为他的跑动不够，而他又不同意，我们就可以说："好啊，我们有证据。"

有些球员善于刷数据，他们可能会说："我跑了 15 英里。"

于是我说："是啊，那是因为你一直把球传丢。"

数据会给你有益的反馈，但也只是一种工具而已。一场比赛之后可能马上就有统计师过来说："我们的传中不够多。"但这些我也已经亲眼看到了，我就在现场。有些球员喜欢收集信息，观看比赛录像。我们发现后卫尤其热衷于回看比赛片段："我能看看那个传中过来时自己的站位吗？"后卫对比赛的思考比进攻球员更多，锋线球员更倾向于依靠直觉。

我做球员时会在下午一两点回家。如果是两点回家，那是因为我会留下来多做一些拉伸运动。这时我就会想："今天我过得可真辛苦。"但做教练之后，我工作日的时长和节奏完全改变了，因为我要和太多人打交道。一切都是陌生的。我要做许多决定，习惯这种生活需要花上一段时间。

某天，一个叫比尔的人来找我，他是狂热的桑德兰球迷，文身什么的一个不少，人也非常好，他是俱乐部的按摩师。

"头儿，下周我们要去客场比赛了，你想在大巴车上喝什么汤？"

我心想："连喝汤这种事也问我？"

我有太多事要做了。

当我还是球员时，几乎像是被棉花包裹起来了。现在来到了现实世界，真让我震惊。我用几百万英镑签下球员，放走年轻球员，解雇工作人员——这是他们赖以生存的工作，而同时我也清楚他们还有贷款要还。

我会把成年人带到办公室里说："我不喜欢你的行为方式。"

我也在改变着俱乐部的时间安排。

"我们一般都是在10点半训练。"

"嗯，但现在我们要改为10点训练。"

有时我能感觉到来自他人的抵触情绪，我就会钻牛角尖："谁喜欢我？谁不喜欢我？"场地工们喜欢我，因为我让他们来食堂吃饭，但我无法取悦每一个人。

这碗汤差不多把我逼到了极限。

我记得我当时说："去你的汤吧。"不过我的语气很和善。

他欣然接受了。我们为此开怀大笑。我想他意识到来找我的时机不对。我也用了一段时间才明白汤很重要，不论是对比尔，对俱乐部还是对我。

下一场比赛是做客伊普斯维奇，我们输了。比分是1∶3。

那对我来说是意义重大的一天。

我总是想观察一下工作人员在比赛日都做些什么。有些人会得到休息,有些人喜欢在前一天晚上出去不醉不归,这是足坛的传统,但我却不希望这样。我想让自己的工作人员在正常时间上床睡觉,我一直在留意这些事。

在伊普斯维奇比赛那天,一个工作人员负责在更衣室播放音乐。这么说可能有点儿奇怪,但通过观察人们对音乐的选择,就能看出大家的性格。年轻人想放新潮的歌曲,年龄大一点儿的球员可能就会说"我是老球员",然后由自己来选歌。但是,我注意到没有一名球员负责选择音乐,反而是一名工作人员在负责,这让我感到担心。我看着他,心想:"真希望有人能说他两句。"

如果我是球员,有个工作人员管起了我们的音乐,我会告诉他:"嘿,这是球员更衣室。"工作人员必须知道他们该管什么不该管什么。

球员走出更衣室上场前播放的最后一首歌是阿巴合唱团(Abba)的《舞后》(Dancing Queen)。让我真正担心的是没有一名球员说:"把这垃圾歌关掉。"一个都没有。

我没有干涉,而是心想:"这也不是我的地盘,我知道。"

我们曾1∶0领先,但最后输了个1∶3。我不觉得这要归咎于《舞后》,但赛后我批评了球员们,我发脾气的次数屈指可数,那是其中一次。我告诉他们必须负起责任来,那是他们的音乐。

"你们还要靠它去鼓舞你们呢,那是你们的音乐!"

他们要出去打一场比赛,男人与男人之间的对决,睾丸酮水平正在飙升。你必须让大家提起节奏来。去他的《舞后》。如果换成是阿巴合唱团的某首快歌,我都不会这么介意。

这件事让我担心，我手里的领袖型球员没有我之前以为的那么多。

但即使如此，我也记得自己当时说，我不想在桑德兰以外的任何地方工作。我是认真的。我对球员和俱乐部产生了强烈的感情，我已经觉得那是我的俱乐部了。

事后不久，那位阿巴合唱团的歌迷就离开了。

第七章　英冠折桂

我们正往里走,就听斯蒂夫说道:"你们好吗,伙计们,你们好吗?"然后他把头伏在桌子上说:"你们这些走运的浑蛋,你们这些走运的浑蛋打劫了我们。"

第七章　英冠折桂

没有人可以真正帮你做好执教的准备。我已经拿到了欧足联 B 级教练执照，并开始了 A 级教练执照的学习，这都是做教练的敲门砖。如果换成其他行业，这样的敲门砖是有帮助的，但在足球这一行，它们几乎对你完全没有用处。这么说可能有点儿过分，因为课程本身还是很有意思的。但当你开始投身一份实实在在的工作，你就会发现，球员会来到你的办公室要求离队，或者你发现有个家伙爱喝酒，另外一个有赌博的嗜好，要么就是教练组成员因为自己的婚姻问题来找你谈心。你会说："他们可没教我这些。"

我没有预想到自己还要处理个人问题。我本以为球队管理会很简单的。但是如果你办公室里坐着个正闹离婚的人，或者谁的老婆刚刚流产，你对他说"过段时间就好了"是不够的。

"休息三天吧，别担心了。"

一天早上，我们正在训练，两个警察出现在训练场。

"我们是来逮捕你的某个球员的。"

他们说的是卡洛斯·爱德华兹（Carlos Edwards），之所以抓他是因为他有一堆超速和停车的罚单没付。他人其实挺不错的。

我说："你们能等到我们训练完吗？"

训练之后，我们说服警察不要逮捕卡洛斯，只要能把罚款付清，把事情解决，让我们做什么都行。

他们说："好吧，那我们就先网开一面。"

等你积累了一些经验，自然而然就学会了解决问题。我认为，在一些关于球员的问题上我处理得非常好。我不会因为讨论酗酒和赌博而感觉不舒服，尽管我从来没有沉迷于赌博——我也会尽力给出合理，实际的建议。但是，如果是个人或家庭的问题，我就觉得有点儿力不从心了，除了给他们放假以外，我也不会假装自己还能有什么别的办法。

担任主教练时，人们会很热衷于给你提供信息，不管你想不想听。哪个员工好，哪个员工不好，哪个球员行为不端，等等。

"有两名球员出去喝到凌晨4点。"

我会把他们叫过来，用希望别人对待我的方式去对待他们。道理谁都明白，但做起来却非常麻烦，还是当球员简单多了。

整个赛季我发了三次火，但从来没在场边发过。第一次是打完伊普斯维奇赛后，我们一度1:0领先，但门将发挥得很差，还有《舞后》事件——这一件事就足够了。

有时我发起火来会把战术板踢倒，它成了我最爱做的事之一，球衣管理员库基（Cookie）也很喜欢。如果我中场休息进入更衣室时想要发火，就会对他说："库基，把战术板放好。"他就会把战术板立起来，然后我一脚踢倒——用的是空手道的招式。这会让我的怒气释放些许，而且我踢倒战术板也是想告诉队员们：这场比赛无关战术。有时，你的确需要用到这块板子，但这时我是想说："跟战术完全没关系，关键在于你有多想赢，对方似乎比你们更渴望胜利。"英冠的战术含量比英超低多了，更关键的是在于更衣室的气质。

进入10月，我们又输了两场比赛。我们在客场被普雷斯顿（Preston）打了个1∶4，他们表现得很不错。执教的是保罗·辛普森（Paul Simpson），队里还有大卫·纽金特（David Nugent），之后那个赛季我曾尝试签下他。那是一场糟糕的失利，我们的进球来自斯坦·瓦加（Stan Varga），但那是在球队已经0∶4落后时打进的安慰球。

在那之后，斯托克城（Stoke）以2∶1击败了我们。罗里·德拉普（Rory Delap）在代表斯托克城出场时遭遇断腿，距离我把他租借到那里只过去了几周时间。我给住院中的他打了电话。

我不得不把某些球员租出去。罗里去了斯托克城，乔恩·斯特德（Jon Stead）去了德比郡，这么做的目的都是为了平衡收支。我刚刚引进了戴夫·康诺利，俱乐部给他开的薪水不低，所以我不得不让另外一名前锋斯特德离开。如果我让某名球员离开，我总认为那是为了他好。赛季后期，斯特德去了谢菲尔德联队（Sheffield United），当时，他们是一支英超球队。如果球员得不到上场机会，我不会扣着他们不放。这对俱乐部的财政也有好处，不用给他们开工资，兴许还能拿到租借费。这是处于商业方面的考虑，后来当我想通过租借方式引进几名球员时，便对这方面有了更加深入的了解。

四战三负让我有点儿担心。每一名新主帅入主一般都会伴随着乐观气氛和蜜月期，新的理念，新的球员。而我的蜜月期似乎已经结束了。但我会永远记得到斯托克城观战的桑德兰球迷在赛后的表现。客队球迷看台靠近球员通道，即使我们刚刚失利，他们在我离开时还是给予了热烈的掌声。前来做客的桑德兰球迷为数众多，声音洪亮。他们和曼联及凯尔特人球迷一样激情洋溢。我要向他们鼓掌致意——有时鼓掌也是致歉，整个赛季，我在新闻发布会上经常提到他们。

接下来主场对巴恩斯利（Barnsley）和客场对胡尔城（Hull）的比赛中，我们取得了两连胜。与胡尔城一战，罗斯·华莱士在最后一分钟取得进球，却因为脱球衣庆祝吃到了第二张黄牌，被罚下场。脱掉球衣会自动染黄，但就算没有这个规定，许多球员还是不应该脱衣，罗斯是其中之一。因为他一直都很难将体脂率控制在 10% 以下。

"喂，听着，"我开玩笑道，"我们不介意有些人把上衣脱掉，但不包括你，你这死胖子，你会害我的体能教练被炒鱿鱼的。"

我并没有因为罗斯吃牌的行为而惩罚他。他打进了绝杀，那一刻一定很激动。赛后的新闻发布会上，记者们一直在问我要对他采取什么处罚措施，我说接下来一周再看吧，但我根本没有罚他的款。

我们赢下了几场比赛，信心得到了提升，我的自信也增强了。我想："执教这活儿还真适合我。"

当你高歌猛进时，想不到自己会失利。我们在积分榜上已经攀升到第 13 名，但是却很难保持稳定。如今，大家都只记得桑德兰当年在两三个月内从榜尾冲到了榜首，但实际情况并不是这么简单，我们付出了艰苦的努力。

我们在主场 1 : 2 被加迪夫击败，他们是一支优秀的球队，但是，就在我认为球队正稳步前进时，结果却再次让人失望。你输掉一场比赛，就会开始质疑球员。

然后我们又在诺维奇吃了败仗，接着与南安普敦战平。我们本来 1 : 0 领先，但加雷斯·贝尔（Gareth Bale）在伤停补时阶段为他们破门得分。贝尔当时打的是左后卫，能力很突出，是场上最出色的球员。他在场上的每个动作都颇见功底，那时他才 17 岁。即使南安普敦是在伤停补时进的球，我也不会因为这个结果埋怨对手，对于平局我已经满意了。

我们在主场战胜了科尔切斯特（Colchester），到目前为止，战绩真的是起伏不定。

与此同时，我的妻子带着孩子们一起从曼彻斯特过来了，我们尝试着给孩子找所学校。对我们来说，找一所天主教学校很重要，因为孩子们现在上的就是。天主教学校都很不错，我们喜欢他们的理念。同时，我们也在看房子，但却找不到一所合适的学校。几周过去了，几个月过去了，我的家人还是没有搬来。但是我对这样的安排非常满意，因为很适合我，可以让我在私生活和事业之间取得一个平衡。所以我说："这样也挺好。"

最后，我的家人还是留在了曼彻斯特。在两地间往返并不痛苦，我喜欢开车，喜欢在深夜或清晨开车。车程有两个半小时，途中要经过利兹，路途很愉快。每次回家我会待上两三天。我在桑德兰努力工作，然后回到家里与家人团聚，他们一向不太关心我的职业生涯。

有趣的是，他们对我主教练的工作更感兴趣。我想他们理解我现在要肩负更多的责任，也知道我承受的压力。我得到了他们更多的支持。比赛之前，他们会说"祝你好运，爸爸"，而做球员时我总说："我走了，爸爸去老特拉福德上班了。"他们却几乎毫不关心。

我在杜伦的大学区租了一间公寓。我可以去学校的餐厅，因为总体来说，学生对足球不那么感兴趣，所以他们不知道我是谁。不管怎样，我都会在晚上八九点上床睡觉。我本来应该对这间公寓稍加装修，让它更有家的感觉。自己当时要是多费心一点儿就好了。我应该买台好电视，一张舒适的沙发。但实际上我的日子却过得像个学生一样，吃的是杯面和罐装豆子。

一两个月以后，我开始担心某些球员的体脂水平，特别是那些无法经常上场的球员。他们超重可不止半英石①。我在布告板上贴了张声明：体脂超过10%的球员将不能进入比赛阵容。我把门将排除在外，因为他们需要有一点儿脂肪，好在下地时得到缓冲。他们对此很满意。

你得时不时对管理条例做些改变。布告板就在球员更衣室的附近。作为教练，我一直与更衣室保持着距离，我不会太频繁地进去，那是球员的地盘。但我知道每次有通知贴在布告板上，比如大名单或行程安排，都会成为球员们的焦点。关于体脂的通知只是个小花招，为了让他们重视起来而已。这实际上挺有趣的，就像个游戏，这对他们是个小小的威胁。我是在给球员们施加压力，也的确起了一定的作用。我一直都是队员眼中的老大哥，队中许多人都曾是我的队友。我那么做只是想对自己亲切友好的风格做些微调。但是如果一名球员只是略微超标，而他又对我们很重要，我也不打算因此弃用他。

米克·麦卡锡当时执教狼队，有天他打电话给我，想从我这租借一名球员，我记得应该是尼尔·科林斯（Neil Collins）。

他把电话直接打到了我的办公室。

"还好吗？罗伊。"

我们聊了聊这名球员的情况，还有一些别的话题。对话并不尴尬，我很高

---

① 1英石 = 6.35千克。

兴他打给我。我之前就已经想过我们会在赛季过程中见面，我们所带领的球队将遭遇彼此，我还是联赛教练协会的成员（LMA），肯定要去参加活动。我们的相见是不可避免的。

我记得应该是米克提议要见面聊聊，我们都认为这是个好主意。

我们约在曼彻斯特机场附近的四季酒店见面。这有点儿像我和尼尔的会面，给之前的恩怨画上了圆满的句号。我跟他说，我对在塞班岛所发生的事情感到抱歉，虽然我不确定自己是否真的有什么不是之处，但你总要努力往前看。

事情就这样结束了。这很重要，我很高兴我们这样做了。

我们与狼队的客场比赛是在11月的一个周五进行的。媒体十分关注这场较量，天空台还直播了这场比赛。赛前造势的话题是"他们两人会不会握手？"但事实上我们已经见过面了，只是没有告诉别人。所以我们清楚不会有好戏上演。赛前我们握了手，并不需要事先安排什么，只是握了个手而已。主帅们每场比赛之前都会这么做，这是标准程序。唯一不同的是，这次有五十个摄影师围在我们身边。

但那天晚上我又发了飚。中场休息时，我们以0∶1落后，表现极差。我叫库基把战术板拿出来，来了次李小龙的功夫腿。我想球员们因为那些"基恩——麦卡锡"的噱头分了心。我也不得不扪心自问，自己是不是因为不想输给米克·麦卡锡的球队而格外生气？但是电视在直播我们的比赛，而我们踢得太烂了。可怜的库基不得不花上好久去把从战术板上飞散的"小人"们找回来。

我们最终以1∶1战平了对手，但这是运气使然。门将达伦·沃德（Darren Ward）保住了我们拿分的希望，而进球来自斯蒂芬·埃利奥特的射门，折射变线入网。

我们在客场2：1战胜了女王公园巡游者（Queens Park Rangers），然后是与诺维奇的第二回合比赛，我们在主场1：0击败了他们。达里尔·墨菲（Daryl Murphy）在两场比赛中都有进球。

我们的下一场比赛是在接下来的周六，主场面对卢顿（Luton）。周五晚上我被叫去俱乐部开会，尼尔和俱乐部秘书都在，还有三名球员——克里斯·布朗、利亚姆·劳伦斯（Liam Lawrence）和本·阿尼克（Ben Alnwick），据说他们被拍到和一个女孩亲热。俱乐部管理层方寸大乱，因为他们知道，这条新闻肯定要出现在《太阳报》上了。对我而言，比较重要的两个球员是布朗和劳伦斯，因为我们第二天就有比赛，他们都在我的首发阵容里。他们没有做任何违法的事，所以我说我还是准备派他们上场。但尼尔说俱乐部坚持不让他们打比赛。

我只好没让他们上场。

我想这是我当主教练以来第一次感到有人挑战我的权威。我没有谩骂，没有咆哮，只是因此而沮丧。但是我可以理解俱乐部的立场，我们正在努力建立全新的桑德兰，树立新的形象和新的标准，而且俱乐部也没说这些球员再也不能代表桑德兰出场了。

我告诉劳伦斯和布朗他们将缺席周六的比赛，但我也告诉他们，他们将在某个时候重新回到首发阵容中。我向他们说明这不是我的决定，我觉得这很重要，这样他们就会认为："好吧，主教练还是信任我们的。"

我们在缺少他们的情况下取得了胜利，以2：1击败了卢顿，进球的是墨菲和戴夫·康诺利。

整件事情都让我生气，但我觉得，相比于跟女孩亲热，训练迟到会更让我生气。我自己也当过球员，也身陷过麻烦之中，也曾让俱乐部和主教练苦恼。所以我总是试着善待球员。当我把他们叫到办公室，比如说是因为酗酒的问题，我会让他们知道这是不对的，但我愿意表现出理解。我并非原谅他们的行为，但我只是他们的主教练，不是他们的父亲，也不是法官或陪审团。我马上还有一场比赛要努力去赢下来，从根本上来说，这才是我的工作。我需要这些球员，劳伦斯和布朗不是梅西和 C 罗，但他们对我很重要。

那个赛季的晚些时候，我和利亚姆·劳伦斯在训练场上发生了争执。当时我要球员们打 11 对 11，而我们的人数太多了，我只能安排 22 个人训练。有些球员无法打满全场，利亚姆是其中之一。他对此不满，冲进了更衣室，他说他不想站在场边。

我说："到办公室来见我。"

我们俩在办公室里对着彼此咆哮，现在想来我本来应该聪明一点儿，找个见证人的。如果我觉得将要发生冲突，或者合同纠纷，又或者某个球员想离开，有人在场见证我们的谈话，就不会是公说公有理婆说婆有理了。

我对利亚姆说："这不是什么大事。"

必须有球员站在场边，才能让别人有出场的机会。就这样而已，非常简单。

但利亚姆说："我已经受够这些了。"

我们俩完全是在比谁的声音大，甚至比这还激烈。气氛十分紧张。我想，当他拔腿往外走的时候，我本来应该抓住他——我似乎应该跟他打一架。虽然当时办公室里只有我们两个人，但这样一来，其他办公室的人一定都会听到。

但是事情的结局还算不错。一切也都很顺利，在这件事上，我得到了大家的全力支持。这是我第一次真正与人发生冲突，我太喜欢了。我心想："我还想多来几次，每天跟人打一架就好了。"

我不是真的这么想，但它帮助我释放了一些怒气。

这件事并没有让我感到震惊，但我很惊讶利亚姆当时会那么生气，也很惊讶自己会那么生气。在此之前，不管我说什么人们都照办。这是第一次有人反抗我，而且是在其他球员面前，所以我必须迅速想出对策。

"我要怎么处理这件事？"

那天利亚姆只是失控了，我们之间并未有什么真正的过节。我甚至有点儿欣赏他能为自己争取机会的行为。但讽刺的是——或许没那么讽刺——第二天早上我们就接到了斯托克城的电话，他们想知道是否能买到利亚姆。

我说："可以。"但这并非因为那次争执。就像我之前说过的，如果你引进一些球员就必须让其他一些球员离开。

就在那通电话之后，利亚姆就来向我道歉。

"我为昨天的事道歉。"

我说："没什么，但我刚接到斯托克城打来的电话，你想去吗？"

他说："好吧。"

这样对大家都好。

我们在下一场比赛中客场2∶2战平伯恩利，这对我们是重要的转折。我们先是以0∶2落后，而且踢得很糟糕。格兰特·利德比特（Grant Leadbitter）为我们扳回一球，后来我们在伤停补时阶段扳平了比分——又是戴夫·康诺利。我们带着一分回了家，但本来可能会被灌五六个的。

当时，执教伯恩利的是斯蒂夫·科特里尔（Steve Cotterill）。赛后的传统是要和对方主帅喝一杯，不管是赢是输是平，大家都会装装样子。

"踢得好。"

"下周你们打谁？"

"我觉得你们表现不错。"

我会和对方主帅聊，门将教练和门将教练聊。这次我们有点儿不好意思走进去，因为我们在比赛的最后时刻才勉强拿到一分，其实我们配不上这场平局，我们觉得自己偷走了对手的积分。

我们正往里走，就听斯蒂夫说道："你们好吗，伙计们，你们好吗？"

然后他把头伏在桌子上，说："你们这些走运的浑蛋，你们这些走运的浑蛋打劫了我们。"

真是太妙了，他并没有当面一套背后一套，他表现出了真实的自己。他没有说："干得漂亮，这场比赛挺精彩的。来杯健怡可乐吧，罗伊，你们踢得不错。"其实我们都会说"走运的浑蛋"，但只有在对手登上大巴回家之后才会这么干。但斯蒂夫却当着我们的面把心里话说了出来。

我们都放松下来，开怀大笑。

一般情况下，没有人会在走进其他主教练的办公室时心情轻松，因为每个人都在演戏，你无法做自己。赢下一场比赛你会很激动，输了你会恼火。但你不能在其他球队的主教练和教练组面前流露出这样的情绪。一年之后，布莱克本造访光明球场。我在曼联时的队友马克·休斯（Mark Hughes）是他们的主帅。那场比赛他们以 2 ∶ 1 获胜，抢走了我们的分数。赛后在我的办公室，大家都在留意我和马克会说些什么。

他问我住哪儿。

"杜伦。"

"从曼彻斯特到杜伦要走多久？"

"大概两个半小时吧。"

"整段路程一共有多少英里？"

我不是抨击他，我和火花① 一直关系不错。但我们就是不能做真实的自己。

我答道："138。"我记得应该是。

他离开之后，我的教练组成员说："你们说这些有什么意义？"

但情况就是这么尴尬，而且每周都要如此。

"下周你们打谁？"

"昨晚你们住哪儿？"

但这场比赛——斯蒂文失控那场——是赛季的亮点之一，球队在这场比赛中展现出了另一面：战斗到底的精神。我们整场比赛都困难重重，但球员们还是坚持了下来。我们拼搏再拼搏，拿到了一场不应该拿到的平局。在本队球迷面前，我们在伤停补时打入进球。

我们给球员播放了庆祝画面，因为新闻和电视上一直在放。戴夫·康诺利跳上客队看台，和桑德兰球迷一起庆祝。有一两个球迷掉下了看台，虽然不严重，但他们是头朝下摔到了草皮上。这给媒体提供了新闻素材：我们团结一心，无论是球员，球迷还是俱乐部——"我们是桑德兰，我们永不放弃，我们战斗到最后一刻。"

随着赛季推进，我们又在最后时刻进了很多球，因为对手相信我们会绝

---

① Sparky，马克·休斯的昵称。

第七章 英冠折桂

杀。不是我们信念有多坚定，而是对手被我们吓怕了，于是他们不断退守，再退守。

但我还是没想过有升级的可能。我只是想："虽然很不容易，但我们总算是逃离了降级区。"

伯恩利一战之后，我说我们还没有为升级附加赛做好准备，有些球员胜任不了这样的挑战。有时，我这么说是为了考验球员的心理素质，或者给尼尔和董事会释放一个信号，好让他们和我自己回到现实当中。如果董事会有点儿飘飘然，觉得我们的球员储备已经足够好了，我就会提醒他们还需要更多新援。一月转会窗就要来了。我不是在跟董事会耍花招，如果要再进一步，我们真的需要引援。而且，如果周中有比赛，我就要在一周内参加四场新闻发布会——总得让我在媒体面前有话可说吧。周五会有一场新闻发布会，马上在周六比赛后又有一场。如果我们在周二晚上比赛，我就得在周一晚上面对媒体，之后还有赛后访谈。要在一周之内四次回答相同的问题是有多无聊。

英冠有很多负有盛名、历史悠久的球队——利兹、德比郡、莱斯特、狼队、桑德兰。但我不喜欢"沉睡的巨人"这个词。这就是为什么我觉得自己来到天寒地冻的桑德兰是件好事，一开始，我并不在乎历史。我只关注球队的排名——离英冠榜尾咫尺之遥。先让我们把球队带上正轨再说吧。随着我对俱乐部有了感情，我开始认识到历史的重要性。我与一些退役球员们有过会面，包括查理·赫尔利（Charlie Hurley），他是桑德兰的巨星，还有1973年足总杯冠军队成员丹尼斯·塔伊特（Dennis Tueart）。我开始往墙上、更衣室里和训练基地里挂照片。之前的训练场有点儿像私立医院，设备精良却冷冰冰的，墙壁也是光秃秃的。"挂些照片吧。"于是，墙上挂上了鲍勃·斯托克埃（Bob Stokoe）与1973年足总杯冠军奖杯的合影，之前成功升级的队伍的全家福和球迷们的照片。

我向工作人员们说明了比赛日着装得体的重要性，由此逐渐树立起自己的一套规范。那位叫比尔的按摩师一条腿的整个侧面文着桑德兰的文身，我记得我把他叫到办公室，跟他谈了谈。

我说："我知道你在比赛日都穿短袜，你能穿长一些的袜子吗？我对文身没有丝毫意见，只是想释放一个信号——我们是全新的桑德兰了。"

这样的对话很奇怪，我不断提醒自己是在和一个成年人说话。

但他说："我明白您的意思，好的，头儿，您说得太对了。"

他真的是个好人，是狂热的桑德兰球迷。他没有说："你以为你是谁？我以自己的文身为傲。"我们本来有可能不欢而散。但他用非常积极的态度接受了，我想这也是我在桑德兰执教时光的缩影。如果我对大家说："跳起来。"他们只会问："跳多高？"

我们客场输给了水晶宫，然后在圣司提反节（St Stephen's Day）——也就是节礼日——主场2∶0战胜利兹，进球的是戴夫·康诺利和格兰特·利德比特。

现场的球迷人数超过了40000人，气氛棒极了，对方也带来了大量球迷。利兹和桑德兰之间素有仇怨，一直能追溯到1973年足总杯决赛。他们的主教练是丹尼斯·怀斯，古斯·波耶特（Gus Poyet）是他的助教。我们进攻的时候，波耶特从球童那里拿来一个球踢进了场地，导致比赛暂停。他也因此被罚上了看台。两队之间敌意相当深，所以，拿下这场胜利让我们格外开心。约克的状态开始火热起来,这时他本来应该在悉尼邦迪海滩享用圣诞晚餐。

我们在主场以 0∶1 负于普雷斯顿。之前我租借出去 10 名球员,现在后悔了。我尤其后悔允许他们在与我们比赛的时候上场。汤米·米勒(Tommy Miller)代表普雷斯顿面对我们,他表现得非常好。我本来不应该允许他出场的,这是巨大的失误。唯一的输家肯定是我。如果球员踢得不好,那无关紧要;但如果他们踢了一场好球,大家就会说:"你为什么允许他面对旧主?"或者"为什么这样一位优秀的球员会被租借出去?"因为只要他上场就肯定想证明自己,这是毫无疑问的。这里要为我自己辩护一句,我不想剥夺其他球员参加比赛的权利。我依然在学习不要以球员的身份思考,努力变得更冷酷无情一些。

2006 年底我们排名联赛第 12 名,26 场比赛过后拿到 37 分,落后排名第二的普雷斯顿 10 分。一般来说,如果你场均拿到两分就能升级,但我们离这个目标还有较大距离。

新年的第一场比赛是在 1 月 2 日客场对莱斯特城。对方实力不俗,但我们以 2∶0 获胜。戴夫·康诺利再次破门,那段时间他为我们立下了汗马功劳,真正证明了自己的价值。

也就是从那天开始,我们起航了,正式开始朝榜首冲刺——不过那时我们还不知道。但我开始考虑我们能不能再接再厉,争取拿到一个附加赛名额。前两名的球队能自动升级,但那似乎太遥远了。我认为今年不会有这种希望了,一切都还太早。但如果能打进附加赛就已经是进步了。

但是我们拥有如虹的气势。"气势"是足球界最重要的词,气势一来挡都挡不住。客场面对南安普敦，我们在最后时刻破门；主场3∶2战胜伯恩利，我们又是凭借全场最后一脚射门取得进球。主场面对德比郡，比分打成1∶1时，利亚姆·米勒用一粒头球在伤停补时阶段绝杀对手——米勒可是场上个子最矮的球员。我们最不缺的就是气势。

我们在1月份引进了几名球员。包括来自卢顿的卡洛斯·爱德华兹，来自阿森纳的安东尼·斯托克斯（Anthony Stokes），还有乔尼·埃文斯（Jonny Evans）——我们从曼联租来了他。他们都是优秀的引援，实力出色，而且正是我们需要的。我认为他们之所以能成功，其中一个原因就是我对他们已经有些了解，这种了解超越数据之上，我清楚他们的性格。

赛季早些时候我们击败卢顿的那场比赛，卡洛斯就在卢顿阵中，我看得出他有多棒。他补强了我们的右中场。他有速度，能够引领球队压上，这样我们在客场就可以打反击战术了。

乔尼是中卫，拥有曼联球员的特质，而且他将这些特质带到了桑德兰。他年纪轻轻，当时只有19岁，但他非常成熟，是天生的领袖。乔尼令我们惊叹不已。他和父母住在塞尔（Sale），离我家不远，所以我接他去参观桑德兰的设施。我知道自己面对的是一个争强好胜的人。我了解他，知道他到底是什么样的人。我记得自己还在曼联时发生过一件事，有一次，乔尼在食堂里跟人打了起来，但他把自己保护得很好，我记得他将对方打倒在地。我知道乔尼是个硬汉。

赛季结束之前，斯托克斯帮助我们进了不少关键球。他是一笔成功的引援，因为很多球队都争着要他。凯尔特人和当时还在英超的查尔顿都在追逐他，所以，签下斯托克斯释放出又一个信号：我们有能力与其他俱乐部竞争。

我和他的父亲谈过，出于某种原因，他认为我能教他儿子守规矩，因为斯托克斯还有点儿乳臭未干。

我认为那个赛季引进的球员都做出了贡献，没有一个人让我们失望。我在原有优秀球员的基础上又引进了许多优秀球员。不管那个赛季最终排名多少，这些球员都能为我们效力好几年。

我们在足总杯第三轮被普雷斯顿淘汰，这很让人失望，因为我很喜欢足总杯。如果能在这项赛事里走得远点儿就好了，我从来都不担心赛程拥挤的问题。经济奖励也是一个因素，打好一届杯赛能给俱乐部带来收入。但我们已经在赛季中三次面对普雷斯顿，他们确实比我们强一些。

我们以1∶0战胜了伊普斯维奇，又是戴夫·康诺利。然后我们在客场4∶2击败谢菲尔德星期三，约克打进一粒精彩进球，巧妙地将球吊过门将头顶。但我们本来以3∶0领先，然后他们将比分追到了3∶2，我差点儿就犯心脏病了。

这是我第三次失控。同前两次一样，我还是想要传达一些信息。更衣室里的每个人都很开心，我们以4∶2获胜，但我们本来不应该给他们任何扳回局面的机会。我对球员们说，他们表现得还不够好，我们得保持一个稳定的水准。我对他们说不该让其他球队有起死回生的机会。面对谢菲尔德星期三时，他们也许能侥幸成功，但面对更强的对手时就未必了。拿下一场比赛后对球员苛责一点儿不是坏事。他们接受了批评，但他们毕竟还是赢了。我不会只有在输球的时候才发脾气，同样，胜利也不是借口，所以他们不能忽略这些问题。

但是，那场比赛中球迷的气氛特别棒。他们在中场休息时开始翻唱《嘿，朱迪》(*Hey, Jude*)："呐，呐，呐，呐呐呐呐……基诺（Keano）！"一直唱了整个下半场。后来这首歌一直唱到赛季结束。虽然之前我从未听过球迷这样歌唱主教练，但还是对此持谨慎态度。其实，我的心态应该更积极一点儿的，但我不愿意太过于得意忘形，因为世界瞬息万变。我们现在表现不错，但我知道状态终究会下滑。皇马和曼联都会有低谷，桑德兰的低谷只会更深。如果这种情况发生了，首当其冲的是谁呢？当然是主教练。我不是，也不想被看作救世主。话说回来，我也不是很喜欢这首歌。如果是一首我喜欢的歌，情况可能会有所不同。

转会截止日之前，我从考文垂（Coventry City）引进了斯特恩·约翰（Stern John），他是我执教生涯的最佳引援之一。

某个周一的晚上，我正在家看考文垂客场打普利茅斯（Plymouth）的比赛。雨下得很大，双方踢得似乎都很差劲。但球每次到斯特恩·约翰脚下，就被他牢牢粘住了。他速度不快，但我们正需要一个能拿住球的人。戴夫·康诺利和达里尔·墨菲的职责都是进入禁区破门得分，但足球界有句话："每当球到他脚下就像粘住了一样。"斯特恩就是如此。布莱恩·克拉夫过去总对他的儿子奈杰尔（Nigel）说："粘住球，把球黏住啊。"如果有这么一个善于护球的队员，我们要么可以往前推进，要么可以得到喘息机会，还可以赢得任意球——选择多多。

第二天，我去找教练组谈。

"我注意到了一名球员，斯特恩·约翰。我们要得到他，他会给我们带来不一样的东西。"

一名教练组成员说："他的膝盖有伤。"

我说："看看他的出场纪录吧。"

他很少缺席比赛,一年能打40场。

他没有通过体检,但我对彼得·沃克说:"签了吧。"

我看过了斯特恩的比赛录像,转会费也微不足道,不算什么大投入。另外,我们正高歌猛进,一切进展顺利,又有谁会质疑我呢?于是我们签下了他。

我知道他是个男子汉,他是我见过品质最好的球员之一。我知道他能达到桑德兰的要求,也知道他不会来到办公室对我说:"下周能给我放一天假吗?因为我太太要做检查。"我知道无须为他操心。

大概一年后,我盯上了肯韦恩·琼斯(Kenwyne Jones),我告诉斯特恩:"我不想卖掉你,但我正在努力得到肯韦恩·琼斯,南安普敦想让你成为交易的一部分。"

他说:"可以,我会接受的。"

他站起来握了握我的手。

"谢谢您为我做的一切。"

我说:"这就是为什么我会签下你。"

真是条汉子。

人品太好了。

我们从曼联租来了丹尼·辛普森(Danny Simpson),他是右后卫,他为球队最终升级立下了汗马功劳。他在场上能带领球队往前压。他和卡洛斯都踢右路,彼此建立起了良好的关系。现在我们拥有了力量与速度兼具的右路。丹尼是个讨人喜欢的小伙子,身上也带有曼联的特质,但他可不是天使,他也很有个性。

我们现在的人员构成很复杂。有来自特立尼达和多巴哥的约克、卡洛斯和斯特恩，有几个爱尔兰人，还有一些本地小伙儿——格兰特·利德比特和几个出自青训的年轻人，比如乔丹·亨德森（Jordan Henderson）、马丁·霍格沃恩（Martyn Waghorn）和杰克·科尔巴克（Jack Colback）。这样的构成真的很棒，大家相处得都非常好。这有助于我们赢下一场又一场比赛，当你战绩出色时，似乎一切都很顺利。

我们在下一场比赛中主场0：0战平了水晶宫。虽然没赢，但我们保持了城门不失。我对此感到满意，也这样告诉了球员们。

我任命迪恩·怀特黑德（Dean Whitehead）为球队的新队长，之前的队长斯蒂芬·卡德维尔（Stephen Caldwell）在转会即将截止前去了伯恩利。迪恩的体能水平非常出色，从未受过伤，我可以依靠他，我很喜欢他。他是球队的队长，但也许约克才是幕后的领袖。

我们在主场以2：0击败了考文垂，约克和卡洛斯取得进球。在客场对普利茅斯也是相同比分，进球的是戴夫和斯托克斯。

当时，执教普利茅斯的是伊恩·霍洛威（Ian Holloway）。我没机会庆祝这场胜利，因为伊恩拉着我倾诉他在获得训练设施方面遇到的阻力。我当时想："我才不关心你的训练设施，老子刚刚赢了一场比赛。"

我们在主场4：0战胜绍森德联（Southend United），戴夫和托比亚斯·海森进球，斯特恩梅开二度。现在回想起来，那个赛季的引援甚至比我当时想的还要出色。

球迷的表现简直是不可思议，让我觉得自己来到桑德兰绝对是做出了正确的决定。我们不断获胜，主场的上座人数也稳步攀升，从14000人最终达到了42000人。这多出来的27000是哪来的？我觉得我们并没有做出什么惊世骇俗的举动，只是不断赢球而已。

我们上升到了第6名。

英冠联赛的竞争十分残酷，不给你喘息的机会。但我觉得很有趣。也许这么说有点儿恐怖，但是获胜的时候你会想："我们下周也必须赢。"如果是周中的比赛，你就会想在几天之后再次获胜。如果你输了，你就会想："这将是漫长的一周。"

我和一些经验丰富的主教练聊过。有些人喜欢工作日，不喜欢可怕的周六。而我恰好相反，对周一到周五的工作不很热衷，但热爱周六。我觉得自己的心态有点儿像拳击手，练习打得再好也没用，比赛才是最重要的。不过优秀的拳手需要练习，优秀的球队也需要恰当的训练。我不喜欢球队输球或者遭遇伤病，那样我心里会很难受。但我觉得比赛日的球场才是我展现工作成效的地方。

我喜欢在周中看预备队比赛或对手的录像，但我发现有些任务——比如写下个月主场比赛的场刊专栏——就有点儿无聊和麻烦。我等不及下一场比赛的到来。这一点在后来发生了改变——足球总会让你打自己的脸。但当时带领的是那样一群球员，我知道自己会得到什么结果。

我们周一早上开简报会，大家经常一片欢声笑语。你知道吗？我们大家在一起的确很开心，这要建立在赢下比赛的基础上。我们也经常小聚，三四个人一起去杜伦吃点儿东西。教练组成员和我都是好胜心很强的人，所以我们会一起健身或者开卡丁车。桑德兰附近有条室外赛道，非常棒。我觉得对某些教练组成员来说，一周中最重要的事是开卡丁车，而不是周六的比赛。

我们相处得不错，有时也会有分歧，不过从来没有闹得太难看。托比亚斯·海森告诉我他想家，想回瑞典。我依然在努力适应，不是这份工作带给你的出其不意，而是它最平常的某些方面。我们正在清理一些球员，我们的人手已经供过于求了，我祈祷其他俱乐部能给我来电话。我发现等待是一件让人充满挫败感的事情。工作人员会因为婚姻或孩子的问题找我，要求我给他们放假。给别人放假正是我的长处之一——我总是心怀仁慈。但每一天的工作都会影响到我的心情，因为总会有一些事情发生。

我时不时会收到球迷来信，跟我说某些球员总出去喝酒，都快成常态了。出去喝酒的基本都是爱尔兰球员。我从来没收到一封信说哪个英格兰小伙子出去喝到半夜。

一天晚上，格拉汉姆·卡瓦纳和斯托克斯惹上了麻烦，卷入到一起斗殴事件中。

我记得是斯托克斯说："头儿，这不怪我，我只是去帮他。"

我记得卡瓦纳用头顶了别人。

我说："小伙子们，从现在开始，小心一点儿。"

我不是他们的父亲。我觉得有的主教练做得太过了，想树立父亲的形象。当球员们来到我的办公室，我不会痛骂他们，摆出一副盛气凌人的样子。

我会说："不管你们在做什么，小心点儿就是。"

我更想努力做他们的朋友，或者是大哥。因为我当球员时也曾面临相同的情况，而且有些人总想找你麻烦。弗格森过去经常打电话跟我说："我知道你上周在某家酒吧出现过。"

我说："是的，没错，我在。"

"你凌晨两点半才离开。"

"是吗？当时是两点半？"

我会在周日晚上出去玩，即使周三有比赛，或者周六有比赛的时候在周三晚上喝一顿。但是不管比赛在哪天进行，我都从来没在比赛前两天晚上喝过酒。其实在比赛前三天喝酒都不好，但我觉得自己能应付得来。合同当中有个基本条款是，你不能在比赛前两个晚上出去喝酒，所以我没有违反任何规定。

"今天凌晨两点半，你在塞尔打了一辆车。"

"是的。"

"你去那儿干什么了？"

"去喝酒了。"

我们的排名升至第六，进入了升级附加赛区。但我并没有得意忘形，还是做足主帅的样子，保持喜怒无常的形象。我不想让球员们觉得我们可以放松或者满足于附加赛席位。现在我们要在11天的时间里打3场比赛，而且对手的排名都比我们高。这几场比赛对我们来说很重要。

第一场比赛是面对伯明翰，他们的主教练是我的老朋友史蒂夫·布鲁斯。我们打成了1：1，卡洛斯·爱德华兹左脚大力抽射取得进球，这几乎是标志性的卡洛斯式进球。那段时间他打进了不少漂亮的球。伯明翰在积分榜上排在我们前面，所以我对这个结果已经足够满意了。

我和布鲁斯之间总有精彩对决，不管是当时他在伯明翰还是后来在维冈。在他身上你可以学到如何与高层打交道、如何处理与老板和首席执行官的关系。他在伯明翰时，老板是戈尔德（Gold）和苏利文（Sullivan），他们关系处得不错。不管谁有事去办公室找他，布鲁斯都能让对方觉得如沐春风。他执教维冈时和戴夫·惠兰（Dave Whelan）相处得也很好。如今，布鲁斯执教胡尔城队，球队的老板想把球队名字改成"胡尔虎"，而布鲁斯坚定地捍卫了自己的立场。他和许多难搞的人共事过，但都应对自如。我在考职业教练证时学习到了一点：保证执教生涯长久的关键不是如何管理手下，而是如何应对那些球队高层。布鲁斯在这一点上做得很好，我很佩服他。

下一场比赛我们在主场迎来德比郡。我在比赛前一天的新闻发布会上说，有些名列前茅的球队会出现心态失衡。我是在玩心理战术。你需要说这样的话，特别是在面对排名比你靠前的球队时。我们的名次不差，但离榜首还远得很。这就像赛马：别太早冲在最前面。我们的排名是慢慢升上来的，积分榜前列的球队已经关注了我们几个月。现在我们要遭遇德比郡和伯明翰了，他们的主教练是比利·戴维斯和布鲁斯，经验极其丰富。有时你就得打两句嘴炮。如果我们输了，没人会太在意我所说的话，甚至都没人记得。但如果我们赢了，我的言论就会被认为是心理战。

我们赢了。利亚姆·米勒的头球为我们奠定胜局，他是场上身材最矮小的球员。获胜那一刻真正点燃了全场球迷，教练组兴奋地跳了起来，替补球员冲上球场。我想："真的要发生点儿什么事了。"

我获得了月度最佳教练，但我一直觉得这些奖没什么太大意义，一直都这么想。我作为球员也获过奖：体育记者评出的年度最佳球员；职业球员工会年度最佳球员；爱尔兰年度足球先生。我也参加过颁奖典礼，但我一直在祈祷自己没有获这些奖项。我讨厌以上台领奖的方式抛头露面，因为我有点儿羞涩，不想上去。我喜欢把足球看作团队运动，每当我看到某个球员或者主教练的重要性被人夸大时就觉得生气。许多奖的目的都是为赞助商做宣传。我是在2007年2月获得月度最佳教练的，但几年后，它对我还有什么意义呢？别太得意，盛极而衰。当时我就说要把奖杯放在车库里——也真的这样做了。

我们客场2∶1战胜西布朗，约克和斯特恩进球，他们的表现太棒了。这对我们来说是个很理想的结果，但赛后的更衣室内却出了点儿问题。

比赛还有几分钟结束时，斯托克斯已经精疲力竭，他的一次严重传球失误使得西布朗威胁到了我们的防线。虽然没有导致丢球，但当我走进更衣室时，有不少球员依然在生斯托克斯的气，严厉地责备着他。

我愤怒了，替他声辩，替一个受欺凌的年轻球员声辩。比赛也赢了，错误也犯了，还要怎么样。我在谢菲尔德星期三一战后发脾气是出于足球上的原因，我们差点儿自毁长城。但这次不一样，他才十八九岁，还是个孩子，而那些老球员们都在冲着他怒吼。

我记得我说的是："你们让他消停会儿吧！"

赛后，西布朗主教练托尼·莫布雷（Tony Mowbray）一直在大放厥词，主教练们一般都会这样。他说："我们表现得更好，如果一直这样踢下去不会有问题。我们比桑德兰踢得好。"

我觉得这对我们、对我本人都是蔑视。我很生气，因为我们表现得不错，配得上这场胜利。

连续三场的结果——战平伯明翰、战胜德比郡和西布朗——意味着我们走上了正轨，我记得自己当时想："天哪，也许我们真的会升级。"

下一场比赛是客战巴恩斯利（Barnsley）。有三名球员没赶上大巴：斯托克斯、托比亚斯·海森和马顿·弗洛普（Márton Fülöp）。我们在米德尔斯堡的车站等着他们，这里是球员与我们汇合的地方。

他们打电话来："我们堵在路上了。"

我说："好吧，但我们不能再等了，我们要出发了。"

我丢下了他们。

"我们又要让几个球员郁闷了。"

我没有对着电话那头大喊大叫，我理解，他们是堵在路上了。但这个理由不能解决任何问题，所以我没带他们就走了。

这是我发出的又一个信号。迟到在这家俱乐部是不会被容忍的，这是一种坏习惯，而足球需要良好的习惯。踢好球无须时时一鸣惊人，但是要把平常的事做好。

做客巴恩斯利，我们以 2∶0 取胜，进球的是戴夫·康诺利和格兰特·利德比特。这又是一场重要的比赛。随行的有 8000 名桑德兰球迷，球场地动山摇，简直棒极了。我们丢下几名球员的消息很快在球迷中传开，尼尔在电台节目中说："我们绝不容忍胡来。"对这几名球员来说这话有点儿重，我不想让他们被千夫所指，但是似乎无可避免。他们迟到了，而且不是一时半刻，大家一直在等，我已经给过他们机会。

赛后新闻发布会上，我说我正在努力改变桑德兰的心态，改变我们"升降机"的形象，还要改变训练迟到、不努力训练或者借一周的伤病休息两三周的想法。这是对所有人释放的讯号——球员、工作人员、球迷、尼尔和董事会。所有人。能用胜利撑腰去放出这样积极的信号，感觉真好。

周一早上，迟到三人组早早来到训练场。我让他们早点儿来开个会，这样才能快点儿把事情解决，好让他们去训练。他们一起来到我的办公室，就像来见校长，其实我并不喜欢这样。

我说："听着小伙子们，你们坏了规矩，不过这不是大事。这件事就既往不咎了，今天都去跟一队训练。"

我没有罚他们的款。

我表明了自己的态度，然后说："到此为止。"我想让球员们知道我们正在努力追求成功，而他们依然是其中一员。我想让他们在看着我时就像我看着弗格森时所想的："好，很公平。"如果是因为我自己的私事，我早就几年不给他们笑脸看了。但如果事关球员，我就必须存点儿私心，我知道自己需要他们。

我们在主场2∶2战平斯托克城。本来以1∶2落后，但达里尔·墨菲在伤停补时阶段破门。我们踢得很差，大家都以为我们会击败斯托克城，虽然对方本赛季曾战胜过我们。但他们表现不错。墨菲进球时我对自己说："这是关系重大的一分。"

赛后我走进更衣室，所有人——球员，甚至教练组——的情绪都很平静，这种情绪让我很生气。伤停补时阶段我们还以1∶2落后，但我们依然取得平局——正是这样的分数帮助我们升级。这是一种永不放弃的精神。

我们主场2∶0击败胡尔城，进球的是乔尼·埃文斯和斯特恩。然后我们客场赢了加迪夫（Cardiff），这场胜利很重要，罗斯·华莱士一脚任意球直接破门。乔尼在队里发挥了巨大作用，他拥有领导力和阅读比赛的能力，坚毅不屈。英冠最不缺的就是经验丰富的球员，但乔尼当时还只是个孩子，他的方方面面我都喜欢。

那天晚上，尼尔为困在布里斯托机场的球迷安排了出租车。后来我声称自己雇了私家侦探挖尼尔的黑料，因为没有人会如此善良。但直到现在我还没挖到些什么。

新年以来我们已经取得了11胜3平的优秀战绩，下一场比赛是主场迎战狼队。我想："这对我们会是一次很好的检验。"这场比赛将检验我们的进步有多大，算是一个小小的参考。狼队当时状态也不错。这时已经是4月，距离赛季结束还剩6场比赛，我知道有些球员肯定会紧张。

约克的兰博基尼刚刚从悉尼海运过来，他将车开进了训练基地。一辆白色的兰博基尼在桑德兰还是有点儿扎眼。我从办公室的窗户看出去，约克正把车停在外面，所有球员都盯着轮子看，那辆车真是太完美了。他们的注意力都放在了约克的兰博基尼上，与狼队的比赛反倒成了最无关紧要的事。

第二天我们击败了对手，比分是2：1。达里尔·墨菲凭借一记重炮为我们取得进球。赛后，米克·麦卡锡说我们肯定会升级。他也是在跟我们耍花招，就像我对德比郡所做的那样——给对手施加压力。

传闻沸沸扬扬，说我们有一套自己的独门秘籍。我的训练肯定是非同寻常的，但我们所做的都是这么多年来我一直在做的事情，只是完成得很认真。我们训练认真，前往客场也穿得体面。我让大家无论去哪儿都穿上衬衫，打上领带。

我们训练时拼尽全力，这至关重要。我总说："你怎么比赛就怎么训练。"要紧张起来。训练课最后我们一般都会踢一场比赛，不只是做做拉伸，踢两脚球而已。而且，如果比赛打平，就算已经进行了一个小时，也要一直踢到分出胜负。训练结束时一定要有个结果，一定要有胜者和败者，对败者的惩罚包括做俯卧撑或者收拾皮球和锥筒。我们在队里创造出一种积极的氛围，虽然有争执也有拳脚相向，但这是好事。这不是因为大家互相嫌恶，而是因为人人心怀热情。球员们充满饥饿感，他们都想进入首发。

我会告诉教练组："让他们自己解决，别插手。"

要么胜利要么失败。这些成年人像街上的孩子一样踢比赛，街头足球没有平局。

"我们不能再踢了，天太黑了。"

小时候，我们会踢到半夜，直到决出结果。但即使这时我们还会再踢5分钟。我们从来不关心血压高低和肌肉拉伤。

有人说我们踢的时间太长了。

"现在12点半，我们从10点开始的。"

运动科学家会告诉你这样做大错特错，一切都应该按照时间安排进行。我也明白这些，我对运动科学同样感兴趣，但我也很守旧。

如果周中没有比赛，我们会在周日或周一给球队放假。周二艰苦的训练课过后，周三再放一天假。我们会穿插安排训练和休息的时间。到了赛季临近结束的阶段，训练不会太多，因为要打的比赛很多。一切都是围绕比赛和恢复来安排的。因为我们连战连捷，所以只需一切从简。

客场面对南安普敦，一场精彩的比赛。我们以2∶1获胜，两个进球都很漂亮。其中一个是格兰特·利德比特进的。他是我们队内最出色的球员之一，是一名出色的射手，还很少受伤。他是本地人，性格很好。有时他会在更衣室里大声咆哮，很难搞懂他在想什么。教练组中有个老梗，每次格兰特朝谁发火，就说"别理他"。他是个优秀的领袖。

我记得自己从没有和球员或哪个教练组成员谈过升级的问题，但我的确瞭了一眼合同，看看升级奖金有多少。我们只是不断赢下比赛，积分榜的事不用我们操心，反正排名不会撒谎。这是我做球员时的优点之一："努力拿下下一场比赛，其他事情水到渠成。"我一直都抱着这样的态度。

我们在主场击败女王公园巡游者，比分又是2∶1。迪恩·怀特黑德为球队建功，格兰特也进了一个好球。我记得我赛后因为奈伦·诺斯沃西（Nyron Nosworthy）的积极态度表扬了他，我说这反映了全队的态度。奈伦在队里的表现真的很棒，人也不错。之前我曾与他起过争执，当时他训练迟到了，要知道他住的地方离训练基地只有两分钟的路程。我把他叫到办公室。他给我的理由是什么呢？他说了实话。

"我睡过头了。"

我说："谢谢你跟我说实话。"

我甚至都没有罚他的款。

还剩三场比赛。

我们一起去了坎布里亚（Cumbria）骑山地自行车，感觉很好，有点儿疯狂。我开始怀疑是不是有点儿太疯狂了，我们骑了有六七个小时，还把全队分成两三个组，组织了一场比赛。我记得自己批评了我那队的某个人，因为他的车胎被扎破了，之后我们队就分散开了，真该死。我们两天后有场比赛，对手是科尔切斯特，我们在培养团队精神和兄弟情谊，这太棒了。

我们前往科尔切斯特但输掉了比赛，比分是1∶3。我们是骑车去的科尔切斯特，球员们还因为在坎布里亚的骑行而屁股酸疼。

这场比赛给我们上了一课。我们曾一度把比分扳成了1∶1，本来一场平局也不坏。但我们势头正盛，所以我想："进攻吧。"我们继续进攻，这在其他比赛中会起到好的效果，但这场并没有。如果我们能在科尔切斯特打平，下一场主场打伯恩利本来就可能在球迷面前完成升级，如果是这样就太好了。

伯恩利于4月27日来到光明球场，那是周五晚上的一场比赛。又和我们的朋友斯蒂夫·科特里尔见面了。斯蒂夫曾在桑德兰担任霍华德·威尔金森（Howard Wilkinson）的助教，而他当时在伯恩利过得并不顺利，所以我知道我们会有额外的优势。我们以3∶2获胜，墨菲、戴夫和卡洛斯进球——又是典型的卡洛斯式进球。

那是我们的最后一个主场，那个周末我们已经升级成功了，但当时我们还不知道，因为其他球队要在周六周日出战。周日下午，我正在外面遛狗，德比郡失手负于水晶宫的消息突然传来。俱乐部的某个人发短信给我。我激动不已，回到家拿出合同看了又看。

升级当然是好事，但如果是在打完一场比赛之后就得知自己升级，尤其是在光明球场，这种感觉会更好。我身边都没有人可以一起庆祝，我的妻儿很开心，但他们不是教练组成员，不是我的同事，所以我有点儿扫兴。我开始不断收到短信：干得漂亮，头儿。某位教练组成员从桑德兰发短信给我：我们都出来玩了。但我人在曼彻斯特。从某个方面来说，我庆幸自己不在桑德兰，我不想和手下去酒吧彻夜狂欢，我想作为主教练，我应该保持一点儿距离。

赛季最后一场比赛，我将丹尼·辛普森排除在名单之外。无疑，德比郡输球之后，球员们一直在庆祝升级，丹尼也因此在某堂训练课上迟到了。他恳求我让他上场，神情恳切。但我没让他上，我之所以这么做，是要给球员们传递一个信息："不能松懈，我要击败卢顿。"赛季还没结束。

赛季收官日我们前往卢顿，现在的任务是，如果赢下比赛我们可能会夺冠。我们真的赢了，5 : 0。墨菲又打进一粒世界波，抽射入网。所有球队的赛季最后一场比赛都是同时进行，伯明翰意外负于普雷斯顿，将我们送上榜首。

我们成了冠军。升级就已经很好了，拿到英冠冠军更是锦上添花。这对我们所有人来说都是一段美妙的旅程。

但他们那天并没有把奖杯当场颁给我们，搞得我有点儿生气。他们说是出于安全考虑，因为我们不是在自己的主场。要是能在球迷面前举起奖杯就太好了，哪怕是复制品也无所谓。球场内到处都是欢呼雀跃的桑德兰球迷。一些球员——比如奈伦和卡洛斯——留下了不少经典照片，与球迷一起庆祝啊，戴着傻气的帽子啊，或者吊在球门横梁上等等。

我走进更衣室，和往常一样泼点儿冷水让他们冷静冷静。我的内心深处有一种满足感，但我对这些已经司空见惯了。所有人都跳啊唱啊，还开了香槟，而我则是一副"我早就预见到会夺冠"的样子。我觉得自己当时要是更投入一点儿就好了，但我总是害怕享受成功，怕自己太过得意忘形。我保持着冷静，"别太兴奋了"。但如果你无法享受胜利，那肯定是哪里出了问题，不是吗？

几天后，我们在一家酒店里获颁奖杯和奖牌。我把自己的奖牌给了某个出场次数不足，没有资格拿奖牌的球员，我记得应该是门将马顿·弗洛普。在与卢顿一战之前那一周，我知道球员们肯定计划着最后一场比赛——结束就开始大肆庆祝。我给他们 5000 英镑作为嘉奖，让他们好好玩，条件是必须击败卢顿并获得英冠冠军。颁奖那晚的招待会上，约克走过来问我能不能再帮球员出大巴和酒店的钱，我一下子就被惹毛了。我已经打算给他们 5000 英镑了，他们还都因为升级拿到了数额不菲的奖金。

我发现丹尼·辛普森和乔尼·埃文斯没有资格拿奖金，因为他们都是租借球员。但我帮他们争取到了，这两个年轻人简直不能更开心了。我想这对我们下赛季也有所帮助，后来我们想再次租借乔尼。

我本人得到了百万英镑的奖金和大幅加薪，因为我们现在身处英超了。经济奖励非常丰厚，但整座城市还有更宏大的计划等着我们——乘敞篷大巴巡游桑德兰。尼尔打电话来征求意见，而我说："不行，我受之有愧。"

我觉得庆祝成功无可厚非，但在降级一年后庆祝升级就太过了，我们又不是那种 20 年来头一回升级的小俱乐部。

现在回想起来，我明白了庆祝活动更多地是为了球迷，也许还有球员和他们的家人举办的。我希望不使用大巴巡游的决定不会因为我曾在曼联和凯尔特人荣誉傍身而显得太妄自尊大。有些球员说："这是我有生以来拿到的第一枚奖牌。"也许我应该更多地听取他们的意见。但我对敞篷大巴的主意并不感冒，大部分球员肯定会迟到，而且天气太冷了。我会因为一些事后悔，但这件事不在其中。

赛季结束后所有的医务人员要开个会做汇报。他们告诉我，我们在周二经常出现伤病，因为球员训练的时间太长。从保护球员肌肉免于受伤的角度来看，我们做得并不好。

我说："好吧，我明白了，伙计们。但我要提醒你们，我们已经升级了。"

我们打进了数不胜数的绝杀球，原因就是我们的训练方法。如果要用几次伤病来交换这些进球，我可以接受。球员们在训练中不停地跑，这其中也有我性格的因素——不断奔跑，永不放弃。球迷也帮了大忙，功劳同样属于他们。

我记得自己当时想:"我又要开始工作了,我们要努力赶上那些大俱乐部。"

我要度过自己在俱乐部的第一次休赛期了。我得找财团多要点儿钱,得引进一些球员。怎么才能让好球员来桑德兰呢?

俱乐部与爱尔兰的联系非常紧密,有许多爱尔兰球迷来看俱乐部的比赛。俱乐部有我、尼尔、爱尔兰财团、爱尔兰球员,我喜欢跟其他爱尔兰人一起工作。我一直都很喜欢财团老板们跟我说话的方式,非常爱尔兰。

"比赛结果真棒。"

我非常享受并深感共鸣。爱尔兰人的某些特质我觉得我们应该摒弃,但那种热情和支持应该保留。

"你真有两把刷子。"

我说我需要一名门将。

"青年队就没有我们能调上来的门将吗?"

"又来了,伙计们。"

他们是精明的生意人,但我打赌他们不能相信我们居然会夺冠。这段旅程对他们来说很美妙。但英超联赛完全是另一码事。尽管他们都是成功人士,但英超是被俄罗斯大亨,酋长们和美国人把持着。我们要前往另外一个等级的球员市场开始采购了。到目前为止,我们的引援水平还跟曼联相差甚远。

人们总说英冠是世界上最艰苦的联赛之一,而我却以主帅身份赢下了英冠联赛的冠军。从来没有人认为基恩能做到。

第八章　惊险保级

失望比兴奋更能让你记忆深刻，它激励你前行，因为你会感觉到痛苦。我享受胜利，但会有所保留。特别是在英超，你总这样说："天哪，看看我们下周面对的是谁。"

然后情况忽然发生了变化。

"去他的平局,走,把这场比赛拿下。"

我们输过很多场比赛,但也赢过不少本来没想到能赢的比赛。我们的平局不多,但实际上它们至关重要。孤注一掷是我们的态度,效果还不错。我知道这样的心态不会次次成功,但我当时并没有这么想。我想的是:"我们要努力取胜。"即使在主场0∶4落后于老东家曼联时,我心里想的都是:"跟他们拼了。"我知道球员们的实力,球迷们也不希望我们龟缩防守。

从战术角度来说,我们可能应该更谨慎一些。但是,帮助我们升级并在建队初期就尝到胜利滋味的,正是这种不顾一切地态度。你需要跟你的俱乐部有所契合,而桑德兰就有那种全力以赴的气质。那时桑德兰真的很对我的脾气,我雄心勃勃,充满活力,我也能感觉到背后有桑德兰球迷的全力支持。

备战英超最关键的一环是引进球员,但还有其他问题要解决。我们可以改善哪些方面呢?客场之旅是否可以更舒适?是不是要更多地坐飞机去打比赛、住在更好的酒店里?现在我们要去伦敦、曼彻斯特和利物浦打比赛了,而前一年我们去的是科尔切斯特和绍森德这样的地方。不是看不起他们,而是事实——我们要前往大城市比赛了。

我们可以得到更好的医疗服务吗?要不要改变给职工们的奖励方案?我们

会得到更好的训练装备吗？整个俱乐部都要提升——现在你球衣上的臂章可是英超的标志了，方方面面都要改善。赛程公布后，球迷很兴奋。前五场比赛的对手就包括了热刺、利物浦和曼联。我们还要打纽卡斯尔，那是一场德比大战。

大家已经跟我讲了有关德比的恩怨。

"哦，德比大战等待着我们。"

德比战并没有让人失望，那是我亲身参与过的最棒的德比战，与老字号德比有一拼。我们还要前往米德尔斯堡——又是一场德比。

我刚刚退役一年，对于那些我们即将造访的球场以及对手的实力有相当深刻的了解。有些球员也和我有相似的经验，比如约克和基兰·理查德森。重要的是，不要畏惧，不要担心，甚至不知所措。现在人们的期望更高了，球员们必须适应。你不会听到桑德兰球迷说："只要能保级就行。"他们有自己的目标："我们要击败纽卡斯尔。"或者"我们必须击败某支球队。"球员必须明白，他们跻身英超是实至名归的，不能被吓倒。

我的第一场比赛是主场打热刺，天空体育直播。我们赢了，比分是1∶0。真棒。迈克尔·乔普拉（Michael Chopra）在伤停补时阶段进球。

升班马真的很需要一个像样的开局，你需要分数。如果场均得分达不到1场1分，那就完蛋了。但是我们只打了一场比赛就直接拿到了3分。周中我们在客场战平伯明翰，所以现在两场比赛就有了4分。

"看，有什么大不了的？大家都在怕什么啊？"

真是太棒了。

然后我们前往维冈。去他的维冈，他们用一场3∶0把我们打得落花流水。

"这就是英超。"

维冈恃强凌弱，他们的球员高大强壮。锋线上是赫斯基（Heskey），门前有柯克兰（Kirkland）镇守。他们都是英格兰球员。

然后是利物浦。

接着是曼联。

现在 5 场比赛过后我们还是只拿到 4 分。

然后，我们击败了雷丁（Reading），6 场 7 分。前往米德尔斯堡，收获平局，7 场比赛拿到 8 分。对阵布莱克本，我们的分数被对方抢走了，8 场 8 分。不算太糟糕，我能接受。然后，我们接连输给了阿森纳和西汉姆，10 场比赛拿到 8 分。战平富勒姆，11 场 9 分——现在我们真的陷入了困境。

前一个赛季我们在英冠遭遇过伯明翰。但这个赛季在英超联赛第二场比赛遇到他们时，我们的首发 11 人中只有 4 名球员去年为俱乐部效力。当小伙子们表现不错时，你很难开口让他们离开，但这就是足球。意志品质能帮助你升级，但在英超中，你需要的不只是意志品质，还要技术、天赋、速度和运气。

升级之后，我第一时间就开始考虑新球员的问题，甚至是在更衣室里庆祝的时候，我脑子里想的都是引援问题。

这是足球人生活中残酷的一面，很让人难过，我都不知道要怎样告诉那些球员们。但话说回来，生意就是生意，我关心的是能不能把这些球员卖个好价钱。我得跟他们的经纪人谈谈。我很希望能有下家接手这些球员。做出某些决定真的很痛苦，比如，如果真的没有其他俱乐部想要某三名球员，那他们也不会留下。看上去不近人情，但由于这些球员是升级队的成员，所以几乎可以保证他们能有不错的出路。买进卖出，这是执教球队最艰难的方面之一。

虽然有五六周的假期，但我依然在不停地接打电话。从某种方面来说，假期对主教练就是噩梦。我犯了个错误，之后那年我依然犯了相同的错误——整个夏天都在打电话。这毫无意义，因为大家都出门了。经纪人、首席执行官、医疗人员，足球界方方面面的人士都去度假了。我从来没在暑假中搞定过哪怕一笔交易。我本来应该把电话撂在一边，时不时看一眼。后来我就理解为什么温格度假时要把手机关掉，只在晚上开一个小时。我真希望自己当时有这样的智慧或常识。但当时我想的是："我最好能先人一步，最好忙起来。"

我本来应该关注这些电话的质量，而不是数量，这是没经验的表现。我想积极一点儿，想交出漂亮的答卷。

"哦，如果我们7月份不签这名球员，他就有可能溜掉。"

正式升级的时候，我列了一份球员购买名单给尼尔，上面都是英超球员。我以为很简单，其实不然。他们要价太高了，我们给不起那样的天文数字。我们是比以前强，但也不可能从一个极端走向另一个极端。我们不想重蹈利兹和后来朴茨茅斯（Portsmouth）的覆辙。爱尔兰财团接手之前，桑德兰一直深陷困境。现在，桑德兰王牌球员的周薪还不到两万英镑。这个薪水还不错，但许多球员都想要四五万英镑。所以我不得不接受现实：我们买不到我想要的球员。

我们得到了与大卫·纽金特谈判的许可。那时他在普雷斯顿，前一个赛季我看过他面对我们时的表现。他实力不错，不过不算高产射手。我在曼彻斯特的家里会见了他和他的经纪人。我觉得在家里会谈是个更好的选择，没那么正式。我们达成了一份个人协议，我记得是400万英镑。

他说:"这对我是个重大的决定,我要好好考虑一下。"

好的,没问题。

那时我在考职业教练执照,几周之后,我在回家的路上接到了大卫·纽金特经纪人的电话:"他还没决定。朴茨茅斯的哈里也想要他。"

他说的是哈里·雷德克纳普(Harry Redknapp)。

所以我说,我不会给他施加任何压力,但现在距离季前赛开始只有一两周时间了,我们必须尽快做出决定。

又过了几周,我必须做个了断。那可是大卫·纽金特,虽然他不是梅西,但他是个优秀的球员,我们想要他。

所以我打电话给他的经纪人。

"那个,"他说道,"哈里也在争取他。"

我说:"我知道,但我们也已经争取他三四周了。"

他说:"跟你说明一下情况吧,哈里本周末出去庆祝结婚纪念日了。他结婚已经四五十年了,他想回来之后再和大卫谈。"

我说:"我告诉你,我已经等了三四个星期了,现在你因为哈里·雷德克纳普的结婚纪念日还要我等?我们不奉陪了。"

执教可真有乐趣。

我们从雷丁得到了格雷格·哈尔福德(Greg Halford)。我本来不应该签他的。他的身价大概是250万英镑,这对于边后卫来说不低了。雷丁将他从科尔切斯特买过来,但他却几乎没为他们上过场,这不是个好兆头,但我当时却忽略掉了,我以为自己与众不同。这就是年轻主帅的心态,我总是觉得:"我能搞定。"我刚刚挂靴,所以是用球员而不是主教练的眼光看待球员。随着年龄的增长，你会意识到有问题的球员到哪儿都有问题，所以就别费心考虑他们了，除非他们实力特别强。为科尔切斯特效力时，格雷格在面对我们的比赛中表现不错，他才华横溢。但我本来应该跟着自己的直觉走。他来桑德兰拜访过我的办公室，而我不喜欢他的坐姿。他窝在椅子上，过度放松。

他还问了我几个问题。

"你还要买谁？"

应该是我问他问题才对。半年前他还在科尔切斯特，本来应该是他上赶着来桑德兰才对，我就应该让他哪儿来的回哪儿去。但我们签下了他，转会费和工资之前就已经达成了一致。这是一贯的做法——球员来俱乐部见你之前，一切就已经敲定了，这时的主动权在球员和经纪人手里。布莱恩·克拉夫就从来不会在见球员之前达成协议，"我们不是非要你不可"。那时，球员也有经纪人，但布莱恩·克拉夫不会纵容他们。他执教的时候，球员经纪人的权力还没有现在这么大。球队刚刚升级，而且桑德兰有点儿偏远，我们不得不给别人点儿好处。

在那之后我就不喜欢他。我想："他不是我喜欢的类型。"但我还是签了他！我慢慢发现，什么样的球员适合什么样的俱乐部。格雷格·哈尔福德不是适合桑德兰的球员。桑德兰人勤奋，肯干——我离开后对这一点的认识甚至更深了——而格雷格不是这种类型的球员。他不是那种卷起袖子拼命工作的球员。他是那种处理处理球，整场比赛散散步，做完自己份内事就好的类型。他的职业生涯发展还不错，最近我看了他在森林队的比赛，踢得还可以。

升级以后我跟尼尔列了一份拟购球员名单，并按照名单上的顺序与球员们联系。但我们的目标球员不是想要更多钱，就是不想来桑德兰。所以我们只能把目标转向了格雷格·哈尔福德这样的球员。我们需要一支规模更大实力更强的队伍，需要更多人手。英超的要求更高，伤病也会更多，比赛更要求身体强度，也更激烈。你也需要足够庞大的队伍去保证训练人数。我希望格雷格能比我们所拥有的其他球员更好，而且我们在右后卫位置上还需要补强。我们可得不到切尔西或曼联的球员，可能以后会吧。

引进优秀球员的工作是充满沮丧感的。明智的选择是不要过多插手转会事宜，这时你就需要一位优秀的首席执行官。我在桑德兰就有一位——彼得·沃克——他能搞定转会，还有尼尔。他们让一切事情都变得很透明，对我来说，"透明"是特别重要的一个词。

"罗伊，他肯定来不了了，他要6万英镑的周薪。"

"那就算了，换人吧。"

我们又瞄准了达伦·本特（Darren Bent）。

"罗伊，他们想要1600万英镑，我们接受不了。"

"好，那我们再换人。"

我依然觉得如果我们当时——也就是2007—2008赛季开始前——能买到达伦·本特，我依然会是桑德兰的主教练。他能带来进球，但他的转会费实在太高了。在我离开后，桑德兰买到了他，因为他们留在了英超，所以有更多资金可以支配。俱乐部留在英超的时间越长，对球员的吸引力就越大，也可以开始担负起更高的工资。

当时跟我们联系的还有一个球员——马特·泰勒（Matt Taylor）。我带他参观了光明球场和大会议室。他告诉我还有其他俱乐部对他有意。我陪他一起去取车，告诉他不着急做决定，可以慢慢考虑。

就在我走向自己的车时，我收到一条来自马特·泰勒的短信：我已经决定和其他人签约了。我看到他正开车离开停车场，15秒之前他还告诉我他不确定要怎么做。他后来去了博尔顿。

另一方面，我在桑德兰的一家酒店里会见了莱顿·拜恩斯（Leighton Baines），当时他正要离开维冈。我们开出了报价并得到接受。他一开始就告诉我："罗伊，如果埃弗顿想要我，我就一定会去那儿，因为我是埃弗顿球迷。"

我说："好吧。"

我很欣赏这一点。

我们从曼联买来基兰·理查德森（Kieran Richardson）。这是一笔很棒的引援，但是有点儿麻烦。我得数次与他父亲见面。基兰开出了一些要求，他想要特定的球衣号码，想罚点球。他的这股傲气得好好磨一磨。不过他代表桑德兰时表现不错，接下来那个赛季面对纽卡斯尔时，基兰打进致胜球，他会因此而被永远铭记。

克雷格·戈登（Craig Gordon）是我们的重磅引援。他以高昂的转会费从哈茨（Hearts）加盟——900万英镑，创下了当时门将转会费的纪录。他是我整个职业生涯中见过的唯一一名在离开训练场时都能得到队友掌声的球员。那件事发生在他第一堂训练课后。没人能洞穿他的球门，那是他的第一堂训练课，大家都看着他。我们需要一名一号门将，我们身处英超，要有雄心壮志，而他简直棒极了。

布莱恩·克拉夫以高价买到了彼得·希尔顿（Peter Shilton），他说希尔顿一个赛季能帮助森林队多拿12分。克莱门斯（Clemence）、舒梅切尔、希尔顿——顶级球队要有顶级门将。我觉得自己做球员时低估了门将的重要性，不是说我觉得他们——舒梅切尔或帕基·邦纳（Packie Bonner）——所做的一切都是理所应当的。但我觉得他们做出的重要扑救是意料之中的。但是后来，当你与非顶级门将合作时，你就更能意识到他们的价值。

肯韦恩·琼斯从南安普敦加盟，身价600万，作为交易的一部分，他们得到了斯特恩·约翰。肯韦恩在我手下表现得非常出色——自那以后他在其他主教练治下就没有过那么好的表现。我想就是那些队内的特立尼达和多巴哥球员——约克和卡洛斯·爱德华兹帮助他尽快适应了球队。

丹尼·希金博瑟姆（Danny Higginbotham）从斯托克城转会而来，他可以打左后卫或中后卫。托尼·普利斯（Tony Pulis）对我说了一堆废话："哦，他可是我最好的球员。"都是愚蠢的把戏，无非是想抬高转会费。但我们最终还是得到了丹尼。他是定位球战术的杀器，弹跳很不错，帮我们进过两三个关键球。

迈克尔·乔普拉也来了。他是纽卡斯尔人，这让有些人觉得不舒服，但我无所谓。他贡献了自己的力量，打出了一个精彩的赛季。我们花了550万英镑，他帮我进了7个球。这就是英超的疯狂之处，一球值百万，但他的进球帮助我们保级成功。这正是我们花钱的意义所在。身价1500万英镑的球员可能会带给我们更多进球，但这样的球员不会在我们升级的第一年加盟。我们很快就明白了这一点。我会告诉那些我们想要的球员："这里不是澳大利亚。"但桑德兰真的很阴冷。其实，纽卡斯尔也是如此，但他们的资金比我们多多了。我是足球人，不是很在乎自己在哪儿工作，但其他人就需要全盘考虑。

"你会来桑德兰吗？"

"会的，会的。"

"工资还可以，但算不上天价。"

"那，那我就不去了。"

他们希望得到补偿，因为桑德兰的夜晚太过阴冷了。我们知道那些最终加盟俱乐部的小伙子们一定有高尚的理由。

桑德兰其实是一个好选择。这里的上座人数能达到44000，甚至更多，球迷棒极了。俱乐部大部分时间运行得非常平稳，以至于我现在都怀疑自己的记忆是不是准确。如今，干涉首发人员选择，或其他球队事务的事例屡见不鲜，但我们当时一切都进行得很完美，大家很明确自己的职责。我操心竞技层面，尼尔负责公关和经济事务，首席执行官搞定转会，医务人员的工作也完成得很好，球员们很开心能为桑德兰效力。尼尔了解足球运作的规律，他给了我充分行使权力的空间。我们有很多老板，但没有哪个人会越俎代庖。我觉得，我带队的第一个赛季就从英冠升级，使得每个人都发自内心地支持我，我也能感觉得到。

我们在联赛杯中负于卢顿。这有点儿出人意料，因为几个月之前我们才打了他们一个5∶0。我犯了个错误，进行了阵容轮换。如果你的轮换球员是国脚级别的，就像曼联和切尔西那样，那也没什么问题。但我们做不到，而且我换得太狠了——我没有进行阵容微调，而是一下轮换了四五个球员。我本来觉得，应付卢顿这种球队轮换一下也没什么问题。但只有你赢下比赛才能达到轮换的效果，而我们输掉了比赛。所以我搬起石头砸了自己的脚。我当时还没懂得这些。

卢顿不光是赢了我们，还送给我们一场3∶0的惨败。对方主教练凯文·布莱克威尔（Kevin Blackwell）说他们一直想复仇，这也没什么错。但那场比赛决定了许多球员的命运。我派上了几名边缘球员，想给他们一个机会。你要知道，他们之所以是边缘球员，是因为你发现自己不是很信任他们。下半场格雷格·哈尔福德被罚下时，并没有跟我打招呼。我记得自己赛后真想拿拳头猛砸更衣室的墙，我想这是我有生以来唯一一次有这种感觉。

克里夫·克拉克（Clive Clarke）是我们租借给莱斯特城的球员，那天晚上他心脏病发作。我们是在赛后得到的消息。足球真疯狂：我们被卢顿打了个0：3，一个令人震惊的结果，但赛后新闻发布会上我说比分并不那么重要，我提到克里夫·克拉克心脏病犯了。我的想法很邪恶："很高兴他是今天晚上犯的病。"因为这会让大家的注意力从我们糟糕的表现上转移开。这就是我身处的世界。

两个月后，我被问到克里夫心脏病的问题，我说我很惊讶他们居然能在他的身体里找到一颗心脏。那只是新闻发布会上的一个玩笑，但登到报纸上却缺少了上下文，也看不出语气语调，看起来就不那么像玩笑了。有时候我会忘了自己不是唯一一个上有父母下有子女的人。在那件事之前，克里夫说过一些批评我的话，他说我踢椅子什么的。那些批评我最狠的球员都是我放弃的或者从来没踢过比赛的人。

如果你作为球员时的职业生涯还说得过去，那么当你成为主教练以后，你就会发现造访利物浦和曼联是一件很艰难的事情，因为你必须学会接受输球的事实。如果输了个0：1或是0：2，你就会想："还不赖。"毕竟你没有遭遇惨败，比如输个0：5，0：6或是0：7——这会严重影响你的净胜球数，特别是当你离降级区不远时，这种影响会更大。你很难接受自己这样想："结果本可能会更糟。"我很难接受,感觉有点儿像在抢劫自己家的球迷。

我们注定将遭遇豪门,但我很不喜欢"豪门"这个词,感觉好像还没开始比赛自己就已经败了。不管怎样,我们跟他们身处同一个联赛。我觉得自己很善于发现球员的长处而非不足。当我们输掉与强队的比赛时,我会失望,但从来不发脾气。一位主教练最怕的感觉就是认为自己的球员没有为他尽心尽力。如果你有这样的疑虑,自尊心就会受到伤害。执教桑德兰的美好之处就在于,从来没有人给我这样的感觉。你想让自己的球队像你一样去踢球。虽然我一直认为我们需要更多球员,需要提高,但从来没觉得桑德兰的小伙子们会让我失望。我们客场打埃弗顿时输了个1∶7,但我知道球员们已经尽力了。是我太天真了。我们1∶3落后时,已经不可能赢下比赛了,而我还一直说"继续攻啊",一直觉得我们也许可以扳回来。

虽然我得到了曼联球迷的热情欢迎,但我并不喜欢带队做客老特拉福德。因为有太多大惊小怪,小题大做。克雷格·戈登表现不错,他证明了自己的身价不虚。但萨哈通过一次定位球机会帮助他们取得进球。

主教练们会说:"看到我们因为定位球丢球,我真的特别失望",好像运动战丢球就不会失望似的。大家普遍认为,防守任意球时应该保持阵形,扎紧篱笆,但对手完全可以用快速的进攻来让你的防线毁于一旦。而且,不管防守组织得多严密,关键还是要看球罚得怎么样。对手将球快速送入禁区,他们有球员等在那里准备发起进攻。比赛中,你可没有其他机会在禁区里囤积七八个球员等待攻击球门,大部分破门得分都来自于定位球。"你永远不应该丢定位球"——我们差不多是被洗脑了,才会这么想这么说。

赛后我们去了亚历克斯·弗格森的办公室,跟他的教练组喝了一杯,但弗格森一直没有出现。我觉得这不太合规矩。几天后他打电话来道歉，说他赛后有急事就先走了，而且他已经等了我很长时间。我说他应该跟我喝一杯，就像他对待其他所有主帅一样。他没有对我和我的教练组表现出足够的尊重。

我们已经联赛三连败了——维冈、利物浦、曼联。你不禁怀疑下一场胜利何时才会到来。你开始理解为什么有的俱乐部可以10场、15场不胜。也难怪我们会排名垫底，但我觉得自己当时还是挺冷静的。我们刚刚升级，我在这个岗位上依旧没什么经验。人们依然在给予我宽容——也是一丝喘息的空间。

雷丁来到我们的主场，我们取得了胜利，比分是2∶1。这个结果很重要。肯韦恩和罗斯为我们进了球。我们客场战平了米德尔斯堡。这场平局已经很好了，因为利亚姆·米勒最后时刻才扳平了比分。我们依然能在最后时刻进球。

在光明球场1∶2负于布莱克本是一个让人很难接受的结果。赛后，我的心情跌到谷底，我本来以为这场比赛我们应该能赢的。客战阿森纳，我们开场10分钟就两球落后，我当时觉得他们最终可能会进七八个。但我们扳平了比分，最后以2∶3败北。

我们已经面对过利物浦、曼联和阿森纳。虽然我们使尽浑身解数，拼得很凶，但还是输掉了比赛。虽然我觉得我们踢得不错，但这种想法没有成绩作为支持，总有些站不住脚。

与阿森纳一战赛后，我们没有收到与阿尔塞纳·温格喝一杯的邀请。显然他对这种传统并不感冒。但我还是去找了他，我想跟他见个面。我看着某些主教练时心里会想："他们的经验可真丰富。"似乎他们全身的毛孔都散发着经验的气息。所以我们走了进去。他很惊讶，但无比友善。阿森纳很有一些胸怀。

与西汉姆的比赛对我们来说很重要,我们需要拿下这场比赛。两队都处在积分榜下半区——就像联赛中的小联赛。你必须从这些球队身上拿分,而从大球会那里得到的每一分都是意外之喜。格兰特·利德比特击中横梁,如果这个球进了我们就将以 2 : 1 领先,肯韦恩已经打进一个球。但我们最终还是 1 : 3 输了。他们的其中一个球是这样进的:球击中立柱反弹回来,打到了扑救倒地的克雷格身上弹进了网窝。胜利和失败之间往往只有毫厘之差,这又是一场让人很难接受的失利。

我们在主场战平富勒姆。哈尔福德再次被罚下,现在我对他已经忍无可忍了。肯韦恩又进了球,那时是 10 月底,他在 12 月份再次斩获进球,直到 3 月才破荒。肯韦恩就是这样,这种情况在射手身上经常会发生。我们平均每场打进一球,所以每周都踢得很艰苦。在一支步履维艰的球队打前锋,你需要每月贡献一两个进球。但是如果他们没有那么高效,你就麻烦了。

客场打曼城,斯蒂芬·爱尔兰(Stephen Ireland)凭借一脚凌空抽射为对手破门得分,然后拉下了他的球裤,他穿了一件超人的内裤。以 0 : 1 败北令人痛苦,因为你觉得自己离一分是那么近。输个 0 : 2 可能还更让你高兴一点儿。

我们的成绩低于 1 场 1 分的目标,12 场比赛只拿到了 9 分,深陷降级区。我们差不多已经习惯了,但并没有任何自暴自弃的想法。我忧心忡忡,但自信能带领球队逃出降级区。作为一个团队,我能感受到大家脱离困境的信心。相信自己——这是一种优秀的品质。

纽卡斯尔于 11 月份造访桑德兰。这是我的第一场德比战,气氛真的很棒,我也因为没有输球而长出了一口气。虽然我们面对纽卡斯尔的过往战绩不佳,但我们本来应该赢下这场比赛的。我们曾一度以1∶0领先——丹尼·希金博瑟姆收获一粒进球,但他们扳回一球。詹姆斯·米尔纳(James Milner)的传中打在远门柱上弹进球门。乔普拉在比赛临近结束时头球击中横梁。这样一场比赛过后,你会觉得:"我们本来可以赢的。"但下一场比赛,我们遭遇了重创。

我不擅长给大家播放励志视频或发表励志演讲,但在抵达古迪逊公园走下大巴之前,我们给全队放了《挑战星期天》(Any Given Sunday)中阿尔·帕西诺(Al Pacino)最后那段演讲。他扮演一位美式橄榄球教练,他演讲的主题是坚忍和永不言弃——"在这支球队里,我们为每一寸草皮而奋战。"然后我们上场输了个1∶7。

我从未经历过这样的事情。埃弗顿送给我们一场屠杀。大卫·莫耶斯赛后的表现非常好。我们没有进行无关痛痒的寒暄。我记得他把我带到一个私密的房间,只有我们两个人,他肯定已经知道我的处境会很糟糕。他说:"坚持下去。"那天,他向我展现出了真正的慈悲心。

这场失利严重地打击了我。我回到家,回到了曼彻斯特,几乎48小时没有下床。有人建议我要尽快往前看,但我做不到。我甚至两三天都没有洗澡,我在惩罚自己。当我们落后三四个球的时候,我甚至都没有找借口说服自己接受这场失利,而是让球员不断进攻。接受失败,别把情况弄得更糟糕。但是我没有,我对大家说:"继续攻。"我有时会觉得自己让球员们失望了。我承担了全部责任。荒谬的是,我们还是有过几次良机。我们1∶3落后时,乔普拉错过了一次绝佳机会,我们本来可以把比分变成2∶3的。

到最后,我知道自己还是得回去工作,但我记得自己直到周五才去了训练场。

我觉得自己在某种程度上需要这种自厌情绪。我不想第二天早上醒来就对自己说:"啊,好了,现在一切都过去了。"

有时,我们想要采取更聪明的战术,就会安排一名拖后中场。这个角色十有八九都是由德怀特·约克来扮演。

你只有三四种阵形可以选择,但这不是说你就无法改变比赛了。你可以做些微调,做些改变,你可以在适当的时间换人。布莱恩·克拉夫和亚历克斯·弗格森会尽量保证战术的简单性。我执教时采用的战术就非常简单,这就是一项简单的运动。传球,然后跑动,努力比对方多进一球,赢得与对方的拼抢。

约克在职业生涯晚期一直在特立尼达和多巴哥国家队打拖后中场的位置。升级成功的那个赛季,我们就把他放在中场,但在踢英超联赛时,我们有时会在他前面安排两个人——也就是让他打马克莱莱的位置。在面对实力更强的球队时,比如主场打阿森纳,客场打曼联,对阵类似切尔西这样的豪门俱乐部,如果我们觉得自己的中场扛不住对手,想更偏重于防守,就会采用这样的战术。我们不经常这样打,但一旦如此我们就会深受其害,因为我们扛不住对手。我会排出 4-4-2 阵形,然后对球员说:"加油,去跟他们拼了!"

现在我的想法已经完全改变了,但当时,我觉得采用拖后中场战术基本就等于举白旗投降,这种想法很荒唐。许多顶级球队都会这么做,但我从小就是踢 4-4-2 长大的,明白自己的长处在哪里并没有错,但我们已经在太多场比赛中被对手看穿。整个赛季我们只赢了两场客场比赛,这个战绩也许和其他的升班马球队差不多。我本来可以更精心地布置战术，争取多拿到几场平局，但是本性难移。赛季开始时的升班马——阳光、新的臂章、更高级的酒店——连走路都带风。大家都会斗志昂扬，但明智的做法是，保持冷静，接受平局。而且，采用拖后型中场战术也不一定就等于满足平局。你依然可以打反击。但是如果手头没人，战术布置得太精密也没意义。我们经常要面对一些恶仗，而且我们的优势在于良好的更衣室气氛。

我不记得那场比赛的对手是谁了，只记得那是一支打三中场的球队。由于是主场作战，我采用了双中场战术。桑德兰球迷不太喜欢三中场，"太娘炮了，打起精神战胜他们"。我们上了双前锋和两名边锋。所以那次我们在中路的人手比对方少。约克累得有点儿上气不接下气。当时他已经三十四五岁了，要面对对方中场的三个人。

有人受伤了，于是约克趁这个机会朝我跑过来。

"头儿，头儿，你知道，他们多一个人。我们应该怎么办？"

我对他说："约克，你得多跑一点儿。"

他说："好的，好的。"然后跑了回去。

那是我能想出来的最好战术了。我相信他以为我会拿出一块画板，就如何应对这个问题给他上一堂大师级的课程。

今天想来，我当初应该更谨慎一些。但身在桑德兰这样的俱乐部，身在一支升班马球队，你很难保持谨慎。你会很容易被看台上球迷的情绪冲昏头脑。我们更多的是用心而不是脑子踢球。"走，让我们去挑战全世界！"我当时其实真的应该这样说才对："喂，听着，一步一步来，咱们先保证不被对手击败。"

但是，如果你升级成功，就意味着你已经养成了赢球的习惯——所以你才会升级。你会努力把这种习惯带到英超的比赛中。

我们14场比赛获得了10个积分。经历了开局几场比赛的水土不服后，我就想到了基本上会按照这样的节奏发展。这个赛季会很艰难，保级将是我们的主要任务。

打完埃弗顿我们很快恢复了元气，击败了德比郡。德比郡当时的情况也不好，但这依然是一场重要的胜利。我们在面对排名相近的对手时表现还可以，尤其是在主场，我们也必须做到这一点。伤停补时阶段，斯托克斯打进了致胜球。我们又在最后时刻进球。

回顾当时的赛程，要想保级，有三四场比赛是我们需要拿下的，这场是其中之一。德比郡在赛前的那一周刚刚解雇了主教练比利·戴维斯，由保罗·朱厄尔（Paul Jewell）接任。我还以为他们会因新主帅的到来受到一点儿激励，但我们赢了。上周丢了7个球之后，我让克雷格·戈登轮休。我的意思是"轮休"，而不是弃用。我们赢了球，但卡洛斯·爱德华兹断了腿，这对我们是巨大的损失。

我们前往切尔西，输了个0∶2。我们踢得很努力，但像这样的比赛输两个球你可以接受。利亚姆·米勒因为推搡皮萨罗（Pizzarro）吃到红牌。虽然16场比赛拿到13分，离一场一分的目标不算太远了，但我们再次跌入了降级区。

我将里基·斯布拉吉亚（Ricky Sbragia）带到俱乐部。他在博尔顿效力过，我是在曼联认识他的。我当时一门心思想着扭转局势，而里基是比较偏重防守的教练，我觉得他会帮助我们。我将尼尔·贝利调到培训队，也就是通常所说的预备队。但我本来应该让教练组保持原状的。

我们在主场战平了维拉，到手的 3 分被抢走了。最后时刻我们进了一个球，丹尼·科林斯（Danny Collins）通过任意球头球破门，但被判无效，真是耻辱性的判罚。丢掉的两分以及胜利对我们极其重要。后来，我看到报道说，赛后我在球员通道追着主裁斯蒂文·本内特（Steve Bennett）理论。我要去更衣室无论如何都得走那条路，难道我应该从停车场绕道走？

圣诞节前在雷丁的比赛，是我唯一一次作为主教练真正动气。我之前也发过脾气，但我都是在"利用"自己的脾气。这次我"利用"了自己的拳头。我抓住一名教练，把他的头按在桌子上，想把他的领带扯下来。他是雷丁的教练组成员，不是我们的人。

当时是上半场，局面很胶着。也许压力正逐渐压垮我——我也不知道。执教雷丁的是斯蒂文·科佩尔（Steve Coppell），和他共事的有两个家伙：沃利·道恩斯（Wally Downes）和凯文·迪伦（Kevin Dillon）。我朝他们的替补席看去，凯文·迪伦也看了过来，叫我浑蛋。

我说："你在说我吗？"

他说："没错，没错。你一直都在针对裁判。"

我什么都没说。我从来没和对方主教练或教练组成员起过争执，从来都没有。

到中场休息时，我跟着凯文·迪伦一起走回通道，我说："你刚才是叫我浑蛋吗？"

他说："谁让你一直揪着裁判不放。"

我说："我一个字都没对裁判说过。你叫谁浑蛋？"

但我还是回到了本队的更衣室，再也没考虑这事。

下半场，我们的分数再次在伤停补时阶段被抢走了。斯蒂芬·亨特（Stephen Hunt）打进一球，远端的边裁觉得球越过了门线。其实球并没有进，但他们还是判进球有效。这对我们又是一个巨大的损失。比分还是1∶1时，肯韦恩已经撕破了对手的防线，差点儿在伤停补时阶段为我们拿下比赛。但我们不仅没赢，反而输了。

比赛结束后，我正走下台阶，突然看到沃利·道恩斯跟我的球员一一握手。

"不走运啊，小伙子们。"

你一般不会看到教练组成员和对手球员握手，对此我什么都没说。这对雷丁是一场关键的胜利，他们大肆庆祝。我走进了本方更衣室，我并没有对球员生气，更多是对那个判罚不满。我对球员和教练组成员说："好吧，我们都很失落。但不管怎样，我们是桑德兰，要展现出一点儿风度。我们接受这个结果，我们要往前看，为下周做好准备。"

球员们在收拾自己的东西，而我在等着教练组成员一起去和斯蒂文·科佩尔以及雷丁的同行们喝一杯。虽然我不想，但还是觉得："我们是桑德兰，得行事大气些。"

教练组成员们都磨磨蹭蹭的，于是我说："我先过去了，一会儿你们跟过来。"

我走进了斯蒂文的办公室，沃利·道恩斯和他们的足球总监尼克·哈蒙德（Nick Hammond）都在。凯文·迪伦也坐在那里。

我说："干得漂亮，伙计们，干得漂亮。"

沃利就在我面前，我说："沃利，你经常会在刚刚击败对手后跟他们的球员握手吗?"

他说:"是啊,罗伊,没错,是的。"

就在我跟沃利说话的时候,凯文·迪伦站了起来说:"别来这儿给我……"

我一把抓住他,把他的头按在桌子上,扯起他的领带。

"我警告你……"

尼克·哈蒙德抓住了我。

"你在干什么?!"

"你……"

"滚出我的办公室!"

我说:"去你的,滚吧——"

迪伦说:"你对我发什么火?我是桑德兰人。"

我说:"去你的。"

然后我走了出去。

我的教练组成员还没来。

那晚我本来就没打算和球员们一起回桑德兰。我要回曼彻斯特的家,所以有辆车在等着我,准备载我去希斯罗机场。

10分钟后我的电话响了,是我的某个教练组成员。

"一切还好吗,头儿?"

我没有告诉他们在斯蒂文·科佩尔的办公室里发生了什么。后来,他们去找我了,但我那时已经走了。

"我还好,大家呢?"

有人跟他们说:"你们的主教练刚对我们一个教练组成员动了手。"

我们的门将教练雷蒙德·范德胡说:"好吧,那我们还能吃个三明治吗?"

"不能,我觉得你们最好离开。"

两场不幸的失利以及身处降级区,我是因为压力才会有这样的反应吗?我不知道,不过我觉得,即使我们位居榜首,我也会对迪伦动手。

这段时间我们的战绩不佳,经历了三连败,然后曼联将在节礼日造访光明球场。

赛前一晚,也就是圣诞夜,我们住在杜伦附近的瑞塞霍尔酒店(Ramside Hall Hotel)。为了给球员更多时间与家人团聚,我们大约九十点钟才集合。我告诉球员和教练组成员,如果他们愿意的话可以喝一两杯啤酒。我的想法是,这样可能会帮助他们在与曼联的大战前放松。但这基本没有任何作用。因为他们打了我们一个4:0。鲁尼表现出色,罗纳尔多也状态正盛。那场比赛有47000人到场观战。也许是我的自尊心在作怪,"跟他们拼了",导致我们有点儿门户洞开。罗纳尔多在半场结束前打进的任意球将比分变成3:0,也终结了我们拿分的希望。

赛后,弗格森来到我的办公室喝了一杯。他走时对我说:"给我打电话,咱们聊聊乔尼·埃文斯的事情。"

他能看出我赛后的情绪低落,我猜他当时看着我心里想:"他需要一棵救命稻草。"

那似乎是他唯一一次对我表露出慈爱:"我会帮你一把。"

他让我猝不及防:"他真的还有点儿关心我。"

尼尔联系了大卫·吉尔,我们也得到了乔尼,但租借费不菲。所以,虽然弗格森对我表现出了慈爱,但生意还是生意。不过重要的是,乔尼发挥了巨大的作用。

从现在开始，每个主场比赛都将异常关键。在与曼联一战四天后，我们迎来了博尔顿队。我们以 3∶1 获胜。那是基兰·理查德森受伤后第一次打满全场，这对我们是极大的鼓舞。这是我们 14 场比赛以来的第二次胜利。新年之前，我们离开了降级区。当然，赛季结束时离开降级区才重要，但这场胜利给了我们一些心理安慰：新年之际，如果还身处降级区，总会让人背上包袱。

我们在 2008 年的首场比赛是做客布莱克本。下半场刚开始我们得到一粒点球。约克是我们的罚球手，但迪恩·怀特黑德代替他踢了这个点球。他罚丢了，布拉德·弗里德尔（Brad Friedel）把球扑了出去。然后布莱克本骗得一个点球并命中，我们 0∶1 告负。赛后我怒不可遏，我指责约克没有主罚点球。我猛烈地批评了他，并臭骂了他一顿。

"你临阵脱逃了。"

这话可能有点儿重，但他本来应该主罚点球的。他也全盘接受了我的责骂。

因为之前排名在我们之下的维冈战平了利物浦，所以我们又掉回了降级区。

转会窗重新开启，我们租回了乔尼·埃文斯。菲尔·巴德斯利（Phil Bardsley）也来了，他同样来自曼联。我们从奥尔堡（Aalborg）引进了拉德·普利卡（Rade Prica），以及查尔顿的安迪·里德（Andy Reid）。这四名球员当中，在我们队表现不错的是三名我之前就认识的球员。拉德得到了球探的强烈推荐，但他的贡献并不是很大。

理想情况下，如果你对一名球员有兴趣，你会尽力观察他，可能要观察个 10 场比赛吧，看看他在不同环境下的表现——主场比赛，客场比赛，或是德比战。主教练无法那么频繁地前往现场看球员的比赛，所以他要依赖球探的推荐和比赛录像。我们需要一名射手，球探向我推荐了拉德。如果你对一名球员并不很了解，你就会尽量采用租借的方式。但拉德花了我们一两百万英镑。我看了他的一些比赛录像，对自己所看到的好像也并不满意。但教练组和球探极力促成——"他就是答案。"我赌了一把，但事实证明他不是答案。

我打电话给马克·休斯询问罗比·萨维奇（Robbie Savage）的情况。罗比并不在布莱克本的主力阵容内，我问马克我们可不可以做笔交易，永久转会或租借都行。

火花说："好啊，好啊，他在这里挺不顺的，但他依然可以为你做点儿贡献。"

罗比的速度有点儿不行了，但我觉得长发飘飘的他可能符合我们的需要，能提升球队的士气，就像约克那样，成为更衣室里的大佬儿。

火花允许我联系罗比，所以我拿到了罗比的电话号码，然后打给了他。电话转到了语音信箱："嗨，我是罗比，什么事啊！"就像百威啤酒的广告。

我再也没给他打过。

我想："我可不能签这种人。"

我们在足总杯第一轮比赛中以0∶3再次负于维冈，直接被淘汰出局。这场比赛再次向我证明，如果你队里没有足够多的顶级球员，轮换是不会有效果的。之前我在联赛杯面对卢顿时也犯了同样的错误。在杯赛中走得远一点儿可以有助于你保持良好的势头、建立信心。但是我们没有得到这个机会。

我们在主场2∶0击败朴茨茅斯，基兰·理查德森梅开二度。

我们把希望都寄托在主场比赛上了，我们在客场控球不够好。截然不同的环境，长途跋涉，主队身后的球迷——他们会让自己的球队拥有额外的优势。

主队已经习惯了这种环境，而且很多球队都和我们一样，努力在主场争胜，在英超拿下客场比赛一般是非常艰难的。切尔西、曼联、曼城——"想在那里赢球肯定不容易。"当然，客战诺维奇的难度要小一些，但从桑德兰到那里的旅途也够辛苦。有一次我们去伯明翰，更衣室的门被锁上了，我们得等很长时间。要么就是我们信了主队的邪，到得太早了。我们得在那儿坐上几个小时等待比赛开始。我们桑德兰就不玩这种把戏，我总想让客队给予我们高度评价。

主场赢，客场输，主场赢，客场输，已经成了一种模式。我们造访托特纳姆热刺，输了。伯明翰来做客，我们赢了。我们的新援普利卡进了球，但那之后他基本就没怎么踢过球。我们跃升至中游，因为我们基本没有平局。我们前往利物浦，他们以3∶0击败了我们。基兰·理查德森又受伤了，他伤了腿筋，这场比赛我们急于让他复出，因为首发阵容迫切需要他。他是一名关键球员，也是前曼联球员，他本人也渴望迎战利物浦。这真是个愚蠢的错误。

维冈来到我们的主场，我们终于以2∶0击败了他们，有46000人到场观战。迪克森·埃图胡（Dickson Etuhu）为我们首开纪录，那是一粒头球。我是从诺维奇引进埃图胡的，我们看上了他的体格。他是一名中场，对定位球有一套，不管是防守还是进攻。之前他一直在跟随尼日利亚队征战非洲国家杯。之后达里尔·墨菲打进另外一球，为他助攻的是安迪·里德。

面对维冈的胜利美妙、艰苦又丑陋。之后我们前往朴茨茅斯，被对手击败。卡努（Kanu）替补登场，我觉得我们有些球员对他太过于客气了，不铲不抢，侵略性不足。我们轻易就送出一个点球，由迪福（Defoe）操刀主罚命中。这已经是客场10连败了，我们向前攻得太猛了，我们本来应该更注重防守。

我们做客德比郡，0：0战平对手。这个结果很糟糕。德比郡排名垫底，而我们需要3分。迈克尔·乔普拉的一个进球被判越位在先。这个判罚太丢人了，他当时距离越位线还有两三码远呢。

但裁判的确是足球界最难做的工作，他们想必是很喜欢这份工作才坚持得下来！

从赛季开始到现在，我改变了许多东西。之前我并没有打算做这么多改变。尽管我引进的某些球员表现不太好，但总体来说球队还是在进步。我们依然在适应英超的要求。你不得不边打比赛边调整，除此之外别无选择。我们需要壮大自己的团队，需要增强自己的实力，需要更多经验。关键在于你要知道哪些事情需要做出改变，什么时候该顺其自然，这就是执教的艺术。对于那些上不了场或者被迫转会的球员来说，这的确很残忍，但足球的本质就是如此。

我将利亚姆·米勒放上了转会名单。他迟到得太频繁了。我厌恶他的借口，我告诉他我受够了。他的经纪人打电话告诉我利亚姆住在一个繁忙的交通枢纽区，很难把车开出来。

我雇用了运动心理学家比尔·贝斯威克（Bill Beswick），来吸取不同的意见——他能给球员提供不一样的见解。他一周来两三天，哪个球员或工作人员想和他聊聊都可以。比尔的办公室就在我办公室的对面，我马上就注意到许多工作人员都去见了他，这很出乎我的预料。所以我立刻想道："我必须解雇掉他们，他们肯定都在说我。"

但我不会这么做的，这件事让我明白，我必须关注自己的手下，确保他们一切无恙。他们需要感觉到自己的重要性。

运动心理学挺有用的，但只是在一定程度上。跟随英格兰队参加世界杯的运动心理学家斯蒂夫·皮特斯（Steve Peters）写了本名为《黑猩猩悖论》（*The Chimp Paradox*）的书，讨论的是你脑海中的那只黑猩猩。它主导着一切。我曾尝试读这本书，我的思想是很开放的，但我脑中的黑猩猩不让我读。

我们在埃弗顿做客光明球场的比赛中表现很糟，他们1∶0击败了我们。一周后，我们迎战切尔西，比分是一样的。

失望比兴奋更能让你记忆深刻，它激励你前行，因为你会感觉到痛苦。我享受胜利，但会有所保留。特别是在英超，你总这样说："天哪，看看我们下周面对的是谁。"

然后情况忽然发生了变化。

数据表明，我们就要降级了。

但是我们在做客维拉公园的比赛中取得了胜利，这是我们的第一场客场胜利。西汉姆来访，我们击败了对手。安迪·里德在95分钟的凌空抽射将比分改写为2∶1。在46000名球迷面前，我们再次绝杀对手，真是不可思议。那是我们第6次在伤停补时阶段进球。

这场胜利后，我们马上去西班牙待了三四天，晒了晒太阳。想象一下，如果这场比赛输了，我们该带着怎样的心情去西班牙？英格兰东北部天气阴冷，刮每小时60英里的风都算好天气了。外出这几天我们调剂了一下训练，大家伙儿可以晒晒太阳，连晚上都能坐在外面。到了赛季的这个阶段，其他球队都在苦苦挣扎，而你在放松心情，为自己充电。训练还是一样——球鞋一样，皮球一样，背心一样，球衣管理员也一样——但周围的风景变了。如果你能在回到英格兰以后踢几场好球，做什么都有理由。

我们回到英格兰,以3：1的比分客场战胜了富勒姆队。这场胜利来得很轻松,我们踢得很好。

作为主教练,我很享受赛后与其他主帅的闲谈。我享受的不是谈话的内容,而是享受与他们产生共鸣,期待听到他们智慧的迸发。我会想:"是什么让这家俱乐部取得成功？"或者"他们的教练组是什么样的？"所以我去见了富勒姆主帅罗伊·霍奇森（Roy Hodgson）和他的助教雷·利文顿（Ray Lewington）。这一幕跟一年前在斯蒂夫·科特里尔办公室里的情景很相似,只是少了些许幽默感。斯蒂夫将他的失望之情化作一个玩笑,但这次不同。他们说:"我们完了,我们完蛋了。"

太尴尬了。我喝了点儿健怡可乐,吃了块小香肠,然后我们就离开了。我记得自己当时想:"我的天,他们真的要完了。"

但他们最终保级成功了,罗伊得到了利物浦主教练的职位,现在他正执教英格兰队。

我们在3场比赛中得到9分,这几场比赛是提高我们场均分的关键战。乔普拉和肯韦恩在3场比赛中各自收获了2球,他们的状态来得恰逢其时。正是3月底到4月初的这两周为我们的保级奠定了基础。

曼城来访并取得胜利,他们在最后时刻才侥幸成功。与纽卡斯尔的客场比赛,他们以2：0战胜了我们,赛后我受到了指责。我想这是那个赛季当中球迷唯一一次对我有些不满。我在中场放了三个人,不过并没有安排拖后中场,而是使用了更偏重于进攻的阵形。我把安迪·里德放在锋线身后,并没有平行地放上两个正牌前锋。我知道德比对球迷的意义,他们也许觉得阵形过于保守。其实并不是这样，但每次输球别人就会认为你的战术出了问题。开场仅仅4分钟后我们就以一球落后——迈克尔·欧文头球破门。赛前双方就大打心理战，警察在开球前三小时就把我们带到了赛场，睾丸酮水平居高不下的球员们很快就觉得无聊起来，等待的时间太长了。乔尼和菲尔·巴德斯利因伤缺阵，这对我们是巨大的损失。

下场比赛又是一场德比，主场面对米德尔斯堡队，这是一场精彩的比赛。开场仅仅4分钟，我们就落后了。两分钟后丹尼·希金博瑟姆扳平了比分。乔普拉在中场休息前帮助我们取得领先。克雷格做出了几次神勇的扑救，但他们还是扳平了。我让达里尔·墨菲替补登场，他在最后时刻绝杀了对手——又是一记绝杀。他接到格兰特·利德比特开出的角球头球破门。这次，我们一往无前的态度帮助我们取得了胜利。这场胜利帮助我们成功保级。还有两场比赛，我们将留在英超。某种程度上来说，这场胜利是我们这个赛季的缩影——过程很艰难，但小伙子们坚持住了，我们在最后时刻取得了进球，勉强获胜。我们活了下来。

我想在下一场比赛中击败博尔顿，在降级的路上推他们一把。我已经在提前为下个赛季考虑了。我不想再打博尔顿了，比起其他跟我们水平相近的球队，他们有能力给我们制造更多麻烦。但他们击败了我们，保级成功。

赛季最后一场比赛，我们在主场面对阿森纳队。我们有一大把机会，但是他们最终获得了胜利。

总体来说，这是一段压力重重且艰难困苦的旅程，有点儿兵荒马乱，也有尔虞我诈。但是我们达到了自己最初设定的目标，在两年时间内，我们完成了升级，然后成功保级。

任务完成了。

我想在桑德兰留下自己的烙印,但我觉得自己并没有做到。我做得还可以,但在我自己看来还不够好。我们升级了,并在英超中场均拿到一分。从数据上来说,许多主教练都能够接受这样的结果,但是我想要更多,我们——包括我自己——本来可以做得更好。

第九章　分道扬镳

时至今日，我依然会花上好久去琢磨这几场比赛的结果，这就是主教练的生活。

我们刚刚勉强保级。本来我应该考虑的是下赛季的保级问题，或者稍微比上个赛季更进一步。但我犯了个大错：我决定要让球队进入前 8 名。这真是疯了。我们刚刚以 3 分优势保级，位列英超联赛第 15 名。我们的下一个目标应该是最终比降级区高六七名，但我觉得，我们既然能保级成功，就会在下个赛季强大得多，也会聪明得多，因此我们将在积分榜上大幅蹿升。

要想在英超站稳脚跟得花上四五年的时间。总有球队在升级后的处子赛季表现不错，而在第二年就遭遇降级。别想着一口吃成个胖子，要让你的球员和球迷知道：未来两年如果能留在英超，就是伟大的成就，我们已经在创造辉煌了。

我们保级成功了，但我一直考虑的却是那些惜败的比赛。我开始把这些分数加到我们的总分里，"嗯，明年我一定要拿下这几场比赛，得到这些分数我们就能进入积分榜上半区。"但我却忘了，有些比赛我们是在最后一刻才拿下的，也许明年就赢不下来了。不，我们会再次战胜那些手下败将，并与一直没有击败过的球队缩小差距。

我没有大肆张扬自己的想法，但我真的是这么想的。真疯狂，我应该提醒自己，仅仅两年前，我们还差点儿跌到英甲。

我们要买球员。俱乐部换了老板，他想把我们带到新的高度。"新的高度"是我们的行话，这样的事经常在其他俱乐部发生。更充裕的资金将带给我更加优秀的球员。

我得到了帕斯卡尔·齐姆邦达（Pascal Chimbonda）、泰穆·泰尼奥（Teemu Tainio）和斯蒂德·马尔布兰克（Steed Malbranque），他们都来自热刺。我从博尔顿引进了艾尔·哈吉·迪乌夫（El Hadji Diouf），从马赛租来了吉布里尔·西塞（Djibril Cissé），从富勒姆引进了大卫·希利（David Healy），还有来自西汉姆的安东·费迪南德（Anton Ferdinand）。我们还把乔治·麦卡特尼（George McCartney）从西汉姆签了回来。

我刚在桑德兰上任时，球员引进工作是在一片兵荒马乱中进行的，因为我们只剩几天时间。不过事实证明，那时引进的每个球员都表现得很好。但2008—2009赛季开始前，我们引进的这帮球员效果就不怎么样了。我在此之前买来的大卫·梅勒（David Mayler）表现不错，西塞也很棒，但他是租借加盟的。其他人都没有真正踢出身价。

对于像桑德兰这样的俱乐部，你需要某种特定性格的球员。我之前引进的球员丹尼·希金博瑟姆、保罗·麦克沙恩（Paul McShane）可能没有今年来的新援那么有天赋，但他们的态度更积极。我倒不是说新援们的态度不好，但他们只是不适合桑德兰。对于我们的核心理念，对于训练，对于这个地区，对于俱乐部的情况和要求，他们没有共鸣。

乔治·格拉汉姆（George Graham）道出了问题的本质：如果你要签一名球员，那他必须将这次转会看成是职业生涯的进步，否则，他就会觉得自己对球队有恩。特别是这些从热刺来的小伙子们，他们让我感觉到，他们认为能来到这里就是对俱乐部的恩惠。我之前引进的球员都把加入桑德兰视为挑战，但是这些新援，他们说不上一塌糊涂，但他们的求胜欲并不是特别强，也许还影响了之前就在队里的球员。

责任不全在他们，我一下子引进了太多球员。以前，我对自己买入的大部分球员都很了解。而在这批新援加盟之后，我对球队的期望更高了，这对他们不公平，也不现实。我想："你们比我现在拥有的球员实力更强，所以我们最终会进入前十。"

往昔之蜜糖，今日之砒霜。我不应该一下子引进七八个球员，而是应该把精力集中在引进两三个高水平球员上——两三个大牌。但问题在于，真正有实力的球员对于桑德兰来说还是可望而不可即的。

我们试图买断乔尼·埃文斯，给曼联开出了1200万英镑的价码。但他们的首席执行官大卫·吉尔却付之一笑。

"你是在浪费时间。"

尼尔不断提高报价的举动令他感到厌烦——800万，900万，1000万，直到1200万英镑。我们得不到乔尼了，如果能买到他那绝对是物有所值。

但一下引进这么多球员还是有点儿太过分了。我现在明白了，也很生气自己现在才明白。我们已经有了一些不错的球员，所以本来应该注重质量，而不是数量。

对于自己新签的球员，我总是心怀疑虑。比如今天我签了梅西，我也会说："希望他能适应这个地方，希望他喜欢桑德兰和黑暗的夜晚。"因为你对他们一无所知，你也什么都保证不了。你签下一名球员时可能会想："买他准没错了。"但他总有受伤的可能。每家俱乐部都买过贡献不了进球的前锋。

季前赛阶段,我们在葡萄牙打了一个小型的巡回赛。在法鲁(Faro)进行的一场比赛中,我们丢了一个球,我很失望。那是一记30码外的任意球。我不禁质疑克雷格·戈登要人墙是干什么用的。

第二天,我向几名球员发出挑战,让他们在30码处洞穿我把守的大门。我戴上手套,说他们如果能攻破我把守的球门,每进一球我就会给他们1000英镑。但是如果他们没有得手,就要给我100英镑。八九个球员排队等着,我知道克雷格和其他门将对此一定很生气。他们甚至都没看我的扑救技术,而是在一边做拉伸。我用指尖将球扑到了横梁或立柱上,最终力保城门不失。我从球员那里赢了800英镑,本来有可能输8000英镑的。我是想跟大家开个玩笑,但反而让气氛尴尬起来,可能还让门将觉得遭到了轻视,我真的不是这个意思。但我的确认为门将不应该被25码或30码以外的射门洞穿城池。我想,因为这件事,在之后的几周甚至更长的时间里,我失去了克雷格的心。

我们在揭幕战中输给了利物浦,和他们的比赛总是很艰难。但之后我们在热刺主场取得了漂亮的胜利,基兰·理查德森和西塞为我们进了球。

比赛当天上午,我们准备在伦敦散散步。差不多11点时,齐姆邦达迟迟没有出现,大家都在等他。

他迟到了15分钟。

我告诉他:"你真是个笑话,连散步都迟到。"

他一副"这有什么啊,哥们"的样子,满不在乎,没有丝毫歉意。似乎他的时间比我们的都重要。他刚刚来到俱乐部,就马上传递出错误的信号。那是11点,不是早上6点。如果他表现出一点儿歉意,我的反应肯定会不一样。

第九章 分道扬镳

那天下午的比赛他本来应该在我的首发名单里，但我雪藏了他，甚至都没让他坐上替补席。我们以２：１获胜。赛后，大家在更衣室里欢呼雀跃，齐姆邦达在大家中央跳来跳去。我看着他心想："你个浑蛋，连胜利都不让我好好享受。"

他没有坐在那里对大家说："真不敢相信我迟到了，我们的赛季才刚刚开始，而我差点儿让全队付出代价。"而是跟大家一起蹦蹦跳跳。这件事跟他之前迟到一样让我感到愤怒，也为未来将要发生的事埋下了伏笔。

曼城在我们的主场以３：０获胜，真是个糟糕的结果。我们在客场战平了维冈，但我们本来应该取得胜利的。我们有过几次很好的机会。4场4分。我们输掉了前两个主场，但在客场踢得不错，几乎和上个赛季完全相反。

但之后我们在主场击败了米德尔斯堡，这在任何时候都是一场重要的胜利。5场7分。然后我们输给了维拉，他们的进球来自一记任意球。我方人墙中的两个人在起跳时倒没有躲球，但也没有站住自己的位置。这两个人是迪乌夫和齐姆邦达。

迈克尔·乔普拉来见我，告诉我他有赌瘾。他告诉我自己输了多少，我知道真正的数字可能比他说出来的多得多。我替他打电话给"胜负对等"诊所，跟彼得·凯伊（Peter Kay）聊了聊，他和托尼·亚当斯是这家诊所的联合创始人。彼得以前就来俱乐部跟球员们谈过他们可能会遇到的诱惑：酒精、赌博、毒品等等。乔普拉、彼得和我之间达成协议，乔普拉会去位于汉普郡（Hampshire）的诊所治疗一个星期左右。他对我们很重要，所以他的缺席可能会对我们造成影响。也许我们的态度是错的，或者说太天真。我们以为让他去那儿待上一周，他肯定就好了。

我们不得不在缺少了肯韦恩·琼斯的情况下开始新赛季。他于 6 月在特立尼达和多巴哥与英格兰的一场友谊赛中受了伤。在与该死的大卫·詹姆斯（David James）一次不必要的冲撞中，他的膝盖严重受伤。我们在没有主力前锋的情况下开始了新赛季，因为他在一场无关紧要的友谊赛中受了伤。这场比赛不是安排在赛季末，而是暑假当中进行的，而这完全是出于政治目的。英足总认为，如果他们同意打这场比赛，国际足联副主席杰克·华纳（Jack Warner）就会在申办世界杯时投他们的票。结果我们失去了肯韦恩，而华纳也没给英足总投票。赛季开始后，华纳打电话给我，告诉我肯韦恩入选了特立尼达和多巴哥国家队阵容。那时，肯韦恩的伤远没有好，离做好上场准备还差着十万八千里呢。华纳不知道，也不在乎。他告诉我自己有多么位高权重，还对我说话的语气提出抗议。当时我叫了他小丑，他其实还不如小丑呢。

德怀特·约克可能是我最成功的引援。他是大牌，在训练场上的表现也很好。前一个赛季结束后，他的合同到期了。他帮助我们升级，帮助我们完成保级重任，但我还是让他以自由人身份走人了。

我说："你知道吗，约克，我们没给你准备合同。"

所以他走了。但是夏天临近结束时，我们达成的转会交易还寥寥无几。所以我打电话问他愿不愿意再干一年。我们达成协议，他不会再代表国家队出战，当时他已经 35 岁了。本来我们已经告诉他不再需要他，但他还是回来了。他还把这些事都抛在了脑后。我觉得他知道我在想什么，他知道我在寻找年轻一点儿的球员，因为他们拥有更快的速度和更充沛的精力。

但他决定再次为特立尼达和多巴哥效力。我们在这件事上发生了意见分歧，不过我们也没有感情用事，没有相互谩骂，也没有互不理睬。

我说："不敢相信你还要回去踢球，你都三十四五了。"

他解释说为国出战会有一些经济上的奖励，但这也不能让我满意。我只是觉得他不够专注。有几次，他在训练中显得心不在焉，于是我把他和其他一两个老球员一起放在了板凳上。我们在联赛杯中主场迎战北安普顿（Northampton）。球队一度以0：2落后，每到这种时刻我肯定会抓狂。但我们在伤停补时阶段打进两球，最终在点球大战中胜出。

那天晚上我也没让约克上场，点球大战时他一直站在球员通道的尽头。一般来说，场上进行点球大战时，替补席上的球员都要站在一起，但约克却显得漠不关心，这激怒了我。接下来的一两场比赛中，他仍然被我排除在大名单之外。他的态度有点儿让我失望，其实我一直都计划着让他重回主力阵容。我只是觉得，当球队处于困境时，他本可以更投入一些。我猜约克的理由是他已经被扫地出门，不在一线队的计划里了。我的确让他和预备队一起训练了一两周，他可能觉得有点儿委屈。也许我应该把他拉到一边说："约克，别这样啊，打起精神来吧。"

作为主教练，你很快就明白你对球员的依赖多过球员对你的依赖。

虽说命运掌握在自己手中，但有时你依然需要幸运女神的垂青。

10月的一场比赛，我们在光明球场1：0领先阿森纳。进入伤停补时阶段，他们扳平了比分。法布雷加斯凭借一次角球机会头球破门。

那是我职业生涯的转折点，我们的赛季开局好坏参半。如果击败了阿森纳队那该多好，面对豪门的一场关键胜利，正是我们需要的强心剂。我们造访富勒姆，基兰·理查德森通过任意球得分，但裁判判罚此球无效。他说是因为有人往人墙里挤。那人正是齐姆邦达。那是我们的任意球，我不明白他为什么要往人墙里挤。基兰又得到一次任意球机会，球三次打中门框，先是从横梁上弹出，然后打到了门柱，直直地滚过去击中另一侧门柱。如果我们拿下这两场比赛，就会排名联赛第五或第六了。

时至今日，我依然会花上好久去琢磨这几场比赛的结果，这就是主教练的生活。

俱乐部的新东家埃利斯·肖特（Ellis Short）来到了俱乐部，他来势汹汹。我们买新球员时他还没正式入主，一直在忙着成为球队的大股东。

我的合同到了最后一年。尼尔和迈克尔·肯尼迪私下里谈了不少次，但什么都还没敲定。由于新老板的到来，我也有了一些自己的想法："先看看情况再说吧。"

埃利斯·肖特更喜欢染指日常工作，他比之前的老板更爱给我打电话。我也慢慢习惯了，但我不觉得他很懂足球。他会给我发一些古怪的短信，比如：你们要面对枪手了，必须击败他们。他还往训练基地给我打过几次电话，他会问我球员的情况，以及某些球员为什么不上场。他问我为什么弃用齐姆邦达，我打算怎么处理这件事。这对我来说很新鲜，我经常会和尼尔随意聊聊，比如某个球员什么时候伤愈复出，我们追求的球员等等，都是很普通的话题。但之前的老板一直放任我管理球队，跟他们一起开会我丝毫不会觉得拘谨。他们很懂俱乐部管理，但我从来没感觉到来自他们的质疑。但埃利斯·肖特的电话让我有点儿厌恶。

我也很幼稚。我曾说过："我们应该拿到第8名。"实际上，第14名就已经是一个远大的目标了。也许在英超取得成功的关键就是降低期望值，保级是第一要务。这件事成为了我和新老板关系恶化的导火线之一。我告诉他："没错没错，我们会成功的。"然后当我们遭遇多人伤病，战绩也不好时，他不可能觉得满意。

接下来战胜纽卡斯尔之后，我们9场比赛得到了12分。那也是我们俱乐部30多年来第一次在主场击败纽卡斯尔。比赛打得紧张激烈，让人激动不已，西塞和基兰为我们取得了进球。比起我刚来俱乐部的时候，现在我们的球员水平已经上了一个台阶。我们打得非常好，我想那是我在桑德兰最快乐的一天。

所以，周中对阵斯托克城的失利就很让人失望了。如果能咬咬牙在那里拿到一个理想的结果，哪怕只是一分，就真的标志着我们进步了。我们能接受在战胜纽卡斯尔的兴奋之后遭遇低谷吗？不，我们不能。

切尔西5：0痛击了我们，但他们能以同样的比分击败任何球队。真正致命的是主场面对朴茨茅斯的比赛。我们不断冲击对手，但他们在伤停补时阶段通过一粒点球完成绝杀。送出点球的是以替补身份登场的迪乌夫。他将脚高高抬起，蹬踏了对方球员。那是一个让人难以置信的犯规。

赛后，我在更衣室里问他："迪乌夫，你在干什么？"

他说："嗯，我只是想铲球。"

我想，在我换上他时他就很生气，他因为没有获得首发位置而感到失望。

那段时间我们不好过，不过也没有那么困难。我们现在依然能保持场均一分的战绩。但同时，我即将离任的传闻也甚嚣尘上。传闻说我对大家都发过脾气，说我已经受够了。这完全是无稽之谈。在桑德兰和纽卡斯尔，每隔几个月就会有重磅传闻，现在我只是面对其中的一个而已。我的确是缺席了一两天的训练，但我时不时就会这样做。我想给大家一些空间，让大家在没有我的情况下自由安排训练。我会去其他地方和别人见见面，或者亲临现场看看其他球队的比赛。这只是暂时离开训练场，而不是逃避工作。我觉得主教练总是跟大家待在一起不是个好主意。但这次的传言却说，我完全不管球队的训练了，而且也不会出现在下一场与布莱克本的比赛中。

在与布莱克本一战的前一晚，我们住在曼彻斯特的希尔顿酒店。我错过了晚餐，当我抵达的时候，我记得是约克对我说："哦，我们听说你辞职了。"

这件事在我们口中变成了一个玩笑。

第二天对阵布莱克本，我们在上半场结束时以0∶1落后。两个射手西塞和肯韦恩·琼斯毫无建树，就好像我们只上了9个人，中场休息时我狠狠地批评了他们。看似我做得太过火了，但我是在赌一个激将法。我觉得他们要么会用实际行动做出回应——"我们要让你瞧瞧"，要么就会生闷气。

下半场开始不到1分钟，肯韦恩就进了球。然后西塞也破门了，他跑到替补席跟我握手。真好，我真喜欢他这个举动。我想："干得漂亮。"我喜欢西塞的地方就是他能接受批评，不会生闷气。他会在被痛骂之后默默上场并打进致胜球。

形势又重新变得一片乐观。

但随后，我们先是在主场输给了西汉姆，又以1∶4负于博尔顿。压力开始大了起来。主场状态至关重要。我们在主场输给朴茨茅斯、西汉姆和博尔顿。我觉得球迷本不会太介意客场输球。但是我们在客场的表现还可以，主场却举步维艰。这是让人无法接受的，毕竟绝大部分的球迷还是在主场看你的比赛。

上赛季结束前，我本来希望能"帮助"博尔顿降级，但他们击败了我们并保级成功，我一直都觉得这支球队能给我们制造麻烦。之前一个星期，我去看了他们在米德尔斯堡的比赛。与我同行的有托尼·洛夫伦和里基·斯布拉吉亚，由我负责开车。我们聊到执教的话题，我问托尼是否曾有兴趣成为一名主帅。

托尼说："没有，没兴趣，我更愿意在球场上带队训练。"

于是我又问："你呢，里基？"

"没兴趣，绝对没兴趣！"

他的反应有些过度。

我和托尼都说："放轻松，只是问问而已。"

但里基说："我可不这么想。我可不这么想，头儿。"

我说："行了，里基，这真的只是个该死的话题而已。"

那天博尔顿3∶1击败了米德尔斯堡，他们的球员十分强壮，身体素质很好。一周后的11月29日，他们又以4∶1的比分击败了我们。数据挺荒唐的：我们控球率超高，而他们只有4脚射中目标。我们本来以1∶0领先，西塞这场比赛又进球了。但在经历了两三场主场失利之后，我们在面对主场比赛时太紧张了。

克雷格·戈登当时正受着伤，但我仍然让他上场。他说："好。"他想搏一下。比赛中他再度受伤，却依然坚持带伤作战。我觉得很难受，我本来不该让他上场的。我知道，有时我们必须要求球员带伤上场。但那一次我们冒的风险太大了。他非常不走运，当年在哈茨效力时，他从未缺席过一场比赛，出场纪录非常漂亮。但在来到我们这里之后，他不断受伤，而且他所受的伤对门将来说都很严重，比如手腕或脚腕骨折。

比赛结束后，场内嘘声四起，处处弥漫着失望的情绪。球迷们在嘘我，以及球队。是那种"我们忍无可忍了"的嘘声。

那晚我留在了桑德兰，第二天球员们来参加训练了。这不是惩罚，我们本来就计划让他们周日训练，周一放假。比赛第二天我们会让球员们过来检查一下，看看有没有人在比赛中受伤或者感到任何不适，这都是以防万一而走的正常流程而已。不过，如果再来一次，我会让他们在比赛第二天休息，一天后再过来。刚刚遭遇败仗，大家都很低落，再加上是周日，球员们都有些心不在焉。

那天早上我仍然感到气愤，不是因为我们输球了，而是因为我们以那样的方式输掉了比赛。我们没有缴械投降，一直都没有。从数据角度来说，我们的控球率非常漂亮，传球数是博尔顿的两倍。但我知道，球迷眼睁睁地看着我们输了个1∶4，跟他们解释这些是徒劳的。我们一直很紧张，是个人的失误导致了愚蠢的丢球。

不过我们没有争执也没有发火。我对球队糟糕的境况感到很失望。但我身处足坛差不多20年了，我知道事情还没那么糟糕。

周日下午的训练结束后我开车回家。半路，我把车停到了A19公路的边上。我精疲力竭，在车里打了个盹儿。印象中我从来没有这样过。

赛后，老板和尼尔都没有打电话给我，空气里并没有任何恐慌的情绪。但周一早上我和尼尔通了话，他那时正在葡萄牙打高尔夫。我不记得是谁打给谁的了，我们极少在赛后通电话。尼尔说，球员们来训练时脸上应该挂着微笑，这让我感觉他已经和一两个被排除出大名单的球员谈过了。

我说："我不觉得大家应该在输球后面带微笑。如果你想这样，你应该雇用'胖子'罗伊·布朗。"

我们的目标是赢下比赛，如果输了，感到沮丧也在情理之中。我们这番对话并不激烈，也没有多尴尬，但这是我到俱乐部两年多以来尼尔第一次谈及球队事务。所以感觉还是有点儿奇怪。但他是主席，有权力说这样的话。

后来，尼尔说他的用词不是这样的，他说的是想让"我"精力充沛，面带微笑地回到球队，诸如此类。

周二我依然待在家里，周三才启程返回桑德兰。那天晚上，我们的预备队将迎战曼联预备队，所以我将出发时间提前了一点儿。那周剩下的几天我将会一直待在桑德兰。我们将在周六面对曼联队。

我在开车的时候接到了老板的电话。

他说："我听说你一周才来一天。"

我说："一周来一天？你在说什么？"

"嗯，我听说的就是这样。"

我说："胡扯，我怎么可能一周才来一天？现在我就在回去的路上，我们周六有场比赛。"

他说他对输给博尔顿的比赛感到很失望，听起来语带不悦。

"你住的地方也不合适，你得把家搬过来。"

那已经是我合同的最后一年。我的公寓在杜伦，家在曼彻斯特，到目前为止，这样的安排照顾到了所有人的需要。

我说:"我们已经取得了一些成功,为什么我要在这个时候搬家?"

他说:"我觉得你应该住在这个地区,这很重要。"

我不确定自己是否说了诸如"你为什么不搬过来"之类的话。他当时住在伦敦。但我的确说过:"我不会搬,我的合同就剩最后六七个月了。"

如果是面对面谈,我们的对话也许就不是这样的。我可能会说:"如果我能续约就会搬来住,我可以理解你的想法。"

但我当时说的是:"之前这没有影响过我们的成绩。"

这次谈话结束得并不愉快。问题在于,我觉得自己应该住在哪儿跟别人无关,也不该有人指责我一周只来一天。

在足球俱乐部里,围绕着主教练总有些风言风语,传闻永远不会停。"他早上7点就来了""他和办公室的女孩儿睡觉""他是老酒鬼",或者是"他不合群""他对球员太友善"。我的生涯从头至尾都伴随着这样的传言。"布莱恩·克拉夫很少出现",这对我毫无影响。"杰克·查尔顿放任球员们喝酒",我们因此爱死他了。如果埃利斯·肖特真的觉得我一周只用一天管理球队,他应该安排跟我见一面。我觉得他跟我讲话时有种居高临下的态度,就像我只是被他踩在鞋底下的什么东西。我觉得自己一直以来做得挺好,至少到目前为止还不错。所以我想:"我可受不了这个。"

所以我把车又开回了家。

我在车里打电话给迈克尔·肯尼迪。

"听着,迈克尔,我不会忍受这种待遇。"

迈克尔给尼尔打了电话。尼尔也不知道为什么我和埃利斯·肖特的对话结束得如此不愉快。显然埃利斯·肖特对我如此不爽深感意外。

然后，在我得到消息之前，一切就结束了。

周二早上，托尼·洛夫伦联系到我。他听说里基将带队参加周六与曼联的比赛，我不会回去了。

迈克尔一直在和尼尔进行谈判。

尼尔发短信给我，说他会解决合同的问题。

尼尔一定很难做。

首席执行官彼得·沃克在几个月前就已经离开俱乐部，我仅仅跟尼尔一起见过他的继任者斯蒂夫·沃尔顿（Steve Walton）一次。

24小时之内我们达成协议，我将离开，我将得到遣散费，这一页将就此翻过。声明已经发布，一切都已结束。

我非常失望，但没有太过震惊，尽管事情发生得是如此突然。

后来，埃利斯·肖特说他对我在那通电话中的反应感到惊讶。也许这是真的，但他没有再给我打电话，看看是不是存在什么误会，或者安排我们再好好谈一谈。后来他说自己不是想质疑我的敬业程度，也不是坚决要求我把家搬到桑德兰。我觉得他对我的离开并不感到遗憾，而我也不想再替他打工了。

你输掉几场比赛，突然间大家都开始质疑你住在哪儿。

媒体报道说我走了，说我不干了，说我辞职了。但我没有辞职，我们双方同意分道扬镳。桑德兰发表的声明说：双方在友好的气氛中达成了一致。但我后来等了很久才拿到钱。

我收拾了自己在杜伦公寓里的杂物，但没有回俱乐部。托尼替我收拾了办公室里的个人物品。里基将接任我直到赛季结束，我不禁怀疑，一周前在我问他是否有兴趣执教时,他为什么会是那样的反应。

我没有辞职,也没有撂挑子。我说我无法再和埃利斯·肖特合作了。我们双方达成了协议。我不需要对埃利斯·肖特负责,而是要对主席或首席执行官负责。"撂挑子"是个不公平的说法。有时,身为主教练,你无法主动选择退出。

我曾见过其他主帅在经历了两三个月的糟糕战绩后才惨遭解雇。但我们的低潮期才仅仅持续了三四周,我在桑德兰的执教生涯就结束了。我们依然保持着场均一分的成绩。如果你能将这个状态保持10年,你也就会留在英超10年。

但一切都结束了。

时至今日,这件事依然让我感到难过。我仍然觉得自己应该是桑德兰的主教练。我真的喜欢这家俱乐部,也喜欢那些人。

我知道自己在很多事情上都该负有责任。我知道我应该对大家更宽容一些,我知道自己的引援工作应该做得好得多,从根本上来说,引援能够成就你,也能毁灭你。但说我工作不努力,或者偶尔才露面,这完全是无稽之谈。我知道什么时候该紧,什么时候该松,什么时候让自己重新充电,什么时候该让大家在没有我的情况下放松放松。

我们还有很多比赛要打,我知道我们将取得成功。

不久前我们还在谈续约的问题,而现在我已经离开了。低潮期总会有,但我觉得我应该得到带队度过低潮期的机会。还是那句话:我们的低潮期只有几周,不是几个月。

但埃利斯·肖特是新来的,我不是他亲自雇来的主教练,他对我没什么感情。我们升级的时候他不在,我还没有为他做出任何贡献。我本来应该对此有着更为清醒的认识。

或许雇佣关系永远都不会有好结果吧,这不是因为他是那种牛哄哄且邪恶的得州人,也不是因为我是来自科克的暴躁北方人。我只是不喜欢别人居高临下地对我说话。

接下来的那个夏天,斯蒂夫·布鲁斯打电话给我,他得到了执教桑德兰的邀请。

我说:"那你就去试试吧。"

我对马丁·奥尼尔也说了相同的话。

在我离开桑德兰几天后,约克给我发了短信:一切顺利。我回他:去死吧你。

几年前我还见到了他,我们一起参加了一场慈善赛。我们跟对方打了招呼,但没有深入地聊一聊。这真让人难过,因为我和约克曾经关系很好。我本该用不同的方法处理这些事。

第十章　惨遭解雇

也许我只是在找各种各样的借口。

第十章 惨遭解雇

在离开伊普斯维奇之后,我才恍然大悟:在我任职期间,俱乐部的老板、首席执行官和主教练从来没有聚在一起过。马奎斯·伊文斯(Marcus Evans)、西蒙·克莱格(Simon Clegg)和我从来都不曾共处一室。我们偶尔能有机会和俱乐部老板进行视频通话,但我们三个人就是没有过面对面的接触。我见过老板马奎斯,但是首席执行官西蒙并没有在场。要么就是他们俩见面的时候我不在场。我从没说过:"咱们三个见个面,商量一下引援怎么样?"我从没得到过这份信任,从来没有。

人与人之间是需要当面交流的。

最早是迈克尔·肯尼迪给我打的电话。尼尔出席了一个俱乐部老板之间的聚会,他在会上偶然遇到了伊普斯维奇老板马奎斯·伊文斯。我不知道他们之间聊了什么,反正结果是尼尔给迈克尔打了个电话,然后迈克尔联系了我。他问我要不要去伦敦见一下马奎斯·伊文斯。

于是我就上了火车,然后转乘汽车到了切尔西区的博尔顿大街。他的住处就在那里,距离艾利斯·肖特的住所只隔几扇门。

那时是4月,距我离开桑德兰大概有五六个月的时间。在最初的震惊过后，我开始渐渐怀念起教练的忙碌生活。事情并没有拖拖拉拉，当我得知一切都结束了的时候，一切就已经结束了。可能有人觉得这种态度有点儿冷酷，但我永远记得《魔鬼联队》(*The Damned United*)中俱乐部主席对布莱恩·克拉夫说的话："这个游戏里最重要的是主席，然后是总监，再然后是球迷和球员，最后，活在最底层的，才是主教练。"

主教练是重要的，但没那么重要。我知道自己总有一天会离开。但同时，我觉得我在桑德兰的任务还没有完成，因为事情的结局太过仓促。你总会希望证明，人们的看法是错的。

我们一直被一种观念所洗脑：离开工作越久就越难重返工作。我为此感到焦虑，多少叱咤风云的名帅被人们彻底遗忘，这让我不寒而栗。但我觉得我在桑德兰的成绩配得上一个新机会。

我其实应该更有耐心的。

我单独和马奎斯·伊文斯见了面。我们聊了一些关于俱乐部的事情，他是怎样买下俱乐部的，俱乐部挣扎的现状，以及我有没有兴趣接手等。我觉得那是一次面试。这份工作并不是唾手可得的，他没有给我任何承诺。不过他是个不错的家伙，我那时很喜欢他，我觉得我可以和马奎斯共事。我告诉他，我会对事情的发展拭目以待，然后我就回家了。

与此同时，我跟伊普斯维奇俱乐部又进行了一些会谈。马奎斯·伊文斯的一个律师代表和迈克尔讨论了潜在的合同条款。然后他们找到我，问我是否能回到伦敦再见一次面。马奎斯对我们的第一次会面应该感到相当满意，他只不过需要确认一下他对我的第一印象。因此，大概在一两周之后，我又去了趟伦敦。

这时候的伊普斯维奇是有教练的，吉姆·麦基尔顿（Jim Magilton）。因此，他们实际上在和我商讨一个正被人占据的职位，不过对此我倒是没什么可愧疚的。这的确算不上正确，但这却是惯例。我觉得谈谈这份工作倒没什么，毕竟我也没有决定接手。

我对吉姆·麦基尔顿也没有感到愧疚。我在执教桑德兰时，我们曾在一笔转会上有过摩擦。他本来应该签下我们队中的汤米·米勒，连交易的细节都谈妥了。但转会截止日那天——我记不太清是哪天了，伊普斯维奇却在最后时刻打了退堂鼓。

当时我就给吉姆·麦基尔顿打了电话。

我说："怎么回事？我为了你把关于吉米的其他报价都推掉了，你说你会要他的。"

他那天简直吃了枪药，对这个烂摊子毫不在意，而且直接就跟我说："去你的。"然后我就回骂道："去你的，你有病吧。"不过这事儿完全是他挑起来的。

所以我心里有个声音在说："我搞的就是你。"

这就是生意。后来我得知，当我仍在伊普斯维奇的帅位上时，马奎斯·伊文斯也曾和另一个教练接触过。换做今天，我可能就不会这么做了。如果一个俱乐部找我探讨一份已经有人在做的工作，我应该会说："我拒绝，不过你可以稍后再联系我。"和其他生意一样，俱乐部必须得未雨绸缪。我的确在另一位教练在位时就和伊普斯维奇接触了。不过是他们先找我的，而且是在我离开桑德兰后第一个来找我的。巴塞罗那可没给我打过电话。

在和马奎斯·伊文斯的第一次见面后，我让托尼·洛夫伦去看了场伊普斯维奇的比赛。他们在周一（某个银行假日）客场挑战布里斯托城队（Bristol

City）。我想对这支球队有个基本印象，为潜在的工作邀请做点儿准备。托尼为此去了趟布里斯托，像普通观众一样买票看比赛。他觉得伊普斯维奇非常平庸。

在我和马奎斯·伊文斯的第二次会面后，我意识到这份工作已经八九不离十了，剩下的只是合同细节问题了。当一个教练丢掉工作后，十有八九他都不会拒绝一份新合同。

几天后，我就穿上了蓝色的训练服，我看着新训练服，心想："真见鬼。"

我并没有执教桑德兰时的那种兴奋，我不清楚为什么，但就是没有感觉。甚至连承认这件事都让我感到难受。托尼·洛夫伦依然跟着我，但我再也没有之前那种新鲜感了，再没有"哦，太刺激了"那种感觉了。也许，桑德兰的执教经历让我变得更谨慎了。基本上所有事情都或多或少地让我觉得不太对劲：事情发生的背景，我的心理状态，球队的所在地。话说回来，如果事情进行得更顺利的话，或许我就不会那么悲观了。

托尼的职位不是"助理教练"，他一直是"一线队教练"，但他总是和我一起工作。你要和二十多个球员打交道，因此你至少需要两个教练，你需要更多的意见，更有力的支持。在那时我只有托尼的帮助，我没有很快地带来更多的人——我应该立刻这么做。克里斯·基沃姆亚（Chris Kiwomya）当时就在队中，还有布莱恩·克拉格（Bryan Klug）以及首席球探史蒂夫·麦考尔（Steve McCall）。他们都曾为伊普斯维奇踢过球，因此这支球队存在着类似家庭的氛围，让人觉得不应该把他们拆开。不过这其实正是这支球队所需要的。

你需要带三四个人和你一起加盟，从而留下你的印记。而且从坏处来想，一旦主教练陷入麻烦，俱乐部也会更有耐心。毕竟一口气开除掉四五个人的成本要高出不少。

"再给他几周好了,他没准能缓过来。"

第一天执教伊普斯维奇时,我还是我,跟接手桑德兰时没什么区别。那天新来的只有我和托尼。我的眼睛不会欺骗自己,伊普斯维奇一些职员的态度明显不够积极。我立刻对两名医疗人员产生了反感,他们做的事情和工作的方法都让我不爽。我不喜欢他们面对球员时唯唯诺诺的样子,我认为他们不够职业,也不够权威,但我还是留下了他们。不过我得为俱乐部老板说句公道话,他告诉过我,如果我想换掉谁的话就尽快动手。但我当时觉得我应该等到夏天,应该等到季前准备期时再有所动作,也许我只是在找各种各样的借口。妥善应对这一切其实本来就是主帅的分内之事。

最终,赛季开始了。在11月,我带来了伊安·麦克帕兰德(Ian McParland),人们都叫他查理。我是在考职业教练执照时认识查理的,他曾执教过诺茨郡队(Notts County),而且曾在诺丁汉森林当过教练员。我喜欢查理,不过他可能不这么认为。在他面前,我就像个圣人一样。托尼和其他教练员都是相当安静的,我也比较安分,但查理却不是省油的灯。最终,我从桑德兰带来了体能教练安东尼奥·戈麦斯。这些都是幸存者。

在接受这份工作以前,我从没去过训练场。那之后有传言说,我在接手后立刻换掉了门锁,然后禁止球迷进入训练场。其实,我们的第一堂训练课就是对球迷开放的,只不过没人来而已。那是我上任的第一天,我以为至少会有几个小朋友被爸爸或者爷爷拽过来看,结果一个人都没有。我不是太在乎这些,但这似乎说明了一些问题,我感受不到来自球迷的温暖。

然后就是蓝色训练衫的问题,我不喜欢蓝色。曼城是蓝色的,流浪者也是蓝色的。我的宿敌球队都是蓝色的。这是不是挺幼稚的？上任第一天，我和托尼回到我的办公室一起喝了杯茶。那是间小破屋子，就像学校里常见的预制房。我倒不是不能接受，只是觉得所有东西都需要重新修整一新，至少要重刷遍漆。俱乐部当时是有财政困难的，我理解这一点。不过我和托尼坐下来时互相看了对方一眼。

"我对这儿的感觉不是太好。"

我感觉不到我和俱乐部之间的化学反应。现在回头看看，这种想法让我觉得恼怒。我当时应该有能力去承受这一切的，毕竟我是去那儿工作的。

最大的问题在于，在我执教的前两场比赛（2008—2009赛季的最后两场比赛）中，我们均获得了胜利。我是在周三或是周四接手的球队，然后我们要在周六——4月29号——对阵加迪夫队。我们踢得糟透了，但却赢了个3：0。加迪夫没能抓住点球机会率先破门，他们本可以以10：0的比分击败我们的。我倒希望他们送给我们一场惨败。因为如果那样，我就会想："这里需要彻底的推倒重建。"

我们队中有从热刺租借来的吉奥瓦尼·多斯·桑托斯（Giovani dos Santos），他在巴西世界杯赛中代表墨西哥队参赛。我不知道他为什么要来伊普斯维奇这种球队。他出色极了，他引领了球队的进攻，然后打进了其中一个进球。我们赢了，"救世主降临了。"

那个赛季的最后一场比赛是在主场对阵考文垂。就在那周，马奎斯·伊文斯告诉我，下赛季季票的销售金额已经足够支付我的合同了。比赛本身无关紧要，球队没有任何目标要争取，不过那场比赛有20000多名球迷到场观战。我们又赢了，而且我们配得上那场胜利。当时我想："我不需要做太多改变了，我只需要关注一下更衣室，盯着他们重新装修一下就行了。"

我去桑德兰的时候，他们刚刚降级，并且刚刚输掉了赛季的前五场比赛。彼时距离转会截止日只剩下三天，我必须速战速决，把我知道并且信得过的人都找来。这次我是在赛季末接手球队的，球队停留在积分榜中游，而且我还赢下了前两场比赛。所以我没有什么紧迫感，因为我并不是在当救火队员。如果我们当时输掉了这两场比赛，我觉得我会对自己说："听着，夏天有的忙了。"

当球员们在季前准备期返回球队时，他们看到了焕然一新的更衣室。但是我对球员和职员的改造却远远不够。

我放宽了自己的标准。桑德兰的经历让我觉得自己应该退一步，"我不应该绷得那么紧。"在伊普斯维奇，我被这种想法所迷惑，"凑合着用吧。""这些职员也够用了。"其实我意识到："他们远远不够。"

我从一开始就应该带来更多人："这是我的团队，这里会有天翻地覆的改变。"

离开桑德兰是我的选择，离开曼联也是我的选择，我一直在为自己战斗。但在伊普斯维奇，我是在为别人战斗。我追随了其他人的标准，这是我犯下的最大错误。

球队的新任首席执行官西蒙·克莱格曾是个伞兵，我们策划在赛季开始前与驻扎在科尔切斯特的部队一起训练一两天。这是我的主意，不过西蒙提供了人脉。

我在尝试一些新的东西，我觉得这能打破千篇一律的季前筹备模式。科尔切斯特离伊普斯维奇只有咫尺之遥，球员们也不必在大巴里待太久。

我们决定给球员们一个惊喜，让他们为一次为期一两天的短途旅行做好准备。我认为至少有一部分球员甚至以为他们要启程前往五星级酒店。

到达科尔切斯特之后，我们体验了皇家骑炮队第7伞兵团（7th Parachute Regiment Royal Horse Artillery）的训练日程。计划是，我们要经过一系列行军，最终到树林间的帐篷里过夜。

晚上是相对艰难的时光。伞兵们训练有素，能够就地取材维持生计，于是我们眼睁睁地看着他们亲手杀掉了一只猪——我们只能傻看着。场面并不雅观，他们把那只猪煮熟，然后我们分享了猪肉。不过球员们都冻坏了——你离开了熟悉的环境后，就只想赶紧睡觉。

我请一个军官安排一些早上的项目，训练我的球员能早点儿起床并尽快进入状态。于是，在早上五六点钟的时候，他们将震撼弹扔到帐篷旁边，以此叫醒了我们。这的确叫醒了我们，不过每一个走出帐篷的人脸上都带着这样的表情："如果你觉得这样我们就能在下赛季升级，你就有麻烦了。"

他们开始进行跑步和攀爬项目，不过这可不是在街心公园。职员们也参与进去了，我在一个把手上出了点儿问题。我本想抓住它，结果却摔了下来，撞到了头。我没得到任何同情。

行军，休息，然后支帐篷。我知道没人会愿意跟我分享一个帐篷，所以最后我和一个伞兵一起住。我穿着凯尔特人的队服就睡着了！没有篝火晚会，没有军旅小调，没人唱歌。话说回来，那时也没人跟我唱反调。

那很艰难，也的确是很有意思的经历，但我觉得住酒店可能会是更好的选择。很多队员的脚都因为穿军靴而起了水疱。我们在接下来一周的周五还有一场面对皇家巴拉多利德的比赛,而有一两名球员因为水疱缺席了。所以尽管我们赢了,但这次军训的时机并不好。

过程中的确有一些不错的笑料,不过小伙子们都被折磨坏了。我觉得我们没能达到预期的效果,没能形成预想中的团队关系和团队精神。事实上,这些东西可以通过赢球来获得。我跟这些球员共事的时间尚短,对他们的脾气也不是很了解。我只能猜他们会喜欢什么,不过我觉得我猜错了。医护人员也不是很高兴,不过我想:"去你的,你们也该学学野外生存的能力了。"

我们在新赛季的第一场比赛中做客考文垂。我们输了,比分是1∶2。吉奥瓦尼·多斯·桑托斯那时已经返回了热刺。我们的门将理查德·怀特(Richard Wright)在前一个赛季的末段,也就是我执教的前两场比赛里表现极为出色,但他的失误造成了我们的一个丢球,之后我们又因为他的失误丢了几个球。开个好头是非常重要的,而且我们踢得也相当不错,不过我们轻易地丢掉了两球。为我们进球的是乔恩·沃尔特斯(Jon Walters)。

许多球队都能在经历开局不利的状况下重新振作,不过,一个糟糕的开局通常会预示着赛季的大致走向。赛季第四场比赛,我们以0∶2输给了西布朗。赛后,我的表现有些过分。西布朗刚刚降级,所以他们的确很强。我在那场比赛中派上了不少年轻球员,我对他们疯狂地叫骂呼喝。

"你们这些窝囊废!"

这真的不是我的风格,我们输给了一支更好的球队,通常我会接受这种结果,而且这不仅仅是因为我们输球。我在桑德兰也有不少输球,但在桑德兰,一切都能很快地进入正轨。我觉得在伊普斯维奇时,我对自己缺乏耐心,我以为能重现自己在桑德兰的经历。但是我已经找不到那份动力了,我觉得我没有在球队中树立起威信。直到 10 月 31 日，我们才拿下了第一场胜利，而那已经是赛季的第 15 场比赛了。

沙恩·沙伯（Shane Supple）是一名门将，他一直跟随一队进行训练。他是个不错的小伙子。一天早上，他突然来到我的办公室跟我说他要退役了。他那时才 22 岁。

面对这种情况，我的第一反应通常是，他是不是想要个假期，歇个一两周后再回来。这名球员可能是因为心理受挫，或者遭到了些伤病，或者是家庭原因。我做球员时，也曾偶尔感觉不想再踢了。不过沙恩的眼神就足以告诉我，他是认真的。他非常冷静，没有任何难过的情绪。

我记得我是这么说的："你不会改变自己的主意了，是吗？"

他说："对，没错，我仔细想过了。"

他已经不再热爱足球了，而且他说他不想和一群不在乎输赢的人一起工作。我觉得他是对足球圈彻底失望了。

我尊重他的想法。人们往往会从事一份自己并不喜欢的职业，去一个自己不太想去的地方。而且我们能形成共鸣的一点是，爱尔兰依然在召唤他，他希望回到都柏林，回到自己的家。

我告诉他，他可以在将来选择归队，不过我知道自己只是在浪费时间。我觉得他会回到爱尔兰当一名警察，所以我告诉自己："在沙恩面前要规矩点儿。"

于是，我们的一个门将就这么离开了。

在 10 月 31 日击败德比郡前的 14 场比赛里，我们取得了 8 场平局。每一场都是很糟糕的平局。特别是在 9 月中旬，我们 3：3 战平唐卡斯特

（Doncaster）的那场比赛完全就是场灾难。伤停补时阶段我们还以 3∶2 领先，结果前曼联球员奎因顿·福琼突然前插。我曾和奎因顿共事过，我从没见过他用自己的右脚。但这次他用右脚射门，然后球进了——皮球飞入上角。我们在那场比赛中曾分别以 1∶0、2∶1、3∶2 三度取得领先。

十天之后，我们以同样的比分战平了谢菲尔德联队。甚至连比赛进程都是一样的——他们同样在补时阶段取得进球。

6 个进球只换到 2 个积分。在联赛的那个阶段，丢掉的那 4 分足以让我们在积分榜上攀升 10 个名次。

一个赛季 20 场平局——这依然让我感到难以置信。这其中，有太多是我们本来可以拿下的比赛。我的换人调整本可以做得更好的——"再上一个后卫加强防守"。但我想的是："这不过是唐卡斯特而已。"结果就是他们扳平比分。哪怕我们在这 20 场比赛中取得 10 胜 10 负的战绩，结果都会好很多。那样我们还能多拿 10 个积分。

从唐卡斯特到谢菲尔德联，在那 10 天里，我们曾非常接近胜利。但可惜，我们没有感受到两连胜所带来的快乐，没有连续取得良好的结果。我们没能从这些比赛中获得动力，以及随之而来的信心。

纽卡斯尔联队来到了波特曼路①，他们以 4∶0 的比分重创了我们。这个结果不应该让我这么难受的，毕竟他们拥有安迪·卡罗尔（Andy Carroll），有诺兰（Kevin Nolan），还有尼基·巴特。恐怕一个盲人带队都能让那年的纽卡顺利升级。但我曾是桑德兰人，面对着这么一大群纽卡球迷，那天还是博

---

① Portman Road，伊普斯维奇队主场。

比·罗布森的纪念日，再加上电视台还转播了这场比赛。

不过纽卡斯尔并不是每天都会来这里做客，你不应该就此指责我们没有努力。情况并不是太糟。我们在战胜德比郡的比赛中踢得不是太好。我们在面对沃特福德（Watford）队的比赛里创造出 26 次破门机会，最终却只拿到一场 1∶1 的平局。对手再次在补时阶段进球——又是一场糟糕的平局。我们差一点儿就是支出色的球队了。

我的家人和我一起搬了过来，我们租了座房子。我喜欢那座房子，也喜欢吹海风的感觉。不过我们在第一年里被迫搬了三次家。一切都很不安定，我们一直在寻找心仪的小镇，寻找那种充满古趣的小镇。我们无法为孩子们找到类似于曼彻斯特圣贝德（St Bede's）的那种天主教学校。最终，我们找了一所不同风格的学校。那是所传统的英格兰学校，典型的中产阶级教育——板球，英式橄榄，下午茶和烤饼。

孩子们加入学校几个月后，我们参加了校方举办的一个慈善晚会。晚会要求正装出席，而且我不得不和一个完全不认识的男人坐在一起。我心里一直嘀咕着要怎么才能跟他搭上话。

他问我："你对我们的新联合政府是怎么看的？"

我心想："我去……"，我差点儿就说："新联合政府是什么鬼玩意儿？你昨晚看巴塞罗那的比赛了吗？"

我还以为"新联合政府"是萨福德（Suffolk）当地联赛一支球队的名字呢。我觉得我比孩子们还要怀念圣贝德学校。

还有就是那身蓝色球衣！

我怎么都看不顺眼。

西蒙·克莱格是和我同一天到任的新任首席执行官。我跟他之间也不存在什么化学反应。他曾担任过英国奥委会的首席执行官，但他对足球并不精通。不过我觉得，我们两人出身的差异才是更为主要的原因。他曾是个伞兵，而且还是公立学校毕业的。而我则在科克的梅菲尔德长大。不过我必须得学会成熟，我不可能指望着一直跟爱尔兰人一起工作。

我们之间还是要进行交流的。

我会说："我对那名球员有兴趣。"

他会回答："好的，那么我该怎么做？"

他之前从没在足球圈里混过。我觉得他的工作只是对马奎斯负责，而不是帮助主帅。所以，一切工作都很难展开。

大部分英冠球队都在赔本经营。西蒙提议对球员和职员的奖金条款进行改革。即便在球员时期，我也觉得奖金必须是靠自己赢回来的。他们的想法是，如果球队升级成功或者进入附加赛，球员们才会得到一笔奖金。通常情况下，如果球队取得胜利或者平局，球员就会获得一些奖励。普通伊普斯维奇球员的周薪是8000到9000英镑，所以把三四百英镑一场的奖金积累到赛季结束时分发会成为相当大的诱惑——那是由若干笔小钱积累而成的巨款。

球员们对奖金改革没什么意见，反正他们每周都有八九千英镑的工资了。不过职员同样会受到影响，因为他们的工资和球员是没法比的。奖金对他们来说要重要得多。

我现在能意识到职员奖金对士气有着决定性的影响，但当时我没能理解这一点——人是需要激励的。这是人的天性，每个人都喜欢奖金。如果一支球队在周末赢了球,那么接下来一周,训练场上的气氛就会好很多。其中一个重要的原因在于,职员们会得到相应的奖金。不过如今,这一切都发生了些许改变。因为赛季刚开始没多久我们就知道,我们没什么升级的希望了,因此也不会有奖金了。我不应该改变职员奖金的,每场胜利200英镑左右的奖金可以让他们和妻子外出约会,或者请家人一起吃一顿。成功——拿奖金——影响家庭生活,这种模式会让他们成为俱乐部的一部分。

但是我动了他们的奶酪,他们必然会对我有所抱怨。这很愚蠢。甚至在赛季开始之前,我就已经失掉了一些民心。

有一些球员表现得庸庸碌碌。我们没有德怀特·约克,没有那种个性突出的领袖球员。我需要一些新球员。所以我和老板通了电话,给了他一个大概的数额。我们可以买到沃特福德的塔马斯·普利斯金。球探对他好评如潮,我也亲眼看了他一场季前赛。他在比赛中进球了,而且踢得不错,不过那只是场友谊赛。他的合同还有一年到期,我觉得值得为他搏一搏。我和老板说,大概需要40万英镑。我给沃特福德的主帅马尔基·马凯(Malky Mackay)打了个电话。

"听着,马尔基,我只是想提前跟你打个招呼,我们对你的一名球员有兴趣。"

我从没对其他教练提过球员转会费的问题,我从不参与这些。

马尔基回答我:"罗伊,感谢你的电话。"

我说:"我会把事情交给我们的首席执行官。"

最终成交的价格让我简直不敢相信自己的耳朵,我记得是175万英镑。沃特福德都不敢相信自己的运气。这是我们俱乐部内缺乏交流的恶果,别忘了我们三个人从来没在一起碰过头。普利斯金不值那么多钱,不过从来没人就转会费数额的问题征求过我的意见。

我还从桑德兰买进了两名球员,他们是卡洛斯·爱德华兹(Carlos Edwards)和格兰特·里德比特(Grant Leadbitter),都是不错的球员。不过我们给的钱太多了,我觉得他们两个人加起来差不多值200万英镑,不过最终我们却花了将近400万英镑。

我给史蒂夫·布鲁斯(Steve Bruce)打了电话,他是桑德兰的新任主帅。

我说:"我不敢相信,你居然从格兰特和卡洛斯身上得到了那么多钱!"

布鲁斯说:"别闹了,罗伊,这可是谈判达成的协议。"

这事当然不能怨他。他绝对不可能说:"不行,我们不同意,你们的出价太高了。"协议是在西蒙和尼尔之间达成的。

其实我挺喜欢乔丹·罗德斯(Jordan Rhodes)的。他在对阵布伦特福德(Brentford)的季前热身赛中为我们进了球,然后在主场对阵科尔切斯特的比赛中也有斩获。有那么几家俱乐部给我打电话咨询他的售价。当然不会是利物浦和阿森纳这样的球队,只是诺茨郡(Notts County)和哈德斯菲尔德(Huddersfield)。我买进了一些球员,然后被告知必须放走另外一些球员。直到现在,我还在因为卖掉乔丹而遭到指责,我得承认这是个错误。不过这也是俱乐部的决定。我们用35万英镑的价格把他卖到了低一级别的哈德斯菲尔德,随后他的进球就开始源源不断。我记得是我提议要在协议中加上一个下次转会分成条款的,感谢上帝我们这么做了,因为随后,他们以800万英镑的价格把他卖到了布莱克本队。教练组在乔丹的问题上的确犯了一个错误,我们只看到了这名球员的缺点,而没有看到他的优点。

我在曼联队效力时,对李·马丁(Lee Martin)有过些许了解,不过他并没有发挥出自己的水平。他是个不错的球员，但是英冠联赛要求球员们足够强壮。我觉得李的特点并不适合英冠联赛。普利斯金也一样，他的技术很过硬，但是我觉得他不够勤奋。

我的转会工作做得不够好，我不会为此开脱。

达米恩·德兰尼（Damien Delaney）加盟了我们并且踢得不错。我有时对他太过严厉了，也许是因为我和他太熟了，毕竟他和我一样是科克人。不过，我做得有些过分了。我对另一个小伙子科林·希利（Colin Healy）也同样太严厉了。他也是科克人，我跟他说他的动作就像还在爱尔兰联赛踢球。这并不公平。科林刚刚来到俱乐部，我更应该不遗余力地支持他。在伊普斯维奇执教时，我有时候会不知所云，大概是我操之过急了。

人们总是说，当你成为教练时，不要在乎你的球员喜不喜欢你，只要他们尊敬你就行了。不过我们都想被人喜爱。你不希望身边的战友对你有所怨怼。也许，在糟糕的军训经历、买进了一些人并卖掉了一些不该卖的人后，我试着纠正了一些错误。

11月29日，那是一个周日，我们要客场挑战加迪夫队。我们击败了德比郡队，在那之后我们又拿到两场平局。比赛前一天，在加迪夫有一场威尔士对阵澳大利亚的橄榄球比赛。我喜欢英式橄榄，于是我就想："嗯，我想去看那场比赛。不过我该找个什么样的理由才能让我们早一天前往加迪夫呢？"

我决定带上所有人。我在千年球场租了一个包厢，那天我们玩得很尽兴，都是我请的客。我们全队一起步行前往球场，那感觉好极了。英式橄榄的比赛气氛总是一派祥和，所以大家也不需要小心翼翼的。这不是足球比赛，而且这又不是爱尔兰打英格兰。比赛前一天，并不适合吃土豆泥、香肠这样的食物，不过现场只有这样的食物，我们没有别的选择。他们应该提供通心粉的。不过我当时想，我们3个月以来一直控制饮食，在赛场上也没有取得太好的成绩，又何必为了小事而扫兴。

如果我们在第二天的比赛中输球，也许我就会把责任全推到土豆泥和香肠上，不过我们拿下了胜利。我们是因为观看橄榄球比赛才获胜的吗？也许不是，不过球员们都很认可这次安排。我觉得他们并不认为我是在以权谋私，或者是在拉拢他们。我们在伞兵营时的合照曾出现在地方报纸和比赛指南上，我当时就在想："也许我们不该这么做。"不过这次观看橄榄比赛，我们没有拍照，没有小题大做，没有媒体公关。这让美好的回忆变得纯粹，他们是群很好的小伙子。

我们赢了，但我并不觉得那是一个转折点。我依然很清楚，那个赛季的结果不会太好。当你在前14场比赛中难求一胜时，那就不仅仅是运气不好的问题了。我们的平局实在太多了，我们无法顺利完成比赛目标。不过在战胜加迪夫之后，情况开始有所好转。我们开始赢下一些比赛。在12月，我们取得了两胜两平一负的战绩。

连续两场平局都踢成了0：0。先是客场战平了布里斯托城（Bristol City），然后主场被彼得堡（Peterborough）逼平。对阵布里斯托城的比赛中，我派上了帕布洛·康纳格（Pablo Couñago）。我不是太喜欢他，跟他也不太相处得来。他是名前锋，非常有天赋。在比赛还剩5分钟左右时，他得到了一个机会，对方门将把我们的射门挡出，球落到帕布洛脚下。他当时离球门大概10到11码，做了三次调整，然后门将就把他的射门封堵了。他应该在第一时间起脚射门的。有一些比赛能很好地总结你在一支球队的执教经历，那场比赛就是其中之一。

我还记得人们对帕布洛的评价是：他在客场的表现很糟糕，而且在主场也会间歇性地不靠谱。这可不是什么好评价，因为客场比赛占据全部赛程的一半。

赛后我说了他几句。

"真见鬼，帕布洛，那种情况下你得第一时间起脚。"

结果他只说了句："哦。"

他会在场上错过这样的机会，是因为他训练的态度有一定问题。季前训练第一天，帕布洛径自走下了训练场，他说自己的腹股沟还是别的什么地方有点儿问题。这不是由于拼抢造成的，因为大家只是在做慢跑和拉伸。训练结束后，我和他进行了交流。他过去六七周都在西班牙的家里度过，昨天夜里11点半才坐飞机回到英格兰。我无法认同这种做法。

第二天，也就是季前训练的第二天，我在办公室里看到帕布洛在停车场和其他一些球员聊天，当时差不多是9点10分。他这时候本该在医务室接受治疗，而且所有受伤的球员都应该在8点半到9点间报到。所以我敲了敲窗户，把他叫了过来。

我说："你在干吗？现在已经9点10分了。"

然后他说："哦，没错，不过我们伤员一般是想干嘛就干嘛。"

我说："我告诉你，那种日子已经结束了。"

我和帕布洛共事的时间很短。不过他在俱乐部又留了一年，因为我们卖不掉他。没有俱乐部对他有兴趣——我很乐意告诉他这点。我觉得他实在是太懒了。

第十章 惨遭解雇

不过他为我们打进过一粒重要进球。我们在主场 3∶2 击败了考文垂，帕布洛在补时阶段打进了绝杀球。不过那次真的是他唯一一次为球队做出贡献了。我并不喜欢通过看录像来判断球员的实力，不过我在接手伊普斯维奇前，曾看过几场他们的比赛录像。其中一场比赛中，帕布洛替补上场。只见他无精打采地走向球场，就像他马上要下煤矿做 10 个小时的苦工一样。伊普斯维奇得到一个点球，但他射丢了。我心想："这就是你慢慢走上球场的报应，你本应该跑上球场，为了心中的目标而战。"

打从一开始，队中两三个球员的态度就让我很不爽，其中就包括帕布洛，这与我的治军理念相违背。其实我不在意分歧，即便球员状态不好，或是发挥失常，我也不会找他们的麻烦。但是我无法容忍那些训练中的糟糕态度，以及那种让你感到他只是来领工资的球员。一位名叫本·撒切尔（Ben Thatcher）的老球员和我起了一点儿摩擦。我听说本每天都要从伦敦赶过来工作，路上要花不少时间。

我向他问起这件事情。

他的态度是："呃，对，我偶尔会在这边过夜。"

如果他和其他几个人能准时参加训练，并且在训练中像疯子一样努力，我也许就不会介怀了。我没准还会在周一给他们放假，或者做一些诸如此类的安排。管理球队的秘诀就是有取有舍。不过面对他们这样的球员，我心里就会想："你可没付出什么东西。"

一天早上，本迟到了三四个小时，理由是 M25 还是 M1 公路上出了场车祸。

他来到我的办公室，没有道歉。

在我看来，他们并不是队内非常重要的球员。但这依然足以形成一种气氛。训练场非常小，所以一旦出现了某种对立，哪怕是和他们中的一个在通道里擦肩而过，你都会想："你个浑蛋。"其实他们也会这么想。

有人会问："如果一个球员不够好，那你把他处理掉不就行了吗？"问题是："谁会要他们呢？"

"我想要转会。"

"嗯，我也想要卖掉你，可是没人对你感兴趣。"

我很喜欢康纳尔·维克汉姆（Connor Wickham）。他在队中进球不多，不过那时他才十六七岁。有一天，他从住所里被赶了出来。那天我们踢了场比赛，我记得是北上对阵斯肯索普（Scunthorpe）。之后我接到了一个电话，康纳尔被人赶出了宿舍，理由是他一整晚都把手机充电器留在插座上，却没有给手机充电。我不得不在几天后和青训教练萨米·摩根（Sammy Morgan）见上一面，我们就手机充电器的问题谈了好几个小时。

我对康纳尔发过一两次火。有时候，他在训练中的态度让我恼火。不过他是个很和善的孩子，即便他有 190 公分的身高——他是个高大、强壮的孩子。他与人握手时的力道恰到好处。每个球员上场之前，我都会和他们握手——"加油，好运。"——这是惯例。不过康纳尔会攥住我的手，我知道他是想和我较劲。如果你经历过英冠的洗礼，你就会明白他踢的是英冠赛场上最艰难的位置。他是个前锋，而几乎所有的英冠后卫都是经验丰富的粗壮大汉，他们总想在你身上留下自己的印记。但康纳尔对此满不在乎，他会把他们撞翻在地。他在一些重要比赛中发挥得很好，我很高兴看到他现在在桑德兰春风得意。

我们主场的球迷人数经常会达到 20000 人，这对于一支在榜尾徘徊的球队来说，已经很不错了。我们3∶0战胜女王公园巡游者的那场比赛来了25000人。球迷们对我不错，我能感受到他们的失望，不过我也能理解。奇怪的是，恰恰是这些平局起了作用。当你的球队不断拿到平局而不是输球时，球迷们往往不会忍心批评球队。我们在下半赛季中状态有所恢复，我们赢下了更多的比赛。我们客场击败了女王公园巡游者，击败了谢菲尔德星期三，还击败了巴恩斯利和雷丁。我们赢了更多比赛，客场还战平了纽卡斯尔。

那个赛季的最后一场比赛，我们主场0∶3输给了谢菲尔德联。按照传统，球员们要在赛后重新回到场上和球迷告别，并且感谢球迷。球员们通常会带着孩子。乔恩·沃尔特斯是我们的队长，他组织了这一切。

我犯了另一个错误：我拒绝和他们一起出去向球迷致谢。我们在比赛中输球又输人，这是原因之一，况且我们整个赛季的表现都很糟糕。不过我应该出去的，我应该和球员们站在一起。如果我是个球员，而我的教练对我说："呃，这太丢脸了，我不想出去。"我会觉得他是个浑蛋。

我并不是那种人，我通常不会那么做。不过有的时候，我的行为会违背我的本性。我本应该说："伙计们，我会和你们一起走出去。"一直以来我都挺勇于承担后果的。

我应该在赛季末好好看看积分榜——我们在24支球队中排名第15——然后对大家说："还不错。"我们离附加赛的席位有14分的差距，比降级区高出9分。

我应该继续昂首挺胸，应该更着眼于大局的。

我不觉得自己是个糟糕的教练，不过我在伊普斯维奇做得很差。不过，所有那些我尊敬的人都曾经历过艰难的阶段。所以我在伊普斯维奇学到的东西大概比在桑德兰要多。

2010—2011赛季，球队的重点放在启用年轻球员并且压低工资总额上。我的工作内容变了。本来我雄心勃勃，准备带队升级，现在却变成了控制成本。

夏季休赛期，我和老板有过一场可怕的对话，当时我坐在办公室里和他讨论战术问题。我们有一个战术板。我本应该意识到自己已经时日无多了。

"好吧，他为什么不能胜任这个位置？"

"因为他是这样一位球员，干那种事情不是他的特长。"

他说："我们多启用些年轻球员吧。"

我说："我不介意派上年轻球员，但英冠赛场会把他们生吞活剥的。"

英冠的风格并不适合年轻球员。你需要一支新老搭配的队伍。此后在伊普斯维奇执教的所有主帅——保罗·杰威尔、米克·麦卡锡——他们都选择相信老将。升级队伍的平均年龄是二十八九岁左右。

凯文·基尔巴恩（Kevin Kilbane）南下和我们商谈转会，和他一起来的还有肖恩·德里（Shaun Derry），他和女王公园巡游者的合同刚刚到期了。

肖恩说："罗伊，我非常想为你踢球。"

我说："肖恩，可我只能给你一年合同，而且薪水不会那么理想。"

他说："没关系，我还是想过来为你踢球。"

这发生在第一个赛季结束时，这本来会成为新赛季的一个绝好开端，我们有机会签下一名优秀且有经验的职业球员，但是俱乐部没有给他提供合同。

一周后，我和家人一起去南非的一个野生动物园度假。在观察大象的时候，我接到了肖恩经纪人的电话。

"你的俱乐部不联系我们,也没有开出合同。"

我非常的尴尬,我不敢相信这些。

我给西蒙打了电话。

"肖恩那边出什么事了?他已经答应签约了,只是一年的合同。"

他说:"不,我们不打算推进这笔签约。"

其实警报早就拉响了。

李·卡尔斯利(Lee Carsley)来到俱乐部,但俱乐部拒绝给他合同。凯文·基尔巴恩也遇到了同样的情况。他们都是很出色也很有经验的球员,而且都是好人。

凯文告诉我:"罗伊,你的俱乐部甚至都不给我回电。"

我给西蒙打电话,然后他给凯文打电话道了歉。这是一个曾为祖国效力超过百场的老将,而他们甚至都不屑于给他打电话拒绝他。

这些都是无需付转会费的自由转会。

于是,我给了青训营中 8 个孩子一线队处子秀的机会。他们中的 7 个都还不够好。我只得到了一两个租借球员。

季前准备期,我们留在了本地。我们的想法是先挑一些弱队来打,赢几场比赛,树立起信心,然后再找强队交手,磨练一下状态。所以我们先跟希尔斯顿(Histon),大雅茅斯(Great Yarmouth)和哈德利联(Hadleigh United)队踢了几场比赛,然后跟西汉姆和埃因霍温交手。

查理·麦克帕兰德由于家庭原因离队了,他一直要从诺丁汉往返通勤。所以我请来了加里·阿布利(Gary Ablett)担任一队教练。我曾和加里交过手,也在考教练执照时跟他打过交道。我喜欢他。他曾为利物浦和埃弗顿这样的大俱乐部效力。他还带过斯托克港（Stockport）以及利物浦青训队。他的个性也足可与他的资历相匹配。

加里在我们去客场打埃因霍温的时候加入了我们。那场比赛我们以 0∶1 输掉了——埃因霍温非常棒。我给小伙子们在阿姆斯特丹放了一晚上的假。第二天早上上大巴时，两名球员迟到了。

我之前就警告过他们："伙计们，今天晚上表现得成熟点儿。你们可以喝几杯，但得保证明天起得来。"

当然了，还是有两个掉队的。我对他们处以罚款。

俱乐部的罚款一般是几千英镑。不过我罚款的金额通常会少一点儿，大概三四百英镑吧。我和球员们解释过，这笔钱将会被收进球员金库，用来支付圣诞聚会，请球员和职员出去玩玩卡丁车，或者给球场管理员当小费，等等。当球员知道这些罚款的去向后，他们一般会付得心甘情愿。

除了去荷兰的短途旅行之外，我们就待在本地训练比赛。这种热身赛政策很有效。我去看了一场我们预备队主场对阵托特纳姆十一人集训队的比赛，帕布洛·康纳格登场踢了 10 分钟，他糟透了。在比赛还剩 5 分钟的时候，他有机会把球传给位置更好的前锋，但他没有传。

赛后，我闯进更衣室对他发火了。

我说："你应该传球！"

然后他说："呵呵，有你这样的主教练，我们还能指望赢球？"

我差点儿动手打了他，不过我没有。

当我们在荷兰对阵埃因霍温的时候，加里就不太舒服。

我记得我和其他职员还因此嘲笑了他。

"你是不是想利物浦的家了，加里？是不是想那些烧毁了的汽车和鲜亮的运动装了？"

这都是些善意的玩笑。

加里会说："噢，我真的不太舒服。"

那之后，他有几天没来上班。他生病了，病情恶化得很快。他住在离我家不远的一个酒店里，我们让队医去看他。一两天后，他就住进了剑桥一家医院的癌症病房。他患上了非霍奇金淋巴瘤（non—Hodgkin lymphoma），那是血癌的一种。他得和死神搏斗了。那之后他再也没工作过。

因为他是季前入队的，俱乐部管理层的一些成员还在度假。因此他的合同还没最后敲定，也没有签字。因此虽然我们达成了协议，从法律角度讲，俱乐部并没有相应的义务。

我给联赛教练协会（LMA）打了电话。我对他们说："你们得派个人来帮帮我的一个同事。"

虽然加里不是他们的会员，不过他们依然做得很棒。他们确保了加里能得到他全部的津贴，确保了俱乐部必须履行承诺。

我召集所有职员开了个会，解释了一下加里的病情。我当时非常动情，我记得自己当时想："这一切太突然了，我真的没准备好。"但是谁又能准备好呢？我不觉得自己处理得非常好，不过我想，即便是一个更有经验的人也不见得能处理得更好。

加里当时在写一本书——那是一本好书——他告诉我，他一直认为足球给他带来了无尽的压力。他在斯托克港的日子很艰难——财政问题，转会禁令。

那些痛苦和压力毁掉了他。

我经常在训练后开车去剑桥看望加里。最终，他被转移到了曼彻斯特的克里斯蒂医院（Christie's Hospital），这样他就可以靠近身在利物浦的家人了。我有时会带着职员一起去看望他，或者去他的家里拜访他。重返训练场对他来说已经不太可能了。他本来一直计划着去做一些演讲，主题是他的职业生涯和比赛压力，这成了他的生活寄托。但最终，他还是没能如愿。

确诊16个月后，加里去世了。得知噩耗的时候，我正在毛里求斯（Mauritius）度假。那时我已经离开了伊普斯维奇。

真是令人震惊的消息。

我们的开局堪称完美，取得了对阵米德尔斯堡、水晶宫和布里斯托的三连胜，然后又拿到两个平局，对手是伯恩利和朴茨茅斯。我们排在第三，我很满意。我觉得我们开始腾飞了。我们的团队也渐趋稳定。我们打的是单前锋阵形，并且在反击当中给对手制造威胁。这种战术在对阵米德尔斯堡的比赛中发挥得淋漓尽致。一周后的9月中旬，我们在击败加迪夫城后排名第二，但是我们失去了3名球员。

我和乔恩·沃尔特斯发生了争吵。

他想离开。我们赛季刚踢了四五场比赛。他听说斯托克对他有兴趣，又是托尼·普利斯——他都没跟我打过招呼。

我说："乔恩，我没接到过任何电话。"

我不能责怪乔恩想要离开的想法。他是一名出色的球员，而且他得到了去英超踢球的机会。不过他处理问题的方式很不对。

几天后，他又来找我。

"他们绝对是想要我。"

我说："我没有收到任何消息。如果有报价，我会告诉你的，我不会对你有任何隐瞒。你可以给俱乐部老板打电话，生意上的事我不插手。"

"我不接受这些说法。"

然后我们互相骂了几句，最后还动了手。

"你怎么就是不信我？"

我并不会给他的转会设置阻碍，即便这意味着我会失去队中最好的球员之———没准还要为此搭上我的工作。不过我和乔恩都失去了理智。之后对阵伯恩利的那场比赛我弃用了他。比赛中，我们取得了1∶0的领先，结果在补时阶段被对手扳平比分。赛后的新闻发布会上，我说乔恩再也不会得到上场机会了。这是个巨大的错误，他的身价应声下跌了。

一周后，他被卖到了斯托克。本来结局可以更好的，不过这也有我的责任，但我们后来还是握手言和了。

一天早上，我来到俱乐部。

"乔恩·斯蒂德（Jon Stead）去哪了？"

"哦，他去布莱克浦谈转会了。"

没人跟我说过这件事。

一周后，他又去和布里斯托城谈转会。

我给西蒙打电话。

他说："哦，我不清楚应不应该告诉你。"

就这样，乔恩·沃尔特斯，乔恩·斯蒂德和阿莱克斯·布鲁斯（Alex

Bruce)离队了。其中,乔恩·沃尔特斯的离队对我们来说是巨大的损失。我们还伤了两名重要球员——加里斯·麦考利(Gareth McAuley)和大卫·诺里斯(David Norris)。那些我想签下的球员——基尔巴恩、德里、卡尔斯利——本来能在这种时候发挥决定性作用的。

我们从朴茨茅斯租借到了门将阿斯米尔·贝戈维奇(Asmir Begovi),不过租借期只有六场比赛。我之前没见过他踢球,不过仅仅是他走进俱乐部大门的方式就足以让我喜欢了。他提升了训练场上的士气。在他上场的六场比赛里我们保持不败,不过朴茨茅斯却把他召回了。我记得那是因为大卫·詹姆斯(David James)受伤了。阿斯米尔现在为斯托克城队效力,他在巴西世界杯上为波黑国家队镇守龙门。

他们让我从桑德兰引进另一个门将——马尔顿·弗洛普,我本来希望能租借到他。

我说:"租借就可以了,没必要买断。"

但是老板打电话告诉我,他们买断了他——我记得大概花了75万英镑。

我说:"你知道他们为什么想让你买他吗?很显然,他们想把他扫地出门。"

我从加迪夫买来了马克·肯尼迪(Mark Kennedy),但是他加盟之后的大部分时间都在养伤。杰森·苏格兰(Jason Scotland)也从维冈加盟而来,不过他表现平平。而且他是在乔恩·沃尔特斯和乔恩·斯蒂德离队后才来的,他本来不在我们这个赛季的计划当中。

我试着通过租借的方式引进一些球员。我挨个儿给一些老队友打电话套交情,不过没人帮得到我。我从热刺得到了安德洛斯·汤森德(Andros Townsend)和杰克·利弗莫尔(Jake Livermore)。不过在2010年,他们都还非常年轻，而且伊普斯维奇这样的环境也并不适合热刺的年轻人。他们都很年轻，和其他的年轻人一起加盟而来——所有人的工资都很低。我们还从桑德兰租来了杰克·科尔巴克（Jack Colback），可是史蒂夫·布鲁斯（Steve Bruce）要将他召回参加一场杯赛。桑德兰要在那场比赛中对阵诺茨郡。

我说："踢个诺茨郡，你就要把他召回去？"

他说："嗯，是的，我们需要他。"

然后，诺茨郡击败了他们。

11月中旬，我们遭遇了六连败，分别输给了德比、巴恩斯利、赫尔、诺维奇、斯旺西、普雷斯顿。我们降到了第18名。我们以3∶0击败了莱斯特（Leicester），然后因为球场结冰而推迟了两场比赛。我们在新年比赛日和考文垂打平。两天之后，我们主场0∶1输给了森林队。我们踢得不赖，踢得很不错，不过我们还是输了。那是一个乌龙球，来自达米恩·德兰尼，一个被我过分严厉对待的球员。

然后我就被扫地出门了。

我们的表现很挣扎，排在积分榜倒数第三。不过那通电话还是出乎我的意料，我并没有预料到这些。

比赛第二天下午，我正坐在家里，接到了俱乐部老板打来的电话。

我被解雇了。

我打电话给查理·麦克帕兰德，他在加里生病后回到了俱乐部。

我把这个消息转达给他，他说："哦，我已经知道我们得走人了。"

我说："我怎么不知道。"

我真的很受伤，这几乎让我发狂了，不过我把痛苦藏了起来。我的自尊受到了伤害，我的家人也将受到影响。我一直觉得，离开曼联是我自己的选择，那是我的决定。我本可以留下来的，我的合同并没到期。

当主教练对我说"我想我们的缘分已尽了"时，我本可以说："不，我不这么认为。"

他们想让我走，但是选择打开门走出去的却是我自己。

在桑德兰，我和老板吵起来了，我觉得离开是对的。但这次我是被解雇的，这很痛苦。我觉得自己没能发挥出全部本事。

我照常去学校把孩子们接回家，然后回家把这件事告诉了我的妻子。

她手里拿着一个信封。

"这是你去学校时有人塞到门下的。"

有人从俱乐部送来了这个：我的合同终止通知。

我不介意接到电话通知，但是这封信——我心想："去你的。"

我不介意老板给我打电话，哪怕是今天，我也很愿意跟他聊聊。在这一行里，被炒的人那么多，我只是其中一个。

48小时之内，我和我的家人达成了共识——离开这个地方。

我们已经买了套房子，甚至把它重新装修了，但现在我想回到曼彻斯特。我们在那里的房子正在被挂牌出售，但幸运的是，房子还没被卖出去。一两个月后，我们搬了回去。

我们回到那里，回到自己的老房子，孩子们也回到圣贝德，回到他们的旧学校。我突然感觉这18个月如同黄粱一梦。我希望那一切从未发生过，但它的确发生了。

我的自尊受到了打击。

"一切都没走上正轨，本来我可以做好的。"

一个故事可以总结我在伊普斯维奇的执教经历。执教四五个月后，我必须去参加我在俱乐部的第一次股东大会。马奎斯·伊文斯是最大的股东，不过还有些其他人。于是我西装革履地参会去了。我们那个赛季开局不利，不过他们让我不必太过担心，因为一切都会很简单。

媒体发言人跟我说："别担心，罗伊，也许会有一些问答环节，不过他们这些记者都很低调，可能只会问你一些关于赛前指南和赛场食物之类的问题。"

他们先是汇报了俱乐部的财务状况，然后感谢了马奎斯·伊文斯的支持，他们还提到，俱乐部青训营的发展很不错。

"台下的朋友有什么问题吗？把话筒传下去……"

第一个问题就是："我的名字是某某，我觉得罗伊·基恩应该马上辞去他在这家足球俱乐部的主教练职务。"

我心里想说："你能开开恩让我待到明天吗，这位朋友？"

我才进屋两分钟。

我最大的失败在于引援。我和球探的关系有些问题，我也错买了一些球员，说到底，你的引援可以成就你，也可以毁掉你。我卖掉了乔丹·罗德斯，他是一个好射手。我是不是被错误的意见给左右了？有时候我自己会琢磨："他们到底有没有听取我的意见？"

我本应该遵从自己的直觉。

如果情况允许，现在我会用更多的时间来观察球员。我会关注一个球员的长处，而不是一直纠结于他的短处。

我也知道，伊普斯维奇在我来之前就不怎么样，在我走之后也没什么起色。我并没有把巴塞罗那带到西甲降级区，我接手了伊普斯维奇，然后球队退步了一点儿，如此而已。自怜自哀来得太容易了。

我离开一周以后，联赛杯半决赛第一回合就开战了，对阵双方是伊普斯维奇和阿森纳。我曾说过，由太多年轻球员组成的球队会被英冠联赛生吞活剥的，但是这些小伙子们在联赛杯表现出色。我们在客场通过加时赛击败了埃克赛斯特（Exeter）。还分别在客场击败了克鲁（Crewe）和米尔沃尔（Millwall），随后我们主场淘汰了北安普顿（Northampton）还有西布朗。罗伯托·迪马特奥（Roberto Di Matteo）的球队在那之后又以0∶3输给了曼城，迪马特奥也随即遭到解雇。然后我们在两回合的半决赛中抽到了阿森纳队。

半决赛第一回合，伊普斯维奇击败了阿森纳。那是他们俱乐部三十多年来第一次进入杯赛的半决赛。

我现在更愿意相信自己。在伊普斯维奇，当和那些职员进行交流时，我应该提醒自己，我曾在顶级联赛效力多年，我曾执教过更高级别的球队。但我选择了听取别人的意见，而这些人的资历却无法与我相提并论。这并不是说他们的意见一文不值——我不是这个意思。我只是不应该妄自菲薄。

我们曾经探讨过那些我想签下的球员。

"我觉得他棒极了。"

"我觉得他很棒。"

"我觉得他不错。"

"我觉得他不行。"

"我们没准儿能买到他。"

"我们不一定能得到他。"

"我觉得他是很棒的小伙子。"

"我觉得他是个废物。"

有一次,我们一起看一场预备队的比赛,然后我问:"你们觉得那个叫艾弗森(Iverson)的孩子怎么样?"

然后两个职员想都没想就直接回答:"没戏。"

这让我非常厌恶。

第二天我一到球队就去把他们俩找了出来。

"伙计们,下次我提到一个球员的时候,别想都不想就把人否决掉。"

你犯下的错误会帮助你成长,因此,还是那句话,我要对自己宽容点儿。安切洛蒂、范加尔——他们都从自身的经历中学到很多东西。

我会试着更享受这一切,我会更多地做回自我。我觉得主帅这个职务带来的压力让我太过着意于扮演这个角色。当然,担任主帅本来就是在扮演角色。我在球员时期就曾在扮演某种角色,但那时我驾驭得更好。因为我自己就在场上,这更容易些。作为教练,你希望球员们为你而战。安切洛蒂可以在管理好皇马的同时做个好人。就算我比不上他,我至少也应该可以说:"嗯,我做了我自己。"

在伊普斯维奇,我有点儿演过了。那是个沉闷的小镇,我那时就想:"我要在这个地方搞出点儿动静,我要带他们去军队训练,我们要一整晚都吃死猪。"最终,这些做法多少让我自食其果。我曾说过,伊利斯·肖特和我说话时,就好像我只是被他踩在鞋底下的什么东西。我觉得我在跟伊普斯维奇的一些人进行交流时，也流露出了相似的态度。

保罗·杰威尔接替了我的工作，他上任后立刻说道："哦，我得收拾这烂摊子。"

那并不是烂摊子。我们管理严谨，训练得当。

他买进了一些好球员，比如赫尔城的吉米·布拉德（Jimmy Bullard），他的工资差不多有每周两三万英镑，新教练总能得到信任，但这种信任并不长久。

第十一章 球评杂忆

我不太情愿做个足球评论员。我认为这样的态度对我的解说质量有帮助。我努力让我的解说风格向自己的踢球风格靠拢——简单明了。有时候,我能看到阿德里安正盯着我,用眼神告诉我:"我们需要你多说一点儿。"

但我想的是:"你不会得到更多了,我想说的都说完了。"

我记得我从来不曾用"失业"这个词来描述自己的状态。我不喜欢这个标签，正因如此，我开始尝试一些我不太熟悉的东西——做公关、签名会、慈善比赛，等等。它们能让我忙一阵子，还能让我捞几个钱，它们能在一定程度上填补我的精神需求。我可不想整天无所事事，守着电话等机会来敲门。无事可做本身就会让人感到羞愧。我知道，这种状况通常是无法选择的。不过对我来说，无所事事却是自己的决定。

当我离开桑德兰时，我觉得自己的成就足够让我得到一份新工作。而在伊普斯维奇的执教经历让我意识到，我做的一切可能不足以让其他球队对我有兴趣，我得做好最坏的准备。

人们总是说："当上帝为你关上一扇门时，他就会为你打开一扇窗。"不过这句话在足球领域并不全对。当一扇门关上了，所有门窗就都关上了。我从没指望过我的电话会被打爆。但最终我得到了一个跨国任教的机会，我和一家土耳其俱乐部进行了谈判。不过我觉得那不能算是一个好机会。我还和一家英超以及一家英冠俱乐部有过接触，不过也没有任何实质性的进展。

我曾听过一个五十多岁的大学教授告诉他的学生们，不要太为生计操心，"我现在都还不清楚自己究竟想做什么。"我喜欢那句话，它让我看到了希望。

2011 年 9 月，我赶往尼日利亚，出席一场由健力士（Guinness）啤酒举办的演唱会。

健力士的一个高层通过迈克尔·肯尼迪找到了我。他们为我提供了一大笔钱。我只需要在那里待上三四天，而且还有马歇尔·德塞利（Marcel Desailly）跟我搭伴同行。

我扪心自问："我真的想走这条路吗？"不过我又想，"算了，反正我没什么别的事，何况我还没去过尼日利亚呢。"

有人警告我："这次活动的报酬的确不错，但当地有很多绑架事件。"

妻子和孩子们听到这个警告后，热切地希望我前往。看来没人打算付赎金了。

我心想："我想试试看，看我自己能不能乐在其中，起码要感受一下这样的活动。"

我去了伦敦，在西斯罗机场附近的酒店住下，并且见到了中间人——这种事永远有中间人的参与。我记不起他的名字了，他把马歇尔介绍给我。尽管我们两人曾在球场上交过手，但彼此之间不怎么认识。那天我们聊得很愉快，开了几个玩笑。我喜欢他。

第二天，我们起飞前往拉各斯（Lagos）。在机场过安检时，场面一片混乱，那简直就是一场噩梦。我在电影里看到过关于非洲机场的镜头，我觉得实际情况不会那么离谱，但事实上它就是这么离谱。最终，我们在保安人员的特殊照顾下才顺利通过了安检。

那个演唱会的名字叫"健力士 VIP"。我们站在舞台上，跟周身坐着的一百多个观众进行零距离接触。你只要转个身就能跟观众们互动。现场还有互联网直播连线。

第一个问题是关于我们两人退役后都做了些什么。

我离开赛场的时间还没那么长,所以当他们把麦克风递过来时,我就说我出去旅行了几次,然后开始尝试执教。不过在他们眼中,罗伊·基恩只和曼联有关。他们对我在桑德兰和伊普斯维奇的经历毫无兴趣。当我们两人被请上舞台的时候,主办方逐项列出了我俩的荣誉。我的成就还不赖,不过比起拿过世界杯,在米兰夺得过欧冠的马歇尔,好像就不那么耀眼了。于是我就跟大家讲起我们一家人旅游的经历,我们去过澳大利亚,到过拉斯维加斯。

台下比较安静,大家的反响并不热烈。

然后他们转向了马歇尔。

"请问您最近在做什么?"

见了鬼了,我以为自己听到了教皇的发言。

"哦,我建了几所学校,还在非洲为一些有利于孩子们的项目而奔走,因为我是你们的一员。"

全场反响爆棚。

活动又持续进行了大概一个小时。活动结束时,我和马歇尔一起走下舞台。

我们两人只认识了 24 小时,但彼此已经十分熟识。我对他说:"你个浑蛋,我谢你八辈祖宗。"

"怎么了?"

"我说的全是拉斯维加斯,悉尼,还有戴着泳镜在邦代海滩上玩。你说的却是凭借一己之力建学校。"

他说:"罗伊,你得懂游戏规则啊。"

他一直在笑，根本停不下来。

第二天早上，我们出发前往北边的伊巴丹（Ibadan）。有架直升机在等我们。

马歇尔说："我不上去，我不喜欢坐直升机。"

因此他们包了辆中巴。我很有团队精神，因此没有抱怨。在中巴上的三四个小时里，马歇尔一句话都没说，他一直在闷头发邮件和上网。

我们比直升机晚到酒店三个小时左右。

然后我们参加了活动。

第一个问题："您们在退役后都做了哪些事情呢？"

这次我说："我做了一些慈善工作"，然后我提到了爱尔兰导盲犬——这个话题能让我言无不尽。

我看到马歇尔递来的目光："这就对了。"

第二天早上，我们要坐飞机回到拉各斯。我们走下楼，走进酒店大堂，转身出门，然后马歇尔径直走进了直升机。这次我们只用了半个小时就回到了拉各斯。

我们在希斯罗机场降落。我本来应该立刻转机飞回曼彻斯特的。但在过安检的时候，我的行李触发了警报器。他们似乎在我行李的把手处检查到了某种爆炸物残渣。这肯定来自于某个尼日利亚的保安人员，只有他们帮我提过包。这些保安人员都是前空军特种兵。在尼日利亚期间，我们去到哪儿他们就跟到哪儿，全程陪护。

我说我还需要转机。

希斯罗机场的工作人员看了我一眼，那表情似乎在说："你现在还有闲心考虑那个？"

"我们必须得追踪这些爆炸物的来源。"

"但我是从尼日利亚回来。"

"哦，好吧。那我们让这个包再过一遍机器，如果还有警报，你就哪儿都去不了。"

第二次什么都没发生，我就这么离开了。

之后，我在伯明翰的 NEC 中心和几位退役球员一起参加了一场签名会。人们来这里向我们索要签名。

我和其他几位名宿一起坐在一条长桌后，其中还包括丹尼斯·劳（Denis Law）这样的球员。我看着他们，心想："你不应该来这里的，这里与你的身份不符。"然后我看了看其他几位名宿，心想："你们倒是来对地方了"，毕竟这个活动报酬不错，是个赚钱的好机会。他们中的很多人没有赶上金元足球的时代。

不过人们就在我们眼前买我们的签名，5 英镑签一个签名，诸如此类。我觉得自己这辈子都没那么丢脸过，我觉得我甚至能听到他们耳语："这人的签名值这个价钱，那个人就算了。"

这真的不适合我，我感觉自己在献媚。我当时就盼着活动结束，我愿意付两倍的钱逃离那里。

我踢了几场名宿慈善赛。这些慈善赛其实是有出场费的，这让我很惊讶。我把我的出场费都捐了出去。我们在老特拉福德球场为国际儿童基金会（UNICEF）踢了一场慈善赛。比赛双方是世界名人队和摇滚歌手队。然后我还去凯尔特踢了一场——球队名宿对其他什么人。

不过我感觉糟透了。

"我这辈子难道就这样了吗？"

我可不想沦落到跟摇摆不定男孩①同场踢球的份上，这从来都不是我的胸中大志。你重新穿上球鞋，但你已经超重了。你在场上弄伤自己，让自己丢脸。

"我到底在干什么？"

我不喜欢自己的发展方向。

我对其他一些人的选择并不感到羡慕。如果他们选择为5万英镑去印度踢一场传奇对决，我完全可以理解。但我不想这么做。

不过我会尝试不同的事物。我宁愿为自己做过的事情感到后悔，也不愿后悔自己没去尝试过某事。

我曾为《太阳报》写过一阵子专栏。他们也跟我说："这钱很好赚"。我尝试了一下，然后我就丧失了兴趣。我恨这份工作。每个周五或者周六，我都得和一个记者进行电话交流，然后对所有事情提出自己的看法。不过对于某些事情，你只能诚实地说："我对这件事没什么看法。"但是这种评论可无法写进报纸的专栏，我在一次采访中就说了这句话。记者问了我一个关于曼联的问题，然后我说："我对此没有什么看法。"结果报纸上的标题大概是："震惊：基恩对某件事不屑一顾"。

我预感到自己总会得到一些机会，预感到事情总会有所转机。每当我陷入自我质疑，就会发生一些不同寻常的事情。当我在科布踢球时，我曾想过放弃

---

① JLS，一支英国乐队。

这项运动，结果森林队找上了我，然后我又转会到了曼联。我知道事情并不会总是这样否极泰来，但当我质疑自己时，这种想法却激励着我。

我从没觉得自己堕落，我认为身陷低谷和自甘堕落是有区别的。有时候我会陷入低谷，但是我依然相信希望就在眼前。我在银行里有不少存款，所以我在经济上没有后顾之忧，我知道这会在很大程度上减轻我的焦虑感。但坐吃山空不是我想要的。这并不是钱的问题，人总要有些精神寄托。

在我退役之前，我曾经担任过一场比赛的评论嘉宾。那是一场曼联对阵阿森纳的比赛，我当时受伤了，所以我被请到天空电视台做解说嘉宾。我不喜欢那种感觉，总觉得束手束脚的——我还是名球员，所以很多事我不能说。

不过现在不一样了。我没有工作，联赛教练协会希望我去电视台打工，以维持我的存在感——当时他们用的词是"曝光度"。那时，距离我离开伊普斯维奇已经过去四五个月了。这是我第一次有失业的感觉，我不喜欢这种感觉。其他几段休息时间——我刚刚退役，以及刚离开桑德兰时——无非就是两份工作间的间隔期。

当时我正在厨房里闲坐着，妻子出门了，孩子们还在上学。这时，电话响了，是迈克尔。独立电视台（ITV）问我有没有兴趣担任欧冠决赛的评论嘉宾。那场比赛在温布利球场举行，对阵双方是曼联和巴塞罗那，我也没能买到那场比赛的球票。

我心里一琢磨："不错啊，就当去免费看场球了。"

这并不是突如其来的。在此之前，独立电视台就跟我有过接触，不过那天是他们的截止日——那已经是决赛前的星期三了。我必须得在15分钟内将我的决定告诉迈克尔。

通常，当迈克尔通过电话向我转达一些邀请或者工作机会时，我基本都会说：“让我琢磨琢磨吧。”

然后他就会笑着说：“我知道你不会同意了，那我直接回复他们就是了。”

不过那天，我看过自己的运势，上面写着"你不能总对别人说不"。

所以我说："我想去。"

我的目标是那张门票。

我曾担任曼联队长，后来还当过教练，所以对在镜头前说话并不陌生。我之前曾在曼联电视台做评论嘉宾，点评了曼联对阵米德尔斯堡的比赛，结果却捅了篓子，这也多少导致了我被扫地出门。

与我一同担任嘉宾的有加雷斯·索斯盖特——他是节目的常驻嘉宾——以及哈里·雷德克纳普。哈里那年还在执教热刺队，他们也参加了欧冠联赛。节目的主持人是阿德里安·齐利斯（Adrian Chiles），除此之外，他们还邀请到了安迪·汤森，我之前就认识安迪。考虑到那是欧冠决赛，而且我初来乍到，我那天的表现可谓很放松了。不过我曾经和巴塞罗那交过手，还为曼联踢过球，我也在温布利打过比赛，所以我感觉挺自在的。而且其他人——加雷斯、阿德里安，独立电视台的工作人员——给了我很多帮助。哈里的性格也缓和了气氛。一切都显得格外轻松，要知道这场比赛对独立电视台意义重大。

我的主要观点是，曼联的 4-4-2 阵形无法与巴萨的中场相抗衡。吉格斯和卡里克（Micheal Carrick）当天担任首发中前卫。他们都是好球员，但是他们都不擅长在丢掉球权后把球抢回来。我尽量说得简洁直接，我的预测是正确的，曼联在那天的比赛中控球时间极少。不过就算不是专家也应该能预测到这点。

独立电视台冒了次险,临时挑选了我。不过我觉得他们对我的评论很有信心。我在录制电视节目方面的确不在行,但是我对足球的理解入木三分。

几个月之后,2011—2012赛季开始了,他们问我要不要多做几场比赛。我都是一场一场根据直觉做的选择。我相信独立电视台,不过我不想签下长期合同。在两年多的时间里,我一直没有一份正式工作,所以我选择继续担任解说嘉宾。

我习惯了这份工作,我习惯了出差,习惯了演播室,习惯了在场边进行分析,也习惯了和其他的足球权威人士以及节目组制作人员一起协作。

我喜欢出差。我喜欢去慕尼黑,喜欢去马德里,当然还有巴塞罗那。如果没有英国球队参赛,我就可以在这些城市的大街上闲逛,因为我不需要费心应付球迷。我们还去过雅典,转播曼联对奥林匹亚科斯的比赛,然后我们一群人还去参观了雅典卫城。在球员时期我是没机会这么做的。

我也很喜欢坐火车去伦敦。我喜欢在伦敦的街上闲逛。我往往会在伦敦待上一天,犒劳一下自己。不过通向球场的往返路程就有点麻烦了,因为交通太堵了。后来我开始搭摩托车前往比赛现场,这种感觉很好。我坐在摩托车后座——他们从酒店或者车站接我,然后把我送到温布利或者斯坦福桥。我喜欢那种生活节奏——去比赛现场,然后回家。我喜欢独立电视台,喜欢和我一起工作的人们。

不过在四处奔波的过程中,也难免会遇到一些麻烦。我在曼城做客比利亚雷亚尔的比赛中担任评论员,结果我遭到了曼城球迷的辱骂,那时我就想:"我干吗要受这份罪?"不过接下来,我们去解说了一场曼联比赛,李·迪克森也被曼联球迷骂了个痛快。然后我就觉得："哦，原来干这行就得习惯这个。"

我喜欢解说曼联或者曼城的主场比赛，因为他们的球场就在我家门口。去伊蒂哈德（Etihad）球场和去慕尼黑做比赛评论的酬劳是一样的。但是去慕尼黑你得离家三天，而在曼彻斯特你连一天都用不上。

偶尔有那么几次，我也会感到不爽。可能恰巧我的心情不是很好，或者我评论的那场比赛没有进球，没有精彩场面，不值得我长途跋涉。为了去做比赛评论，我不得不离家，还会错过一些家庭活动，比如家人的生日。这种时候我会觉得："这个工作不适合我。"

然后我会跟制片人托尼·帕斯托（Tony Pastor）或是后来的马克·德玛斯（Mark Demuth）联系，告诉他们我不想再做了，我有点儿干烦了。我想歇一阵子。然后我就会在电视上看比赛，心里想着："如果我能去点评，效果也许会更好。"

几周之后，他们会跟我联系："你确定你不想做这场比赛？"

我会说："哦，那我还是做吧。"

我回去之后，那些家伙就会揶揄我："我们以为你已经退役了。"

我的回复是："听着伙计们，我只是再做几场而已。"

当教练时，我的结局总是很糟糕——所有教练基本都这样。不过在干这份工作时，我多少能按自己的意愿做出一些选择。甚至有的时候，我还可以通过这份工作吐露对于某事的不满，只要不做得太过分就没事。

足球运动员在退役之后最悲惨的情况就是沦落到无事可做。一直以来，足球这项运动待我不薄，因此，即便我经常会讨价还价，但我关注的并不是挣钱，而是保证自己有事可做。

第十一章 球评杂忆

比赛之前，我要做很多的准备工作。我必须得了解英国球队的对手，他们会寄给我比赛录像和球员信息。你得学着对各种资料进行取舍，毕竟你只在赛前、中场休息和完场的时候才有短暂的出镜时间。我一直在学习相关的技巧。

这是一种工作，不过我不喜欢"足球评论员"这个标签。总的来说，我不想被贴上任何标签。不过被称作"足球运动员"我就不会太介意——我喜欢做足球运动员。

足球评论工作不是下矿井做苦工，但我觉得这份工作也有很强的目的性。它需要制造辩论的话题——即便这只不过是评论员们的观点冲突。这种辩论是有技巧的，需要平衡协调。也许你的论点对于一些没从事过足球运动的人来说过于艰涩，不过你还不能表现出居高临下的态度。你需要在对普通观众灌输一些理念的同时娱乐观众。这就好比你去餐馆吃一道好菜，你大概没兴趣知道厨房里烹调这道菜的全过程，但是能瞥一眼的话会很有意思。

平衡很重要。我说得越多，废话也就越多。所以我尽量保持评论的简洁。像天空电视台或者爱尔兰电视台那样要求长篇大论能要了我的命。那样的话，我肯定会把所有事情都解释得过于繁琐。

我一直在学习掌握那个尺度，在熟悉电视节目的运作方式。我必须时刻提醒自己，球员们在场上所做出的移动或者传球的背后原因不是所有人都能看透。

"他的跑位是出于这个目的。"

阿德里安会这样配合："哦，这我没看出来。"

然后我会继续说"他跑到这个位置来掩护这名球员"或者"这是传球速度的问题"。

我尽量不去说那些显而易见的事，同时也不想让自己显得高深莫测。我估计他们之所以让我做这份工作是因为我这个人有什么说什么,以及我过往的职业生涯,还可能因为我给他们带来意想不到的话题。人们可以说:"哦,他是对的。"或者:"哦,他就是个浑蛋。"

然后就是一些陈腔滥调了。去年的流行词是"摆大巴",这是个新说法,不过它所指代的战术有些年头了。利物浦在20世纪80年代就是这么踢的。流行词其实就是个小花招,就好像赛后分析里那些花里胡哨的箭头。毕竟你得填满电视节目的时间。布莱恩·克拉夫说过:"足球最大的问题就在于有太多战术了。"我的工作是尽量将其简化。

我的纠结之处在于,电视工作让我感觉像是承认失败,就好像这是我执教伊普斯维奇失败后的无奈之举。这种想法只针对我自己,不是针对那些本来就想在媒体上一展拳脚的人。我不太情愿做个足球评论员,我认为这样的态度对我的解说质量有帮助,我努力让我的解说风格向自己的踢球风格靠拢——简单明了。有时候,我能看到阿德里安正盯着我,用眼神告诉我:"我们需要你多说一点儿。"

但我想的是:"你不会得到更多了,我想说的都说完了。"

有的时候,我希望自己的生活能变得平凡一些。我必须要接受一个事实:我在电视行业做得越久,这就越不可能实现。人们会问我:"在曼联发生了什么?"然后我就会觉得自己又被切了一刀。我只是在出售自己。

我倒不是说想要蓄上一脸胡子,然后搬到通布图(Timbuktu)去住。不过我希望能有那么一段不被打扰的时间,不会走到哪都被问:"你怎么看范加尔?"或者"你怎么看莫耶斯?"我会感觉自己完全困在了足球领域中,当然，这总比困在其他行业里要好。

有时我会扪心自问："这真的是我想要做的事么？"，我的回答是"不"。

2014年5月，我要在欧冠决赛皇马对阵马竞（Atlético）的比赛中担任解说嘉宾。我不需要为这场比赛做太多的准备，因为我在那个赛季里看了他们很多比赛。他们寄给我双方的比赛录像和更新后的伤病名单。我也一直关注着报纸上的文章，看看会不会有些有用的消息。

如果是两支我不那么熟悉的球队，比方说沙尔克（Schalke），我可能会做更多准备。2012—2013赛季，我解说了一场巴黎圣日耳曼（Paris Saint-Germain）的比赛，然后我发现我的信息有些过时了，因此我意识到要多做点儿赛前准备。我会至少观看某支球队的一场全场比赛，如果可以的话最好是直播。但如果我要解说的是切尔西或者曼联的比赛，我会感到很放松，因为我对这些球队太熟悉了。我知道现场是什么样的，我曾经在那儿踢过球。我经常能看到这些球队的比赛。

因为是决赛，所以在比赛前45分钟我们的节目就开播了，我不喜欢太长的直播时间。不过我也理解为什么电视台会这么安排，毕竟是决赛，有很多广告要播。不过在赛前做分析会格外困难，半场和终场的比赛分析要好弄多了，毕竟你有很多可以分析的东西。但是在赛前……

"你觉得会发生什么？"

"你觉得谁会是最有威胁的球员？贝尔，还是罗纳尔多？"

"他们可以凭借哪些优势去赢得比赛？"

我们必须得提出自己的专家观点，不过我更喜欢谈论那些我们切实看到的东西，而不是对我们可能会看到的东西进行预测。不过，我也喜欢冒冒险，进行一些大胆的预测："嗯，我觉得他们会这么布置。"

我并不享受欧冠决赛，我心有旁骛，觉得我不应该坐在那里，我应该在都柏林和爱尔兰队待在一起。我们第二天就有一场对土耳其的友谊赛。六个月前，我得到了一份足球相关的工作，我成了马丁·奥尼尔的助手，不过直到那时我才刚刚开始履职。我应该出现在都柏林的。

比赛结束了，皇马赢得了奖杯。史蒂芬·杰拉德也在演播室内，他也是嘉宾主持人之一。

"史蒂芬·杰拉德，你应该了解举起欧冠奖杯的感受……"

"对，感觉好极了。"

哈维·阿隆索（Xabi Alonso）当时在皇马效力，他在那场比赛中由于禁赛没有出场。阿德里安问我那是种什么感觉，因为我在1999年的欧冠决赛中也被禁赛了。

"那么，罗伊，你觉得阿隆索现在在想什么？他没能参加欧冠决赛。"

这个问题他问过很多遍了。我们在半决赛之后就谈过这个问题，当时阿隆索吃到了他的第二张黄牌。决赛开始前，我们再次谈起过这个话题。现在他又把这个问题放在我的面前。我当时就想："别再问了。"

我感觉自己想脱口而出："去你的，阿德里安。"

尽管当时已经是10点以后了，过了分水岭时间①，即便节目的内容稍微

---

① 英国规定公共广播电视在22：00—5：30以外的时间段不允许播放不适宜未成年人观看的内容，包括过激语言。

暴力一点儿可能也不会惹太大麻烦，但我还是没有把话说出口。

我不喜欢我的同事和我在一起时太过随便，我不喜欢他们觉得我属于他们，这让我感觉被束缚。如果我一定要为别人打工，那我希望雇用我的是俱乐部或者足球机构，而不是媒体。

比赛之后，制片人马克——一个很好的人——问我："一切都好吗？"

我说："不好，马克，我不想做电视了。别再提世界杯的事了，我不会去的。"

他说："你确定？"

我说："没错，我现在没那个心思。"

之前一周评论足总杯决赛的时候，我就觉得不太自在。我是个解说嘉宾，但现在我同时也是爱尔兰队的助理教练，当时场上就有一名效力于赫尔城的爱尔兰国脚，几天之后我就要去指导他们训练。我可能在未来还会参与电视节目，但前提是我没有同时在做足球相关的工作，没有在任何球队任职。我只是在想："我无法同时做这些事情。"

这个想法一直萦绕在我脑中，我很高兴自己最终下定了决心。这就好像我给戈登·斯特拉坎打电话，告诉他我不想再踢球了，有种如释重负的感觉。这意味着我没法去世界杯了，不过本来我也不太想去。我结束了一份长达两三年的工作，我感觉这个决定很正确。我知道评论嘉宾是足球世界里的重要一环，但我就是不想再做了，我觉得这份工作在侵蚀我的灵魂。

有一次，我们去都灵评论一场尤文图斯对阵切尔西的比赛。我们就站在角旗边上，阿德里安站在我身边。

他说："这感觉太棒了，不是吗？"

他是个正宗的球迷。

我说:"哥们儿,我曾经踢过这种比赛。"

我没有自夸的意思。

他看看我说:"嗯,我能理解你的心情了。"

这是一种立场,关乎你所坚持的东西。当我在曼联踢球时,我的薪水很高,但是我知道自己是"物有所值"的。

这份工作就不一样了。

"这事纯属小菜一碟。"

我不喜欢小菜一碟。

当我听到人们说:"我喜欢你昨晚的评论。"我很清楚:我只是和其他人一样在说些垃圾。我只能让自己说的垃圾稍微好听点儿。

我希望能做点儿让自己兴奋起来的工作。我对电视工作缺少激情。

我真正喜欢的是我跟大家一起工作。如果我们要去解说一场客场比赛,我们会提前一天出发,然后一起去找个地方吃饭喝酒。我喜欢阿德里安·齐里斯和李·迪克森,有时还有加雷斯·索斯盖特,以及马丁·奥尼尔。我们像一个小团队。有时候安迪·汤森也会加入我们,或者还有解说员克里夫·泰德斯利(Clive Tyldesley)。我们会讲很多关于足球的段子。还有那些幕后英雄们——音响师、制片人——我和他们也相处得很好。

我感觉就像是在巡回演出,我们会前往欧洲很多不同的城市和球场。我会和很多同行偶遇,我曾和詹·莫比(Jan Mølby)相遇并且结伴同行。詹为丹麦电视台工作,不过他住在英格兰。和他在一起很热闹,詹曾经为利物浦队踢球。有一次,一些曼联球迷看到我俩在一起,其中一个人对我说:"你为什么会和这种人说话？"

我很想回答说："我想和谁说话就和谁说话。他为利物浦踢球是 80 年代的事情了！"

我喜欢遇到其他的老球员。詹、雷·霍顿（Ray Houghton）、帕特里克·维埃拉还有凯文·基尔巴尼。

我曾在伦敦的一家酒店里遇到了彼得·舒梅切尔。我当时正在喝麦片粥，他说："咱俩一起吃吧？"

我们曾经打过一架，但现在我们一起开着玩笑吃着早餐，这感觉很好。我们没再提过打架的事。

打架的事已经成为过去，现在已经时过境迁。帕特里克·维埃拉也曾和我在球员通道里有过冲突，但现在我很喜欢见到他。我曾经因为脚踩加雷斯·索斯盖特而吃到红牌，但现在我和加雷斯相处得很好，我们还保持着联系。我也很喜欢遇到伊恩·赖特（Ian Wright），虽然我俩曾针锋相对。我曾经踢过罗伯特·皮雷（Robert Pires）一脚，但现在他对此只是一笑置之。

我有时会想："这些家伙都是好人。"

做球员时，我决不允许自己有这种想法。我觉得电视工作让我在一定程度上解开了心结。

我遇到过彼得·里德（Peter Reid）。

我曾经用脚狠踹过彼得·里德——作为一种对他的尊敬。我记得他在曼城时我还毫不客气地踢过他。我不记得他是否踢过我，不过我想他肯定踢过。

彼得评论过一场英格兰队的比赛，我们在奥斯陆的同一家酒店里相遇了。我们一起出去散了散步，一起吃了午饭。我小时候对他非常敬仰，当时他跟阿德里安·希斯（Adrian Heath）以及凯文·谢迪（Kevin Sheedy）一起在埃弗顿踢球。在奥斯陆，我有机会和他在一起吃午餐。我们坐在一起，其中的一个人说："这太酷了。"

那的确很酷。

第十二章　助教风云

我热爱足球这项运动,但我觉得我有点儿被分心了,我已经背离了热爱这项运动的初衷。

我认为马丁·奥尼尔是爱尔兰国家队主帅的不二人选,我之前和他见过几次面。我们在电视台共同做过几次节目,一起评论过两场英国球队的客场欧冠比赛。我很喜欢跟他合作,我也希望他会喜欢跟我合作。因此,当我意识到他很有机会拿到那份工作时,我也在想:"也许,仅仅是也许,他会想到我。"

我觉得这份工作很适合马丁,毕竟他的性格和资历摆在那儿,甚至他的年龄都很符合。我认为这对他来说会是个完美的挑战。然后很快,他就给我打电话说:"你有没有兴趣过来聊聊天?"

我想:"好啊,这下有意思了。"

当时的我充满了热忱,因为在我离开曼联之后,尤其是在被伊普斯维奇解雇之后,我有点儿失去对于足球的热爱了,我讨厌这么说,因为对我来说,足球依然是这个星球上最美妙的运动。

我有预见到这个机会吗?大概没有吧,但我也没有感到十分吃惊。在足球圈,你永远无法预知在下一个拐角会遇到什么。我认为在爱尔兰队当马丁的副手对我来说几乎是完美的机会,我渴望在这些混乱且大起大落的经历后——我从十五岁开始就过着这样的生活——回到爱尔兰,跟马丁一起工作。"怨恨"是个太激烈的词汇,但是从我很小的时候,我就一直在想:"上帝啊,难道怨恨才是足球的本来面目吗？"

所以，当马丁问我"你想不想入伙"时，我唯一的想法是："这太棒了。"

我真的那么想。

我装作很冷静，但是我的内心早就翻山倒海了。这个机会带给我一丝兴奋，而我本已失去了感知兴奋的能力——是在足球当中失去的，这毫无疑问。在足球的世界里，只有悲剧性的结局。我和其他很多退役球员没有区别。我担任电视嘉宾，依然可以去看比赛，依然可以享受比赛，但是我失去了生命的目标。爱尔兰队的这份工作，还有跟马丁共事的机会，我认为那会很美妙。而且，我也不用负主帅的责任，这和其他事一样吸引着我。我可以和球员们亲身交流，也不用去爱尔兰足协（FAI）开会——我这么说没有恶意。我对自己说："你不用成为众矢之的了。"

我可以回到训练场对球员们言传身教了。作为主教练，你需要退后一点儿保持距离，也许之前的距离让我保持得太远了。

我对作为马丁助教的前景非常看好。如果换成其他人，换成一个不那么出色的主教练，我可能就不会这么想。但这是马丁·奥尼尔，何况，我不介意奉命行事，尤其是在我退役以前。我不需要当老大，当主教练的感觉确实不错，可以选择自己的团队，工资也更高。当老大肯定有很多好处，但是如果是在我远离足球的那段时间里，有人问我想不想当某个人的助理教练，我脑中就会浮现出两三个名字，马丁就是其中之一，而且我会首先考虑他的。

当史蒂夫·麦克拉伦在2011年成为诺丁汉森林队主帅时，我心中曾闪过这样的念头："我不介意去当他的助教。"当然，史蒂夫对此并不知情。

我在曼联时就熟知史蒂夫，他是个出色的教练。我还遇到过其他一些这样的人，面对他们时，我会下意识地想道："嗯，或许有天能跟他合作吧，我觉得我们能合作得很好。"

我觉得我也会喜欢在大卫·莫耶斯麾下工作，如果我离开曼联之后选择加盟埃弗顿队，我就能得到这个机会。这是一种直觉。面对某些主帅时，我就会想："我喜欢他做事的方式。"而面对其他一些主帅时，我就会想："听着，这没戏。"

有人问我："嘿，现在你要成为一名助理教练了。这意味着什么？"这意味着我要全力协助主教练，无论他需要我做什么，我都会义无反顾。如果马丁对我说："罗伊，有个中国球员能为我们踢球。"我就会去中国。如果他提了要求，并且他的要求在我的职责范围内，我就会去做。

至于我和爱尔兰足协的关系，我很惊讶，人们居然忘记了我早在2004年就已经重返国家队效力了。我踢了两年，所有的梁子早就揭过去了。即便是初回国家队的时候，我也没有感到过任何难堪。我只是觉得："我是名球员，我想为祖国披挂上阵。"我并不觉得我需要为塞班岛事件或者其他冲突而去弥补什么。我从没为自己坚持的东西感到后悔。我只是对发生过的那些事情感到遗憾。我从未对自己在这些事件中的所作所为抱有负罪感。

我在前往格拉斯哥，观看凯尔特人主场对阵流浪者队比赛时第一次见到了马丁。天知道那是哪年的事儿了！马丁当时是凯尔特人的主教练。赛后，我被邀请到了凯尔特人主场的董事包厢。不过我跟马丁的初次交流并不能算是良好的开始，因为马丁对我说的第一句话就是："我觉得你应该去踢世界杯。"

我说："为什么？"

然后马丁说："呃，你懂的。"

然后我说："你当时不在那儿，你不知道到底发生了什么。"

他说："我只是随口一说。"

我回答道："你有权利发表自己的观点，但是你要知道，这里边发生的事比你想的要复杂。"

这就是我们之间的第一次对话。

不过，几年之后，我开始执教桑德兰队，而马丁则在执教阿斯顿维拉队。在我下课之前，我们曾有过三次交手，两次在维拉公园，一次在桑德兰。比赛之后我们照例会在他的或者我的办公室内小聚一下。马丁会跟他的助教约翰·罗伯森（John Robertson），还有他的职员一起出现。我喜欢他的职员，你可以从他们身上感到人情味儿。之后我就开始和马丁一起在独立电视台共事，我们两个人都曾在布莱恩·克拉夫帐下踢过球。也许是因为克拉夫的缘故，每当我们讨论足球时，就会发现我们对比赛战术和比赛进程的理念有着惊人的相似之处。马丁也许不这么想，但我真的很享受和他共事。

而且我们之间有过不少奇怪的巧合。马丁曾经效力于凯尔特人，我也曾在那里踢过一段时间。马丁曾执教桑德兰队，我也执教过桑德兰。他曾为布莱恩·克拉夫踢球，我也如此。马丁说他特别喜欢美式橄榄球，我也非常喜欢这项运动。在我还是孩子的时候，我就曾在周日晚上看第四频道直播的美式橄榄球赛。每次我调到那个频道的时候，我奶奶都会发疯。马丁是爱尔兰人，我也是爱尔兰人。马丁有一个女儿叫阿拉娜（Alana），而我的女儿叫阿兰娜（Alanna）。可能他是因为这个才给我这份工作的！

这些年来，我扮演过很多角色。有时候，连我自己都不知道我在扮演什么角色。我注重家庭，我来自科克，是电视台足球评论员，我是个批评家，我也曾是个粗暴的足球选手。有时我甚至感到自己是个演员，也许所有人都这么想过——我不知道。我曾是一位主帅，我刻意跟球员们保持距离，不过我内心希望自己能手把手地指导他们。不过当我拿到这份工作时，我对自己说："这次我会尝试做我自己，我会和球员们一起工作，我要让自己舒服一点儿。"

我不会像球员时期那样，参与球队的政治事务。我只会一心一意地为球队服务，而不是被其他事情绊住手脚。在人生的这个阶段，当一个二号人物对我来说再合适不过了。

我热爱足球这项运动，但我觉得我有点儿分心了，我已经背离了热爱这项运动的初衷。塞班岛事件、与弗格森的争吵，这些都和足球本身毫无关系。我从没在比赛中跟人争吵过。回归爱尔兰国家队让我觉得自己重新回到了足球那片净土中。5月份，我们在兰思多恩①被土耳其打败。虽然那只是一场友谊赛，但那种感觉糟透了。不过第二天早上醒来后，我就去绿茵场和球员们一起训练了。这简直太美妙了。

这种感觉我已阔别多年。

我当时负责训练前一天晚上没有上场的球员，我心想："我们会让一切步入正轨。"

那种感觉发自心底："这次要做出些成绩。"

身处绿茵场对我来说就像汽车挂上了挡，我已经两年没有穿过足球鞋了——彪马国王系列（Puma King），很明显，这种球鞋的风格源自于20世

---

① Lansdowne，爱尔兰国家队主场。

纪 50 年代,因为他们不是绿色的,不是橙色的,也不是其他花里胡哨的颜色。挂上挡,拿上球,穿上分组背心,摆上训练器材,设置好训练课。训练课的内容环环相扣,彼此关联。先是热身,内容是控球训练,5 对 2,或者 7 对 2;或者在大场上进行 6 对 6;两脚出球,一脚出球,这都是热身的项目。然后进行一些传中和射门训练,最后打一场训练赛。有时候,训练赛会有些额外规则——比方说射门时不能停球。如果参与训练的人数较少,比方说 4 对 4,你甚至可以限定一脚触球之后紧接着一脚射门。时间长一点儿的训练环节还可能包含战术演练,借此给球员们演示不同情况下的应对方案。训练课的构成很大程度上取决于当时的赛季进度,比如在赛季末你就不会去关注状态调整。此外,训练课距离上一场和下一场比赛的间隔,参与训练球员的数量,这些都会影响训练课的内容。主教练还会根据自己对球员状况的把握,提出需要特别训练的项目。一堂训练课的内容是由很多因素共同决定的。

早上,马丁会和我,还有其他职员一起讨论训练计划。他会听取我们的建议和想法,然后决定具体的训练内容,我对此毫无意见。训练课的时间很短,我们和球员在一起集训的时间也很短,而且马丁也非常有经验。在俱乐部执教时,训练课就会多很多,那时我就喜欢通过观察球员状态来快速地做出一些决定。我喜欢那种责任感——"你们明天放假,小伙子们,今天你们练得太累了。"不过作为助理教练,你是不能做出这种决定的,因此我觉得这最终可能会让我抓狂。

空气通常很清新,有时会有点儿小雨,会有点儿冷。当训练课进行得顺利的时候你会感到满意,而在不顺利时你会觉得失望。这就是足球带给我的喜怒哀乐。回去吃午饭时,我心里会想:"今天干了不少事。"然后一边享受食物,一边继续想"那堂训练课安排得不错"或者"那堂课不太好,谁谁不错,谁谁不怎么样,谁谁真让人生气"。

喝茶或者喝咖啡是这份工作的重要组成部分,你会一边品茗,一边讨论足球;或是一边喝咖啡,一边分析比赛录像;还可以讨论一些以往的比赛或者往届的锦标赛。你总是在跟其他热爱足球的人一起聊天。

晋级2016年欧洲杯决赛圈会是一项艰苦的任务。跟我们同组的有德国、波兰、苏格兰,还有格鲁吉亚。不过就算是这种逆境也让我甘之如饴,我已经很久没有这种饥饿感了。

很多人不喜欢执教国家队,因为你和球员在一起的时间一定会非常有限。但是我觉得,跟球员在一起时间太长反而会成为阻碍。2013年11月有两场爱尔兰队的友谊赛,对手分别是拉脱维亚和波兰队,我和马丁,还有门将教练谢默斯·麦克唐纳也在那时迎来了我们的首秀。我很享受那种感觉,我觉得有一部分原因是,我们只和球员们在一起待了八九天。史蒂夫·沃尔福德(Steve Walford)和史蒂夫·加皮(Steve Guppy)也加入了我们的团队,这对我们来说帮助巨大,而且他们还带了新的足球典故和段子。史蒂夫·加皮曾在马丁执教威科姆(Wycombe)、莱斯特和凯尔特人时在他麾下效力。马丁执掌桑德兰后,加皮加入了他的教练团队。史蒂夫·沃尔福德曾和马丁一起在诺维奇队踢球,随后和他一起辗转执教威科姆、诺维奇、莱斯特、凯尔特人、维拉和桑德兰。

2013—2014赛季末期,我们有4场比赛,分别在都柏林、伦敦和美国对阵土耳其、意大利、哥斯达黎加和葡萄牙。这次,我们和球员们一起进行了为期两周的集训。

一切都和在俱乐部任教截然不同,当你在俱乐部与球员共事时,你会看到他的问题所在。但是当你只和他们相处一小段时间时,你只需考虑为比赛做好力所能及的准备。

在俱乐部,你需要花很多时间来讨论你想买进谁,要清洗谁。而在国家队,你就不会这么想。你手里的球员就是你能用的所有球员。这也有积极的一面——你需要尽量发掘球员的长处。这就好比做一个祖父:你把孙子接过来,最后你还得把他还给父母。

我和谢默斯·麦克唐纳一起工作。我曾经在达利蒙特(Dalymount)球场看过谢默斯为爱尔兰队效力时的风采。那时我还是个孩子,只有十一二岁。那是个周三的晚上,我和洛克蒙特的队友们一起从科克赶去观看比赛。

我和谢默斯谈起过那场比赛。

"那场比赛你上场了吧,谢默斯?"

"对,我上场了。"

爱尔兰队那场比赛的对手是荷兰队,那是路德·古力特(Ruud Gullit)的国家队处子秀。

我们以 2∶3 输掉了比赛。

我为此调侃了谢默斯。

"那场比赛你丢了好几个球啊,谢默斯。"

我们之所以能前往都柏林,是因为我们在一届 12 岁以下的足球锦标赛中夺得了冠军,锦标赛的名字叫作瓦尔·奥康纳(Val O'Connor)杯。我们闯入了决赛,并且得知胜者可以赢得现场观看爱尔兰国家队比赛的机会。现场观战国家队是我那时的梦想。我们在决赛中 3∶0 击败了对手,我完成了帽子戏法。

我当时对自己说:"我一定要去看那场比赛。"

谢默斯曾在那场比赛登场,而现在我就在他身边工作。

这太美妙了。

那天,我还在都柏林买到了人生中的第一张单曲唱片。那是一首文化俱乐部①的《因果变色龙》(*Karma Chameleon*)。

尼尔·奎因最近在电视上发表了这样的观点:戴夫·兰根(Dave Langan)——一位七八十年代的爱尔兰国脚——就算腿折了都不会缺席比赛,他会说:"我能上场。"我觉得尼尔当时是在用戴夫的态度跟史蒂芬·爱尔兰的态度作对比,来说明现在的足球已经发生了改变。从前,为国家队效力是一名球员职业生涯的光辉顶点;而现在,球员们都更看重欧冠联赛。也许是我在球员时代的高度,让我也迷失在了那个以欧冠为重的世界观里。我要时刻提醒自己,我们队中的大部分球员一辈子都没有机会打欧冠。为爱尔兰效力就是他们职业生涯的顶点。我得时刻提醒自己,要记住小时候乘车前往达利蒙特,看爱尔兰国家队比赛时的心情。

我在观察马丁跟球员们交流的方式,还有他对待职员的方式。我并不是说他做得很完美,也不想全盘照抄。我只是想着:"我喜欢那个做法,真的很喜欢。我不太确定那么做对不对……"

我不需要去向球员传递坏消息——"今天你不会上场。"但我会观察马丁做这些事的方法。他的知识储备比我丰富,也有更多可以借鉴的经验。再说一

---

① Culture Club,活跃于20世纪80年代的英国音乐团体。

次，我并不是想模仿他。我只是在学习。我为布莱恩·克拉夫和亚历克斯·弗格森踢球时，也曾向他们学习。

布莱恩·克拉夫给了我在英格兰一展拳脚的机会。我天生就懂得知恩图报，会对我认为帮助过我的人保持忠诚。有人可能只是顺道接送我去了趟机场，但我会因此感念他们二三十年。比如森林队的托尼·洛夫伦和加里·查尔斯，他们带我去看过一场斯诺克比赛。有人会在你最需要帮助的时候雪中送炭。布莱恩·克拉夫在我最困难的时候给了我一份合同，不过我觉得自己也配得上那份合同。因此，我绝不会说布莱恩·克拉夫一句坏话，他对我好极了。他是杰出的教练，杰出的人。

他见过我的家人，对他们非常友善。

曾经有一次，他带我出席一个慈善活动。他需要一个球员来参与那项活动，因此他把我拉了过去。我那时非常年轻，而且单身——当时的队友中有很多人都成家了。那个活动结束后，他给了我50英镑——一张50英镑的钞票，我不确定在那之前我是否见过50镑的钞票。这就好像你的一个叔叔在到访你家的时候给了你一大笔零花钱。

这件事背后隐藏着一种情感:他做的很多事我都能够理解。他对我很严厉，甚至还打过我一次，那时我想:"我能理解你为什么打我。"

我懂他，我就是能理解他。

他对待所有人的方式都很简单。我认为这当中蕴藏着他的温情，还有他的智慧。把事情简化需要天赋。

我曾在两位伟大主帅手下踢球，而我之所以把布莱恩·克拉夫排在亚历克斯·弗格森之前，原因也很简单，那就是布莱恩·克拉夫签下了我。那是我球员生涯中最重要的一件事，也是一切故事的开端。

不同的教练，同样的伟大。

我认为布莱恩·克拉夫的温情是出于至诚的，我觉得亚历克斯·弗格森表现出来的温情则是为了生意——一切都是生意。如果他很友善，我会想："这只不过是为了生意。"他很有动力，也很无情，缺乏温情反而是他的强大之处。曼联是一家比诺丁汉森林强大得多的豪门俱乐部，而弗格森的冷酷成就了他。

弗格森和布莱恩·克拉夫的个性完全不同，但是他所传达的东西是一样的。我从来没有对他的球队训话，或者他的战术以及训练安排感到过困惑。在曼联的那么多年，我从未觉得："我搞不懂你为什么要这么做。"

他的管理方法，还有他在赛前给球员们传达的信息，永远是新鲜的。他的赛前训话，我听过不下五百次了，我总是觉得："哇，这太棒了。"

我认为这令人惊讶。

我知道克拉夫的温情同样是生意的一种。森林队对我很好，不过他们毕竟在我身上花了5万英镑，而我当时年纪还小。我去曼联的时候已经成熟多了，我也能感受到足球这桩生意正逐渐变大，它正在发生改变，而弗格森一直在努力进取，他必须这么做。我们在一起赢得了巨大的成功，这令人心满意足，非常棒。

作为教练，我希望能学到克拉夫的温情和弗格森的无情，然后把它们混合到一起，再加上我自己的一些特点。

在5月份对阵土耳其的那场比赛之后，马丁必须得去应付媒体。而我没

去，我和球员们一起坐在更衣室里吃咖喱鸡拌饭，我告诉他们："伙计们，咱们肯定能走上正轨。"

当我还是球员时，我把想法都藏在心里。现在我不需要了。

当你有一份工作时，你是充满存在感的。人们能看到你在工作，你会穿着运动服，在草皮上和球员们一起工作。

"他看上去不像是个疯子。"

足球的世界很小，不管是好事还是坏事，传播得都很快。球员们回到了俱乐部。马丁是一个聪明的人，他把我带上了这条船。

"如果他是个疯子，他是没法取得现在的成就的。"

加入维拉，和保罗·兰伯特（Paul Lambert）一起工作的机会很快就来了。在维拉，我依然是二当家——这个角色在现阶段很适合我。我可以继续保留爱尔兰队的工作，同时辅佐马丁和保罗，爱尔兰足协和维拉俱乐部对此都没有意见。我也不需要搬家，这让我回到了英超，加入了一支我很喜欢的球队，我也很期待和保罗·兰伯特一起工作。想要成为杰出的教练，你需要投入更多的时间。我每天都会和保罗在一起近距离观察比赛，这对我有帮助，会让我成为一名更好，更有经验的教练。我还可以把这种经验，以及我每天的见闻，带到爱尔兰的工作当中。

该来的总会来的。我认为在伊普斯维奇执教的经历让我受益最多——前事不忘，后事之师。那些"差一点儿"就能拿下的比赛。我得记住，想赢球绝不容易。

爱尔兰队工作中的一个重要组成部分就是去看比赛，去观察爱尔兰球员的表现。马丁会给我打电话,我也会主动联系他。

我会说:"下周日有场比赛。我想负责那场比赛,行吗?"然后他会回答:"好的,你去看那场吧。"

埃弗顿、斯托克、赫尔城,这些球队里有许多爱尔兰籍球员。

有时候这需要一点儿运气。我上赛季曾经现场看过西布朗对诺维奇的比赛,肖恩·郎(Shane Long)——这是他转会赫尔城以前的事——和韦斯·霍拉汉(Wes Hoolahan)是我想要观察的两名球员,结果那场比赛两个人都坐在了板凳上。不过这并不是在白白浪费时间,我去赫尔看过另一场比赛。同样的,大部分爱尔兰球员都坐在板凳上。同样效力于赫尔城的保罗·麦克沙恩说得很有道理:"我希望您能注意观察我们的热身。"然后我还真就那么做了。我仔细看了一下球员的肢体语言和开玩笑的样子,以及他们在赛前和比赛进行中的热身情况。然后我看了一下正在场上踢球的球员,心里想:"为什么你没能进入首发?"

如果他们在这场比赛中仅仅是替补,那他们热身的态度是否表达出了他们的求战欲?从某些替补热身时的表现,你可以很明白地看出他们就没打算要上场。他们应该表现出迫不及待的情绪才对。

我一直尝试去观察球员们在不同环境下的表现,观察他们在主场和客场的表现,或者看看当他们面临比本队强大的对手时,他们该怎么调整心态,有没有保持斗志。

詹姆斯·麦卡锡(James McCarthy)和谢默斯·科尔曼(Seamus Coleman)在埃弗顿表现得非常好。我看过他们在主场对阵斯托克的比赛,那一场非常舒服的比赛,比分是4∶0,这两名球员在场上挥洒自如。几天之后，他们去客场挑战曼联，然后我想:"我要看看他俩面对曼联时的表现。"因此我去了老特拉福德。那是真正的大场面，对手也是真正的强敌，但他们两个人依然表现出色。

我认为有一点是很重要的，那就是当国家队集训名单公布时，所有的球员——不管他们是入选了还是落选了——都可以说:"好吧，他们评估过我了。"他们可能会感到失望，但至少他们知道我们看过他们的比赛。而且接下来我们也会一直关注他们。

我并不喜欢详细记录球员的表现，我会拿到一份球员名单，然后偶尔记下一两个关键词。不过我不会写比赛报告或者球探报告，那样会让我错过比赛本身的!我去看比赛的目的是观察一到两名球员，而不是去评价定位球布置或者球队阵形的。

这个工作让我对各家俱乐部有了更为深刻的了解，我也在寻找我真正喜欢的俱乐部。当我还是球员的时候，我很机械化，我只是来到这里，踢好自己的比赛，并不在乎对方俱乐部是否优秀。现在我会抬起头向四周看看，然后想:"这家俱乐部太棒了。"

随着我去各家俱乐部的次数增多，我逐渐开始形成自己的一套经验。去埃弗顿和斯托克看球很容易，去维甘更是不费吹灰之力。其他俱乐部的比赛，我都会尽早出发。我不想在比赛开始10分钟以后才到场，我得保持专业，穿上西服，因为我不仅仅代表我自己，我是爱尔兰国家队的助理教练，不能打扮得像个流浪汉。通常情况下，我都是自己一个人出差，不过，如果有人陪我的话当然更好，尤其是在半场休息时。因为当我一个人看球时，一些周围的人就会想:"啊，我可以去搭个话。"大部分过来攀谈的人都很友善，但是有些人似乎是带着任务来的。

"你今天是来看谁的?"

"你猜啊。"我心想。

"我来看几名爱尔兰球员。"我回答。

我一直都会保持谨慎,也准备好了承受一些谩骂,不过这从没发生过。我也从未遭遇过隐晦的评价,或者挖苦的话语。我在当球员和主教练时都曾遭到过谩骂,不过那时候是被对手成千上万的球迷骂,这是足球比赛的一部分。不过我从来没有遭遇到来自个人的谩骂,没有人对我说:"嘿,你个浑蛋!"没有人对我进行过侮辱,不过我已经为此做好准备了,虽然我不喜欢自己这样。

在我投身足坛的这么多年里,无论我做过什么,人们都会给予我极高的尊重。他们未必喜欢我,也未必喜欢我踢球的方式——至少那些死敌球迷是不喜欢的——但是从来没有某个人到我面前对我进行辱骂,对我说:"哦,你个浑蛋,你个浑蛋。"

我希望自己能更放松一点儿,不过我依然觉得有必要保护自己。过去,当我放下提防,让人们接近我时,结果总会让我失望,我对此深有感触。因此,我觉得自己得保持适当的警惕,不过也不必像过去那样草木皆兵。

上赛季,我去看了一场埃弗顿对阵诺维奇的比赛。坐在我旁边的哥们一直在和我聊天,他对比赛相当有见解。我很喜欢那次交谈,然后我想:"我得问问他是干嘛的。"因为他对球员和比赛的点评头头是道,显然他熟知足球。

所以我说:"你在为谁工作?你是哪家俱乐部派来的?"

"我是罗伊·霍奇森的司机。"

我笑自己太过多疑了,我很高兴自己放下了心防,因为我很喜欢跟他一起看比赛。我觉得自己也是有点儿自大了，我一直想着要跟别人保持距离。他是个很好的伙计，作为罗伊的司机，他可能比我看过的比赛还多。

埃弗顿也是一家顶级球会。艾登·麦克吉迪（Aiden McGeady）从莫斯科斯巴达（Spartak Moscow）转会去埃弗顿的时候，我想："艾登，这对你来说是桩明智的转会。又一个爱尔兰人去埃弗顿了，太好了。"这对爱尔兰队很有利。他身边有其他的爱尔兰队友，而且他们的主教练很棒。他们在未来的一两年内就有机会打进欧冠，这对爱尔兰来说绝对是好事。因为爱尔兰队最主要的问题就是绝大多数球员缺乏在顶级赛事中踢球的经验。

当我是个年轻球员时，我的理想就是为一家世界上最大的俱乐部效力。我想站到最顶点——拿到冠军奖杯，并得到相应的经济回报。今天，很多球员不需要站到真正的顶点就可以变得很有钱。他们或许只为一支中游球队效力，或者只为英超的下游球队效力，甚至是混迹于一支英冠球队，然后依然可以成为百万富翁。我不知道现在的球员还有没有那种想要站在足球世界顶点的动力和渴望。

爱尔兰足球不曾拥有过黄金一代，从来都是每隔几年出现一两个好苗子。我只能寄望于他们不断成长。埃弗顿的谢默斯·科尔曼和詹姆斯·麦卡锡都很年轻。不过他们已经不是十几岁的孩子了，他们都已成才，是那种可以寄予厚望的球员。我很喜欢德比队的杰夫·亨德里克（Jeff Hendrick），不过年长的球员总要承担重要的角色。我们一直在寻找优秀的球员，但是我们不可能一下子挖到七八颗钻石。而且在巴西世界杯上，那些小国家的表现应该让我们感到振奋。乌拉圭的人口只有350万，比爱尔兰的人口还少。一旦我们开始称自己为足球小国，我们就可能会不战自败。我们可以看看自己的足球历史，看看我们曾经取得的成绩。我们有足够的足球底蕴。

  对于爱尔兰队启用归化球员的做法我并不反对。如果他们想来爱尔兰效力，并且能够符合条件，那好极了，只要他们自己乐意就行。我记得在过去，大概有一两个球员为了自己的职业发展而声明要为爱尔兰效力，我也能够理解。他们在代表爱尔兰队出战时表现得很好，不过我对他们中一些人现在的情况有所了解，我怀疑他们在那之后有没有回过爱尔兰。所以我觉得，对待归化球员的态度应该是："听着，如果你想加入爱尔兰队，那就要找到为国效力的感觉，找到对这个国家的热爱，不要单纯为了职业生涯的发展而来。"

  不过，话说回来，我这话要跟谁说呢？对国家的热爱是很难衡量的东西。不过，如果你在电视中看到有个爱尔兰球员在升级附加赛决赛中高唱《天佑女王》①，你很可能就会说："哦，好吧，他没有一颗纯粹的爱尔兰心。"马蒂·霍兰德就是个例子。对我来说，马蒂和大卫·贝克汉姆一样是个英格兰人，他为爱尔兰队踢球，很显然他也有爱尔兰血统。不过他在2000年为伊普斯维奇出战升级附加赛决赛的时候，用最大的音量唱出了《天佑女王》，他大概连吃奶的劲儿都用上了。他的这种做法被其他一些爱尔兰球员看在眼里，所以，在接下来的几场国家队比赛前，我们都尽可能地把我们唱"叛军之歌②"的音量调到了最大。

  我认为球员的归属感，以及他对国家的热爱十分重要。而且我觉得总的来说，目前这些球员们也做到了这一点。我估计他们也没什么选择。最近我去参

---

① *God Save the Queen*，英国国歌。
② 此处指爱尔兰国歌《士兵之歌》，原为爱尔兰独立战争时期爱尔兰军军歌。

加了爱尔兰足协的晚宴,约翰·奥德里奇(John Aldridge)是晚宴上的演讲嘉宾,他就是一个很好的例子。他在英格兰出生,但是比起那些在爱尔兰出生的球员,他对这个国家的贡献毫不逊色。我们的球员就是要有这种感觉,这种对国家的热爱。

通常,一位教练在得到一份工作后,就会在第二天开始履职。但是我们的第一场欧锦赛资格赛是在我们上任将近一年后才打响的。友谊赛也很重要,而且我们也希望能通过这些友谊赛提升士气并了解球员,不过我十分期待资格赛的到来,对最终晋级更是充满了渴望。我也期待着证明自己的重要性,期待着赢得人们的尊重,期待着和年轻球员一起工作。我想让这些年轻人上场去享受比赛,然后尽情地表达自己。

我接到了一个电话,问我想不想和凯尔特人的大股东德尔莫特·戴斯蒙德聊一聊,我们曾在2005年——在我转会凯尔特人时——见过一面。

国家队比赛周中,我和他在都柏林一起喝了杯茶。

在谈话的最后,他说:"这份工作是你的了。"

一切都很直接,只有一两个关于职员的限制。他们已经为我选好了助理教练,而且不能变更。

这并没有吓到我,但的确引发了我的顾虑。这不是一个理想的开始。他们是不是已经在质疑我了?

我回到了球队所在的酒店和马丁说了这件事,我告诉他我会考虑这个机会。

在接下来的那个周六,我们将前往伦敦的克拉文农庄(Craven Cottage)球场和意大利队踢一场比赛。我们很忙,得从都柏林赶去伦敦,然后让球队做好准备。不过我和德尔莫特·戴斯蒙德会面的事情已经变得人尽皆知了。这没法避免,因为马丁要去开一个新闻发布会,他在会上一如既往地透露了一些消息。我对此并没有太过担忧,那只是场友谊赛。我也不觉得这会让集训营的气氛变得沉重,不过话说回来,情况并不理想。

不过我很兴奋,这对我来说是一个巨大的赞誉。过去几年中,当我和其他人谈论起足球和凯尔特人时,我总是说:"如果你有执教凯尔特人的机会,请不要拒绝。"

所以,从某个角度来看,我现在陷入了自己设置的窘境。而且,我内心的"小男孩"又在对我说:"这次你要自己拿主意。"

我请联赛教练协会的律师保罗·吉尔罗伊(Paul Gilroy)去和凯尔特人商谈合同条款。在那之前,我们还没有谈过钱的问题。我跟凯尔特人的首席执行官彼得·劳维尔(Peter Lawwell)取得联系,让他在谈判开始之前给我个大概的数字。

他提到了一个数字,并且说:"但只有这么多。"

随后,保罗·吉尔罗伊去和凯尔特人俱乐部进行谈判。他告诉我,他对合同里的很多条款感觉不太满意,而且合同金额也没有商量的余地。

我终于摸清了对方的态度,不过那种感觉也太熟悉了。我在球员时代转会凯尔特人时曾经遇到过同样的情况,他们给人的感觉就是:"这里可是凯尔特人。"就好像别人都得免费为他们做事似的。

我感觉凯尔特人需要我,但他们并没有展现出诚意。

接下来的那个周六,我们和意大利打成了0∶0平,那是一个很好的结果。我在周日收到了德尔莫特·戴斯蒙德的短信,他们需要在明天,也就是周一得到一个答复。

与此同时,我飞回了都柏林。在前往美国,对阵哥斯达黎加和葡萄牙队之前,我们有几天休息时间。我把我的车留在了都柏林,因此我选择坐渡轮从都柏林回到霍利希德(Holyhead)。为了得到一点儿私人空间,我自己订了一间包厢。

我仔细琢磨了凯尔特人的邀约。这份合同并不让我动心,他们并没有彻底说服我,"听着,你就是我们要找的人"。

我在周日晚上回到了在曼彻斯特的家。我很累。我去保罗·吉尔罗伊家跟他谈了一次——我们两家只有5分钟的路程。合同里有一些我不喜欢的东西,不过我知道,如果你把合同里的每个条款都研究个遍,你就什么合同都不会签了。

周一,我给德尔莫特·戴斯蒙德打了个电话,告诉他:"非常荣幸能收到您的工作邀请,但是我想继续留在马丁身边。"

我的决定并没有受到其他工作机会或者潜在工作机会的影响。我并不是在运用策略,这就是一个单纯的决定。如果凯尔特人在谈判期间展现出了足够的诚意,"我们可以在这里做出让步,然后你在那里迁就一下"——大家各退一步,我可能会犹豫的。不过凯尔特人并没展现出值得我为之犹豫的诚意,甚至没能让我觉得他们是真心想要我的。而且,我在爱尔兰队里干得也更加开心。和马丁一起工作让我找回了对足球的热爱,因此我非常希望展现出我的忠诚。我刚接手这个职位两分钟,连一场正式比赛都没打过呢。

我的妻子对我说:"我已经很久没见你这么开心过了,我也觉得你没必要冒那个险。"

拒绝这个职位让我觉得自己很强大,这感觉很好。虽然,时至今日,我依然会疑惑我的决定是否正确。

正确的职位,错误的时间。

你需要挑战和压力。不过我这一辈子都在追求满足感,当我赢得奖杯时我感到高兴,不过那种满足感不会延续很久。满足感是一种让人彻底放松的奇怪感觉。我似乎很想念混乱,很想念和自己斗争。我不确定我在过去整整20年的时间里有没有放松过,也许我也该开始放松了。不过,与此同时,我还是想要工作,我从事与足球有关的工作,我想在接下来的一周里第一次怀着放松的心情工作。

当我在爱尔兰的工作最终结束时,如果有人问我:"你真的奉献出了自己的全部力量吗?"我希望我可以回答:"是的。"

我们在美国的行程计划出了一些变故,因为期间发生了一些状况。不过那时我的心态已经完全不同了。

我们被困在了从费城开往纽瓦克(Newark)的火车上。我们在费城与哥斯达黎加队踢了一场比赛,双方打成了1:1平。所有的球员和职员本该在新泽西的纽瓦克下车,我们当时打算从两个车门离开车厢,但是爱尔兰足协官员说我们应该从同一个车门出去。

结果门关上了。我、马丁、谢默斯、史蒂夫·加皮,三个队医还有艾登·麦克吉迪都被困在了火车上。火车开了。

那些家伙——球员们——在站台上都快笑出尿了。

这很像是学校组织的旅行。

紧急情况,人们都开始着急,马丁也有点儿焦躁。

不过我对此倒是很冷静,我给一个爱尔兰足协官员发了条短信——一切有如塞班岛事件的重演。但我只是在开玩笑。

我们一路坐到了曼哈顿的宾州车站,差不多有半个小时的车程。很幸运,我们并没有被带到波士顿或者芝加哥,最终还是回到了纽瓦克,然后登上了球队大巴,球员们安静地坐在车里。这次旅行的两个组织者面色煞白。

所有人都很安静,气氛非常紧张。

然后其中一个哥们开始放音乐,我们被困在车上时,他们不知从什么地方买到了几个音响。我不知道那个乐队的名字,但播放的歌曲是《开走的火车》①,然后他们一起开始合唱:

"开走的火车,不再回头。"

"单行的铁轨,歧途上走。"

真是首好歌。

---

① Runaway Train,乐队"灵魂避难所"的歌曲。